本书为2021年度福建省社会科学基金项目"客家文化社播样态与话语建构研究"（项目编号：FJ2021XC

DUOXUEKE SHIJIAOXIA DE
KEJIA WENHUA YU DUIWAI CHUANBO YANJIU

多学科视角下的

客家文化与对外传播研究

李晓霞◎著

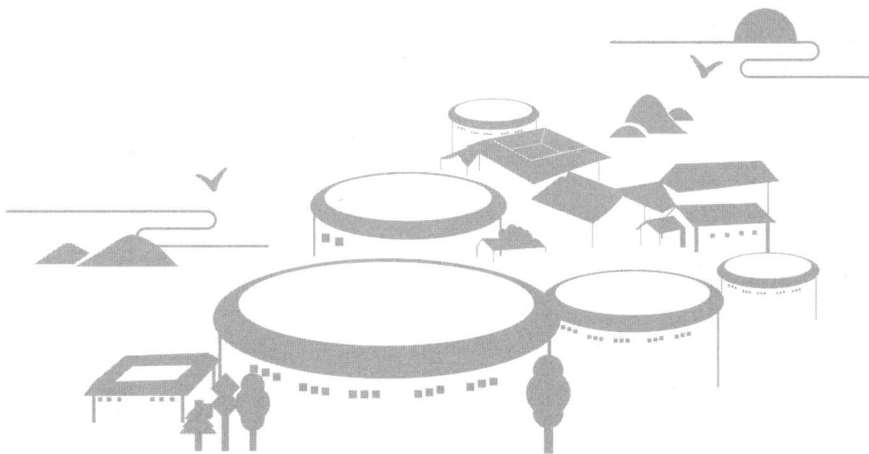

中国出版集团 | 全国百佳图书
中国民主法制出版社 | 出版单位

图书在版编目（CIP）数据

多学科视角下的客家文化与对外传播研究 / 李晓霞
著 . 一北京：中国民主法制出版社，2023.9
ISBN 978-7-5162-3082-4

Ⅰ.①多… Ⅱ.①李… Ⅲ.①客家人－民族文化－文
化传播－研究 Ⅳ.① K281.1

中国国家版本馆 CIP 数据核字（2023）第 188335 号

图书出品人：刘海涛
出 版 统 筹：石　松
责 任 编 辑：刘险涛

书　　　名／多学科视角下的客家文化与对外传播研究
作　　　者／李晓霞　著

出版·发行／中国民主法制出版社
地址／北京市丰台区右安门外玉林里 7 号（100069）
电话／（010）63055259（总编室）　63058068　63057714（营销中心）
传真／（010）63055259
http://www.npcpub.com
E-mail: mzfz@npcpub.com
经销／新华书店
开本／ 16 开　710 毫米 ×1000 毫米
印张／ 15.75　**字数**／ 212 千字
版本／ 2023 年 10 月第 1 版　　2023 年 10 月第 1 次印刷
印刷／廊坊市海涛印刷有限公司

书号／ ISBN 978-7-5162-3082-4
定价／ 86.00 元
出版声明／版权所有，侵权必究。

前　言

　　客家文化是中华民族文化的重要组成部分，具有源远流长，内涵丰富的特点。近年来，随着中国综合国力的提高和国家软实力的重要性日益凸显，客家文化的保护、传承与创新引起了学术界和实践界的广泛关注。特别是在全球化的浪潮下，客家文化如何对外有效传播，成了一个值得深入探讨的课题。

　　对客家文化与对外传播的研究，不能只用单一的学科概念来进行研究和概括，需要具备跨学科的视野。事实上，在跨学科的视野下对客家文化与对外传播开展相互渗透性的综合研究，是推进这项工作顺利进行的基本方向。正因如此，本书试图运用民族学、历史学、人类学、社会学、政治学、哲学、族谱学、语言学、文学、传播学等学科的理论与方法，全面审视客家文化的历史演变、内涵特征和社会基础等内容，深入解析客家文化及其对外传播这个复杂的研究题目，以期在厘清一些问题的基础上寻找到客家文化对外传播的切入点和路径。例如，从历史学的角度来看，我们可以审视客家先民的起源与迁徙史、客家文化的形成与演变过程，理解其深厚的历史渊源；从人类学与社会学的角度来看，客家文化的内在特征、宗族观念、社会结构与生活方式等，都值得我们深入剖析；从传播学的角度来看，可以帮助我们认识到在全球化与新技术层出不穷的今天，用何种方式和途径，可以让客家文化产生更大的吸引力，能够与世界各地的文化进行有效沟通，从而提高客家文化的地位及影响力……同时，本书还强调学习运用新媒体、多模态话语意义建构等新技术，探讨客家文化对外传播过程中出现的各种可能的路径和方式方法，为客家文化的创新性传播提供理论参考和实践启示。

基于此，本书的研究主要包括：客家话的起源、形成与发展，分别总结了从客家话的语言学特点、词语表达、熟语等所反映的客家文化某个方面的内涵和特点，如历史文化、民俗文化、思想意识文化等；客家的迁徙与客家村落形成的关系，如客家围龙屋、客家排屋、客家土楼等客家民居的特色建筑文化；客家宗族制度及其功能变迁，客家的节日及生命礼俗；客家华侨和客家社团的形成与分布，客家华侨与祖籍地、祖国的联系；客家话语、客家山歌、客家料理及客家题材纪录片等客家文化元素的海外传播；日本的客家移民历史与现状，日本客家社团的产生与分布，日本学术组织的创立及其活动；借助网络新媒体、网络问答社区、多模态话语意义建构等技术传播客家文化的可能性路径。本书既借鉴已有的学术成果，也尝试使用新方法，把握住时代发展的机遇，为客家文化的创新与弘扬探寻出新的思路。比如，利用多模态话语意义建构手段打造客家文化的体验场景，利用社交媒体扩大客家文化的传播渠道，搭建客家文化全球合作与交流网络等。

　　我们深知深入理解客家文化这个复杂的研究对象，是一个涉及面非常广的课题，希望能为客家文化的保护、传承与创新提供新的思路和借鉴，推进客家文化的学术研究与实践应用。同时也希望本书能够跨出学术圈，让客家文化在多个学科领域都得到更为广泛而深入的探讨，产生更大的理论与实践价值，为广大读者能够了解客家文化这一中华文化的重要组成部分提供较为全面和深入的学习解读之作。由于笔者水平有限，书中论述难免存在不足之处，欢迎广大读者批评与指正。

目　　录

导论　客家文化寻源

　　本部分内容首先概括性介绍了"客家"称谓的由来，继而描述并分析了客家人的迁徙背景、迁徙过程与迁徙所带来的影响，简要介绍了客家族群生活的"客家五州"，论述了客家文化的内容、内涵，重点阐释了客家文化的学科属性，分析了客家精神的实质，描述了客家文化与中原文化及南方周边民系文化交融变异的关系。内容上对客家文化追本溯源，以期对读者阅读和理解本书起到指导和引领的作用。

第一节　"客家"称谓的由来

　　"客家"称谓的由来，学术界历来就有不少学者对其进行考证、研究，不过到目前为止，还是众说纷纭，尚无定论。本书将对"客家"称谓的由来进行分析并梳理学术界目前的一些观点。以期推进客家文化研究与客家人的族群认同。

一、"客家"称谓问题不决的原因分析

"客家"这一称谓最早出现在清康熙年间编修的《永安县次志》（永安县，今紫金县）中，并且在当时已经比较普遍使用这个称谓了。明末清初著名学者屈大均在他所编的《永安县次志》中说："县中雅多秀氓，其高、曾、祖父，多自江、闽、潮、惠诸县迁徙而至，名曰'客家'。"屈大均在书中将来自江西、福建、广东潮州程乡（今梅县）、大埔、丰顺及惠州五华、兴宁等地迁徙过来入籍而居的外来人称为"客家"。时至今日，屈大均关于"客家"的概念与内涵和范围仍有些模糊，以致后世学界在研究客家的历史与文化时难以准确界定"客家"的范围和内容，最后成了客家研究的一个难题。

"客家"称谓问题之所以长期成为学界讨论的焦点，整体上说，主要是由于"客家"与"广东人"的概念上的关系没有明确，"客家"称谓的适用性受到质疑，以及没有一个公认的专用名词、没有准确的人口统计等因素所导致的。

"客家"与"广东人"两个概念上的关系一直存在争议，到底是广义上的同义词，还是"客家"是"广东人"中的一支，这也是学界长期讨论的问题之一。这关系到对客家历史起源与形成的认知。罗香林和郭振铎认同"客家"与"广东人"同义；黄现璠认为"广东人"包含"客家人"；唐启嘉提出"客家人"独立于"广东人"。这些观点反映了学界意见的分歧。还有一些学者认为，"客家"一词起源较晚，最初用于区分本地说粤语的广东人与外来移民，并不适合作为一个民系或族群的名称。这种观点促进了学界对"客家"一词的适用性的讨论。不同的学者采用"客家人""客家民系""客家族群"等不同的称谓，这也反映出对"客家"内涵的不同理解，进一步加剧了学界在这个问题上的争议。

二、梳理学术界关于"客家"称谓的代表性观点

学术界对"客家"称谓的起源和内涵，一直存在着许多不同的看法，有人认为客家人由汉族人和古百越人的混血后裔构成，这一观点强调了客家人的非完全汉族身份；有人认为"客家"称谓及其对应的人群是中原汉族人在南迁的过程中逐渐形成的，具有南迁途中的移民和本地土著的混合特征，这一观点强调了客家人的移民与土著融合的属性；还有人认为客家人与汉族人有同样的起源，客家人的先民是中原汉人；等等。这些不同观点的争议也体现了客家研究的复杂性和学术价值。

笔者将就学术界有一定代表性的几种观点进行整理列出，内容如下。

（一）来源于"给客"制度和"客户制度"

"给客"制度是东晋和南北朝时期佃农依附于官员个人的制度，"客户制度"是唐宋时期佃农完全依附于田地主人的制度。"客家"称谓来源于"给客"制度及"客户制度"，这一观点首先是由著名的历史学家和民族学家罗香林提出的，他认为客家的称谓与"五胡乱华"时期的"给客"制度以及唐宋时期的"客户制度"有着密切关系。其后有许多学者基本认同并发展延续了这一观点。

罗香林是中国近现代历史学家、民族学家，客家学的奠基人。他与其他客家学研究者在正本清源上下了很大功夫，并取得了丰硕成果。罗香林在其所著的《客家研究导论》中指出："南部中国，有一个富有新兴气象、特殊精神、极其活跃有为的民系，一般人称他们为'客家'，他们自己也称'客家'。他们是汉民族里头一个系统分明的支派……从客家住地各方志所载其地户口宋时主客分列一史实观察，亦可推知客家先民的迁移运动在五代或宋初是一

种极其显著的事象，'客家'一名亦必起于是时。①"即认为"客家"的称谓源自宋代的"客户制度"。罗香林认为，客家名称源于西晋时期的"给客"制度，"至于客家的名称由来，则在'五胡乱华'中原人民辗转南迁的时候，已有'给客'制度。《南齐书·州郡志》云：'南兖州，镇广陵……时百姓遭难，流移此境，流民多庇大姓为客。东晋元帝大兴四年（321年），诏以流民失籍，使条名上有司，为"给客"制度。'可知客家的'客'字，是沿袭晋元帝（司马睿，东晋开国皇帝）诏书所定的。其后到了唐宋，政府簿籍，乃有'客户'的专称。而'客家'一词，则为民间的通称。'客'的称谓，虽说由来已早，然其民系的系统构成，则当如上所述的在五代以后。②"也就是说，客家人之所以被称为"客家"，在于他们是"客"，他们的名字，来源于政府簿籍中对他们身份的专称，客家只是"客户"在民间的通称。

罗香林提出的这一观点，后来在邓迅之《客家源流研究》、雨青《客家人寻根》以及陈运栋《客家人》等著作中，都对该观点作出了进一步论证。

事实上，唐宋时期可以说是"客家"称谓的形成时期，《舆地纪胜》《旧唐书·食货志》《太平寰宇记》《元丰九域志》等书中都曾提到"客""客人""客家人""客族"。此外，一些重要谱牒文献，如宁化石壁也记述了客家人经宁化南迁的情况，还有梅县的《丘氏族谱》、嘉应的《刘氏族谱》、兴宁的《廖氏族谱》、平远的《姚氏族谱》等，记述了客家人经宁化也是在唐宋这两次迁徙时期，表明在这个时期客家民系已经形成，并由此形成了别具一格的客家文化。

---

① 罗香林．客家研究导论［M］．广州：广东人民出版社，2018：5.
② 罗香林．客家源流考［M］．北京：中国华侨出版公司，1989：11.

（二）针对外来人及后来人的"客家"称谓

"客家"称谓针对的是外来的人、后来的人。这一观点得到了古今许多专家学者的认同。清代进士、客家人徐旭曾堪称系统论述客家问题第一人，他主张客家南迁自宋元时期一说，并力陈客家与中原汉族的源流关系，对客家的忠义勤俭、诗书传家、耕读尚武等都作了奠基性的描述，这些对客家的界定和论述，要言不繁，却极具纲领性。徐旭曾在《丰湖杂记》中称道："客者，对土而言，寄居该地之谓也。""粤之土人，称该地之人为客；该地之人，也自称为客人。①"这段话清楚地表明，当时的"客家先民"已被南方本地人认为是外来的、后来的人。

中国现代语言学奠基人之一、我国著名教育家王力在其所著《汉语音韵学》中说："客家是'客'或'外人'的意思，因此，客家就是外来的人。②"可见，客家是相对于"主"而言的一种对称，客家的"客"，即外来人的意思。王力的观点也被有关学者引申为"客而家焉"，即作客他方并以此为家，即为客家。

中国台湾客家学者陈运栋在其所著《客家人》中说："客家，即客而家焉。"陈运栋同时指出，但是"客"不是简单的相对于"主"而言的外来者，如福佬系、广府系，虽然这些人都是由中原南迁而来的汉人，同样是"外来者"，又为何不称"客家"？其中的缘由，至今学者仍然在探讨之中。

---

① 司雁人.客家之子赞客家——读徐旭曾《丰湖杂记》[EB/OL].（2018-03-26）[2023-06-01]. https://www.hakka.com/article-24747-1.html.
② 王力.汉语音韵学 [M].济南：山东教育出版社，1985：555.

（三）"客家"称谓与清代土客械斗事件有关

土客械斗是清代因南方的族群冲突以及土地资源而发生的大规模械斗事件，"客家"称谓与此事件有关。械斗之初并无"客家"这个称谓，当时只有"土籍"与"客籍"的区别。随着械斗的发展，又出现了"犭獠"等名词，最后发展成"客家"。

"土客械斗"事件从广义上看是本土的"主"与后到的"客"的斗争，狭义上看，则主要是广府人（广东人）和客家人的激斗。而广府人和客家人都属汉族，在古代都是从北方南迁至广东的移民，先到广东的移民在与当地人融合后，成了南方的"土人"，也就是广府人。相对于"土人"，后来南迁至广东的移民则被称为"客民"，也就是后来的客家人。时至今日，广府人、客家人以及潮汕人共同构成了广东的三大民系，越来越多的外来"客人"也渐渐成为"土人"，他们不再因不同族群冲突和土地资源而争斗，成了爱吃、爱养生的广东人，"客家"的称谓似乎隐于身后，很少被提及。

（四）"客家"称谓来源于"河洛"二字的音变

传统的观点认为，客家人源于河洛，根在汉族。河洛指的是黄河、洛河，是汉民族的发祥地。广义上的河洛指的是黄河中游和洛河流域这一广阔的区域；狭义上的河洛就是洛阳。客家人根在河洛的依据有三：一是家谱记载，很多客家族谱中都记载着先祖居住于河洛一带；二是有观点认为，客家人在迁徙过程中吸收和融合了中原地区尤其河洛地区的文化要素，最后形成了独特的客家文化；三是客家方言，即客家的方言底层源自河洛。这里需要补充说明的一点是，当代被称为"河洛民系"的人并非指的是客家人，而是指闽南人也称闽南民系；闽南语"河洛郎"的本义为福佬人，而不是客家人。

关于"客家"是"河洛"二字的音变，客家民俗研究者陈修在《"客家"称谓新说》一文中说："所谓'客家'HAKKA 读音（哈克尔），就是'河洛'二字之音变，而记录语言者则'依声托事'，误将'河洛'以同音或近音字去代替写成'客家'。所谓'客家人'，即'河洛人'，亦即从河洛地区迁徙而来的。①"

中国近现代民主革命家，国学大师章太炎在《客方言·序》中说道："广东称客籍者，以嘉应诸县为宗""大氐（抵）本之河南，其声音变与岭北相似。②"

历史学家朱绍侯教授在《河洛文化与河洛人、客家人》中讲道："在每一次北方人南迁的潮流中，河洛人都占绝大多数。所以河洛人就成为客家人的重要组成部分，通常所说的'客家人根在河洛'，其原因也在此。③"

除此之外，还有大量的历史典籍、族谱志书、遗址碑文等，也都记载和佐证了客家先民是由河洛南迁而来的。

（五）"客家"称谓来源于后来的"佃客"

客家人中的"佃客"是由客家人的经济地位决定的，"客家"称谓来源于后来的"佃客"的观点，持这一观点的代表人物是湛江师范学院历史学教授、国际客家学会理事、四川客家研究中心顾问刘佐泉。他在其所著的《客家历史与传统文化》一书中论述"客家"称谓的由来时表示："客"，"一是对主人而言的客人"，"二是指一些外来的地位比较低的人民"；唐宋时期政府编的户籍上的"客户"，是指"有土地的租田生产的佃户（佃客）"；"绝大多数客家先

① 陈修."客家"称谓新说［J］.嘉应大学嘉应师专学报，1989（3）：26-32.

② 王东，杨扬.客家研究的知识谱系——从"地方性知识"到"客学学"［J］.史林，2019（3）：117-132.

③ 朱绍侯.河洛文化与河洛人、客家人［J］.文史知识，1994（3）：7.

民都是佃客（佃农），或多住山区，所以直到长期定居，形成客家村乃至客家县的时候，仍然比较贫困"；"家"是词尾，"来自口语"。他又表示："'客家'之称谓来由：一因客家先民大多数为'佃客'之故；一是相对于'广府''福佬'而言，先入为主，后进为客的'客'。故'客家'一词便包含两层意思：一层是经济、阶级地位而言的，另一层是入粤时间顺序而言的（客家人入粤最迟）。概而言之，'客家'者，后来迁入并多充当佃客的北方南下汉人之谓也。①"

刘佐泉还在该书中谈到了客家话的形成与"客家"一词的起源，他认为，"客家先民虽肇始于秦汉及东晋'五胡乱华'之际，而客家方言的源头却在中唐'安史之乱'流徙至江西居住时期、形成于赵宋。至于'客家'这个名词是 17 世纪才出现的，以前的地方志没有提到过这个名词。在后来的文献中不仅出现'客家'，而且常常是'土客'并提。"

（六）"客家"即"夏家"的观点

这一观点基于客家文化特征。事实上，认为"客家"即"夏家"的观点，在名称、地理、语言、职业和氏族等几方面都有证据：一是名称上的关联。"夏"和"客"在古代汉语中发音相近，"家"和"家"完全相同，所以"客家"很可能是"夏家"的变化或别称。于是，经过几千年，"夏"就成了"客"。二是地理分布的连续性。夏族是中原古代的主要民族，据《史记》记载，夏族分布在今天的河南、山东一带。国内客家人今天主要分布在江淮流域及粤东，与古代夏族的地区相连续。三是语言的渊源。"客家语"属于中原语系，和今天的河南话发音相近，与古代中原地区的语言有渊源关系，它继承自古代夏族语言。四是古代职业的关联。据记载，夏族人多从事手工业、

---

① 刘佐泉. 客家历史与传统文化［M］. 郑州：河南大学出版社，2003：1-30.

商业和水利工程，客家人传统上也从事手工业（如纺织）和商业活动，并且具有良好的水利开发技能，这也表现出了两者的内在关联。五是古代氏族的传承。一些学者认为，夏姓、姬姓、姜姓等客家常见姓氏可能继承自古代夏族氏族，也反映出"客家"可能来自"夏家"。六是在现今所能觅到的客家人族谱中，总是对现世的故居极尽缅怀之情，而他们的祖籍大多在中原地区，其中以河南较多。这也是客家的祖先或先民发祥于我国中原的华夏民族的一个佐证。

另外，对于"客家"称谓来源于客家人对自己祖先"夏家人"的崇拜，陈美豪在其《思考与探索》一文中表达了明确的观点："由于客家人有强烈的祖先崇拜观念，不忘自己的祖先是'夏家人'，有理由认为就是'客家人'这种称谓的由来。[①]"

（七）"客家"称谓来源于客家人的谦称与敬称

有观点认为，"客家"这个称谓来源于客家人的自谦心理和敬称用语。华东师范大学王东教授认为，客家人经历了动荡不定的迁移过程，因此"客家"的称谓在总体上反映了客家民系那种时时为客、处处为客的历史际遇和"客吾所客""以客自谓"的大度和豁达。事实上，"客"字在古代表达诸如临时逗留、外出旅居的意思，带有一定的自谦和谦恭之意。客家人使用"客家"这个自称，体现了其谦逊恭顺的性格特征。另外也与"客籍"有关联，"客家"一词与古代的"客籍"概念有关，"客籍"指迁居他乡的人，"客家"也可以理解为那些迁移并定居的人群。这也更加强调了"客家"一词表达的文化内涵，而不仅是血统。古代文献中有"客家"一词，并明确说明这是客家人的自称，而不是其他人给他们的称呼，这也说明"客家"可能源于客家人

---

① 陈美豪.思考与探索［J］.客家民俗，1989（1）：6-10.

的自谦心理。这些都说明在汉族诸民系中，客家人是一个特别注重自谦的民系。

除了自谦，"客家"的称谓也来源于敬人。比如，"家"字表达敬意。在古代，把别的民族或什么集团称为"某某家"是一种表达敬意的称谓方式，像"吴家""赵家"等。客家人用"家"字称呼自己，也表达了这种敬意。再如，客家人历来认为"过门便是客"，对邻居过门来坐叙，都如同客人一样看待，这种热情友善的风尚，乃是世代相袭的。敬人也体现在客家人在日常交往口头称呼对方的词语中，对年长者多冠以"尊""老"敬称，如尊翁、尊府、老大人、老先生等；对平辈冠以"阿""大"敬称，如阿哥、阿嫂、阿姐、大伯、大姊等；对下辈则冠以"贤"字，如贤弟、贤侄、贤婿等。总体来说，客家人不仅以"人客"自居，也以"客家"待人，这既是对自己的一种谦称，也是对对方的尊敬，体现了客家人自谦与敬人的优良传统。

（八）"客家"称谓来源于本地土著的名称

福建师范大学谢重光教授认为"客家"的称谓源自本地土著名称。由于客家人与畲民都居住在赣、闽、粤边的山区，由于居住邻接，相处也多交集，导致大家生产和生活习惯都非常相似，因而闽南人和广府人都将客家人和畲族人统一混称为"畲客""山客""客仔""犵狫"等。而客家人则将闽南人称为"福佬""鹤佬"等。[①]这样一来，原有族群歧视和贬义意味的称呼，被双方逐渐接受，形成了"客家"这一称谓。

总体来看，"客家"是用来称呼具有共同语言也就是客家方言，认同区域文化也就是客家风俗的附籍而居的特定人类群体的。因其在一定程度上反映

---

① 邱甫田."客家"这一称呼的由来［EB/OL］．（2018-08-28）［2023-06-01］．http://www.kjzpg.org/gzdt/201808/t20180828_525920.htm.

了客家人在漫长岁月里历尽艰辛，不断演变和发展的历史风貌，因而具有历史学、社会学、人类学、民系学等学科意义。

第二节　客家人的迁徙与族群分布

客家人的迁徙是一个漫长的历史过程，每一个历史阶段的社会变迁都推动了新一轮客家人口的流动。这使客家人的分布区域从中原扩展到广东，并最终在全球范围内形成广泛的定居区。迁徙深刻影响了客家人口分布的演变以及客家文化在全球的传播。这也为研究客家人在全球范围内的空间变迁提供了历史视角。

客家人的历史就是不断迁徙，不断南下的历史，而客家人的历史迁徙决定了今天客家人的族群分布情况。本书将从客家人的历史迁徙入手，进而阐述当今客家人的族群形成与分布。

一、罗香林的"五次迁徙说"[①]

"五次迁徙说"是罗香林（1933）提出的，他认为第一次汉人南迁发生在魏晋南北朝时期。此外还有"六次迁徙说"，持这一观点的学者冯秀珍认为，客家人肇始于秦朝征岭南融百越时期，具体来说，汉人第一次南迁发生在秦末汉初南海郡郡尉赵佗建立的南越国时期。秦王嬴政一统六国后，曾派遣大批军民到岭南地区，以巩固新取得的南方国土。秦朝灭亡后，由赵佗起兵兼并桂林郡和象郡后称王，建立南越国，这些军民就在粤北定居。其中一小部分人后来融入到客家民系。至于后面发生的"衣冠南渡""安史之乱""靖康

---

① 罗香林.客家研究导论［M］.希山书藏，1933.

之乱"等五次迁徙与罗香林的观点其实并无不同。

事实上，关于客家人的迁徙是五次还是六次，大多数人接受的说法是罗香林提出的"五次迁徙说"。本书也采用五次迁徙的说法。

第一次大规模迁徙始于西晋永康元年（300年），此后持续170多年，迁移人口近200万人，中原文明也随之大规模转移到中国南方地区。西晋第二位皇帝晋惠帝司马衷执政时，爆发了"八王之乱"，这是中国历史上最为严重的皇族内乱之一，而北方的匈奴、鲜卑、羯、羌、氐五个"胡人"大部落更是乘虚而入，各自占地为王，相互征战不休，使中原大地陷入了"五胡乱华"（五胡只是西晋末各乱华胡人的代表，实际数目远非五个）的动荡局面，此后中国北方进入五胡十六国时期。西晋灭亡后，中国北方一时间成了胡人的天下，汉人不堪战乱和被奴役，只好选择南渡，因其中大多数人是"衣冠士族"，故史称"衣冠南渡"，也被认为是客家人的孕育期。这些南渡者大多滞留在江淮地区，有一小部分人到达了江西排湾等地。西晋灭亡后的东晋王朝专门设立了侨州、郡、县来安置他们，予以各种优待。

此次北方大量人口南迁，促进了南方的开发建设和经济发展，把中原文化传播到了更广阔的空间，同时也促进了中国各地的民族大融合。

第二次大规模迁徙始于唐朝"安史之乱"，止于唐末"黄巢起义"，其间历时90余年，迁徙过程中少数人远达惠、嘉、韶等地，而多数人则留居福建汀州，以及赣州东南各地。唐玄宗李隆基在执政晚期逐渐丧失了励精图治的精神，国势由盛转衰"安史之乱"的爆发让唐朝元气大伤。"安史之乱"后唐朝出现了藩镇割据的局面，加之中原地区连年灾荒，官府只知借机搜刮民财，弄得民不聊生，最终导致了唐末"黄巢起义"的爆发，动摇了唐朝的统治根基。战乱波及了包括今山东、河南、安徽、浙江、江西、福建、广东、广西、湖南、湖北、陕西等省份的广大地区，正是第一次南迁汉民分布的地域。生活在这些省份中的大部分客家先民，再次迁徙至今天的赣南、闽西、广东东北部的三角地带定居。据客家族谱记载，此时的客家先民有很多避居于福建宁化石壁村。石壁村由此成了客家后裔的祖籍地，唐宋以来，每逢清明、重阳两个节日，客家后裔代表都会跋山涉水回到石壁村祭拜祖辈，盛况空前。

唐朝的北方人南迁，使华夏大地的经济重心进一步南移，给南方带去了大量的劳动力和先进的生产技术，促进了江南经济的发展。

第三次大规模迁徙始于"靖康之乱"，止于南宋灭亡。金人于1127年攻破北宋都城开封，掳走徽、钦二帝，北宋灭亡，这期间金人劫掠中原，使中原地区民不聊生，史称"靖康之乱"。宋高宗赵构选择南渡，在临安（即今杭州）称帝，建立南宋政权，中原居民中的一部分随宋高宗渡江南迁，另一部分选择来到了南雄、韶州，或是路过洪、吉等州来到了汀州定居，与拥有共同文化信仰的原南迁汉人融合在一起。之后元人入侵中原，中原人为了躲避战乱又一次渡江南迁。至南宋末年，元兵向南逼近，文天祥举兵抗元，客家儿女群起响应，跟随文天祥来到广东嘉应州（即今梅州），在闽赣附近与元军交战。而早先迁入此地的客家人，为找寻一份安宁也跟随文天祥大军向梅州、惠州一带迁徙，这时的户籍有主客之分，迁入的移民为客籍，自此之后，再迁入这里入客籍的人大多以"客家人"自称，客家人从此逐渐形成了稳定的民系，并在之后不断发展壮大。

宋朝北方人南迁对中国古代经济和文化可谓影响深远，对中华民族精神的塑造和最终形成也可谓意义重大。首先，宋朝人口的大规模南迁，一方面带来了大量的劳动力资源；另一方面带来了北方先进的生产力，有力地促进了南方经济、农业、手工业和商业的发展。其次，伴随着宋朝南迁带来的经济重心的南移，中国古代的文化重心也随之发生了南移。比如，在文学作品方面，很多南宋时期的文人如陆游、辛弃疾等，他们的文学作品所表现出的忧国情怀、悲壮慷慨、国家统一的愿望等，对当时乃至后世都产生了深远而积极的影响。此外，南迁的客家人在饮食习惯、娱乐活动、衣服饰品、民俗民风甚至语言，依然明显带有北方中原地区的烙印。宋朝南迁事件也对民族精神产生了重要影响。岳飞"精忠报国"的爱国主义精神体现了汉民族抵抗外侵、维护统一的民族意志；文天祥"人生自古谁无死，留取丹心照汗青"是他明知不可为而为之的舍生取义宁死不屈的民族气节。这样的民族精神，于当时影响了南北格局，影响了南方的政治、经济、文化的发展；于后世成功塑造了抵御外侮、宁死不屈的民族精神，意义重大，影响深远。

第四次大规模迁徙指的是明清时期的大槐树移民和客家移民史上的"西进运动"。大槐树移民指的是明太祖朱元璋在洪武年间（1368—1398 年）颁布的一项移民政策，下令采取"四家之口留一、六家之口留二、八家之口留三"的方式，将山西洪洞县大槐树附近的居民迁移至山东、河南、河北三地。这次移民规模是非常大的，据《简明中国移民史》记载，明初长江流域移民700 万人，华北地区移民 490 万人，西北、东北和西南边疆也有 150 万人，合计 1340 万人。[①] 而这次大规模的迁徙导致上述三地如今客家族谱上面，有很多人的先祖可能来自山西洪洞县大槐树附近。"西进运动"指的是明末清初的客家移民运动。在当时，清军一路向南进击，福建、广东一带的客家人举义反清，失败后被迫散居各地，有的随郑成功到了台湾省，也有的向粤北、粤中、粤西搬迁，还有的到了广西、湖南、四川。当时的客家人人口快速增长也是引发"西进运动"的主要原因。经过 200 多年的发展，赣闽粤边区的客家人人口大幅增加但此地山多耕田少，无法满足生存需求，于是他们迫切需要向外发展。此外，据有关史料的记载，当时的四川全省仅剩 60 万人，成都一城也不过 7 万余人。在这种情况下，清政府向全国颁布了移民诏书"移湖

---

① 葛剑雄.简明中国移民史［M］.福州：福建人民出版社，1993：330.

广、填四川"，要求各地移民后重建四川，而这就是比较著名的湖广填川移民运动，于是移居两湖两广的汉民再一次迁徙入川。据清末《成都通览》的描述："现今之成都人，原籍皆外省人。①"

明清时期的北方人南迁影响深远，一是促进了中华民族的大融合，有利于国家统一，推动了统一多民族国家的发展；二是有利于国内各族人民之间的经济文化交流，推动各民族经济的进步发展；三是有利于江南地区的开发，推动中国古代经济重心南移；四是使中国人口分布日渐合理，人口资源得到有效开发和利用。

第五次大规模迁徙始于太平天国运动时期和土客械斗。"太平天国运动"指的是清咸丰元年到同治三年（1851年—1864年）期间，由洪秀全、杨秀清等人发起的反对清朝封建统治和外国资本主义侵略的农民起义战争，主要参战者是客家人，辗转征战十余年。太平天国运动失败后，以客家人为基本组成成员的起义军遭到剿杀，人员纷纷逃匿到广东地区。由此带来了广东地区的人口激增及资源的大量消耗，最终导致此地区发生了持续十多年的土客械斗。清政府特划出台山赤溪地区来安置客家人，以解决土客之争。动乱使得客家人又一次迁徙到了海南、广西，还有很多福建、广东地区的客家人甚至"下南洋"，去往东南亚地区谋求生路，以至于有了"凡有海水的地方，就有华人，有华人的地方就有客家人"的说法。

第五次大规模迁徙不仅促进了物资交流、经济发展，还有助于建立牢固的血缘和精神纽带，进而造就中华民族多元一体的格局。

值得一提的是，民国时期的"闯关东""走西口"，也是客家人迁徙活动的重要组成部分。清朝初期和中期不允许汉人进入东北，清朝末年取消了这

---

① 网易新闻.四川人的祖辈，为何多来自湖南湖北？解密"湖广填四川"［EB/OL］.（2020-01-10）［2023-06-01］. https://www.163.com/dy/article/F2HBSUP60523808G.html.

一禁令，到了民国时期"闯关东"便流行开来，很快东北就成了中国移民人口最多的地区。"走西口"指的是华北地区的人跨过渤海穿过山海关去往内蒙古自治区寻找活路。"闯关东"大幅促进了东北三省农业、工商业、交通运输业的发展；"走西口"则打通了中原腹地与蒙古草原的经济和文化通道，带动了我国北部地区的繁荣和发展。

从以上五次迁徙可以看出，客家人迁徙的首要原因是战乱和动乱，王权变更、农民起义或少数民族入主中原，这些都迫使客家人进行大规模的迁徙。就迁徙行为而言，有主动和被动之分，无论是主动迁徙还是被动迁徙，其迁移过程都与历史事件相对应，迁移的原因在各时期各不相同。比如，第一次迁徙因"五胡乱华"所致；第二次迁徙因"安史之乱""黄巢起义"等战乱所致；第三次迁徙因"建炎南渡"所致；第四次迁徙因在耕地面积与人口数量的逆向发展情况下的政府政策以及战乱所致；第五次迁徙也因战乱所致。当然，迁徙也与个人的心理因素有关，迁移者是具有特质的人，体现为富有冒险精神、不安于现状等。

总体来说，客家人经过一次次人口迁徙，形成了他们不屈的性格，更塑造了如今璀璨多样的中华文明，形成了现今中国的语系、文化和生活方式等。对中国历史进程的发展起到了十分重要的作用。

二、客家族群的形成与分布

族群是指一个民族基于历史、文化、地域、行为及外貌特征而形成的"一群"与其他群体有所区别的群体。关于客家族群的形成，我们可以肯定地说，客家族群是伴随着移民迁徙而形成的。这是因为，客家人最早是随着古代几次战争和时局动荡时期的移民潮，从北方迁移到南方的，并最迟在南宋就已形成相对稳定的客家族群，即客家人；然后又往南方各省乃至东南亚地区及世界各地迁徙，最终成为汉民族中一支遍布全球且人文特异的重要民系族群。

客家民系聚集的地区，就是客家族群的分布地区，这些地区被称为"客家地区"。客家地区是客家民系发展演化，并逐渐形成一个具有比较独特的客家方言、风俗习惯及文化心态的稳定的客家民系的重要地区，是客家文化形成、传播与传承的"主产地"与中心地带。

据相关机构的统计数据可知，我国有客家人聚居的地区共有19个省185个市县，其中客家人占95%以上的纯客县50个，客家人最为集中的地方是赣南、闽西、粤东、粤北和珠江口东岸。[①]范围包括赣江、汀江、梅江、东江和北江流域，另外在珠三角、闽南、赣北等地，也有大量客家原始住民分布，如深圳保存下来的十大客家古村落，其原住民就是客家人。

在客家地区，客家人重要的聚居城市有惠州、梅州、赣州、汀州、韶州、龙岩、河源、贺州、深圳、桃园、苗栗、新竹、防城港等。其中，梅州、汀州、赣州是客家地区文化中心，深圳、惠州、新竹是经济中心，深圳是最大的城市；惠州、梅州、赣州、汀州、韶州被誉为"客家五州"。惠州是客家人的重要聚居地和集散地之一，被称为"客家侨都"；梅州则因其是海外客家籍华侨的最主要祖籍地而被称为"世界客都"；赣州因其与客家民系的形成有着密切关系而被称为"客家摇篮"；汀州，即今分属龙岩、三明的木头镇石壁村，据传是客家民系形成的中心地域，被称为"客家祖地"；韶州，即今韶关地区，以客家人居住为主，是客家民系不可或缺并引以为豪的客家大本营之一，被称为"客家吾州"。

任何一个族群的形成都必须要有一定数量的人口，否则就不能称之为

---

① 能源信息网.客家人主要分布图［EB/OL］.（2023-04-19）［2023-06-01］. http://www.cnenergy. org/article/495935.html.

"族群"。客家族群的形成，同样要有一定数量的人口。自 20 世纪以来，人们在形容客家人时常用这样一句口头禅，"海水所到之处，就有华侨，有华侨就有客家人"，可见客家人在世界上的分布之多之广。虽然如此，但有关客家人的人口确切数目以及详细的分布情况，我们一直很难获得具体数据，这主要是因为无法对客家人进行专项人口普查工作。目前，我们所得到的相关数据大多来自各地客家社团的估计数目，也正是由于"估计"，因而有很多不同说法。比如，有的说客家人口有 6000 万人，[①] 有的说有 8000 万人，[②] 等等。其实这些说法都有一个时间先后的次序，也就是说，这些说法出现的时间并非同一时期，所以也有助于我们从一个侧面了解客家的迁移和自身的发展情况。

学术界鉴于客家人在地理上的分布呈现既零散而又相对集中的态势，便从 20 世纪上半叶就把国内客家居住的区域划分为"纯客住县市"和"非纯客住县市"两类。前者指该县市的客家人口超过当地总人口的 90%，且其文化不受其他方言影响；后者虽然未制定统一的标准，但必须是以客家话为主的形成了客家人聚居的乡镇、村落或独立的文化社区，或者部分区域通行客家话的地方。为了方便起见，笔者也用这两个概念来介绍罗香林关于全国纯客住县市与非纯客住县市的统计数据。

中国近现代历史学家、民族学家罗香林是客家学的第一个研究者，他在《客家源流考》一书中，称民国九年（1920 年）的客家人口"总数当在 4000 万以上"。罗香林在书中还统计称全国纯客住县市与非纯客住县市总数为 177 个，其中，纯客住县市，广东有 15 个、江西有 10 个、福建有 8 个，合计有

---

① 邱恒兴.客家人与客家文化［M］.北京：中国国际广播出版社，2011:1-3.

② 华南理工大学.新快报：全球 8000 万客家人 广东本地就有 2500 万［EB/OL］.（2018-03-28）［2023-06-01］.https://baike.baidu.com/reference/10249/ad1ee_vufv-hke3S_1YScsLPv8ONJ7SoMZMy2JgyGSiUKHi2ozd3Lzm3PE1Py6C1HkW44YS6R41sYSBBhM5gPFlMLVqvQB1oRd3HQwNym2dwWJVyh63yP3LHItLDiLcv9qS3.

33 个县市；非纯客住县市，广东有 50 个、江西有 17 个、福建有 7 个、广西有 45 个、四川有 13 个、西康有 1 个、湖南有 5 个、贵州有 1 个、台湾地区有 5 个，合计 144 个。① 后人在其基础上又作了比较详细的研究。

罗香林关于全国纯客住县市与非纯客住县市的统计数据为我们描述了一个比较清晰的基本轮廓，但他的客家人统计数据距今已过了 100 多年，而且客家人多居住于东南各省属人口繁殖快的地区，其总人口之增长，恐亦不低于其他民系。在这种情况下，笔者又查阅了多位学者的调查统计资料，倾向于中国境内外约有 8000 万客家人口之说。下面将学者的调查统计结果归纳整理如下。

中国境内客家人口总数约有 5000 万人，其人口分布情况是：广东省客家人总人口约有 2100 万人；江西省客家人总人口约有 1250 万人；福建省客家人总人口约有 500 万人；广西壮族自治区客家人总人口约有 460 多万人；四川省客家人总人口约有 380 万人；湖南省客家人总人口约有 200 万人；浙江省客家人总人口约有 100 万人；海南省客家人总人口约有 15 万人；贵州省客家人总人口约有 10 万人；云南省客家人总人口约有 2 万人；江苏省客家人总人口约有 2 万人；安徽省客家人总人口约有 2 万人；陕西省客家人总人口约有 0.5 万人；新疆维吾尔自治区客家人总人口约有 0.3 万人；台湾地区客家人总人口约有 460 万人；香港特区客家人总人口约有 125 万人；澳门特区客家人总人口约有 10 万人；其他地方的客家人总人口约有 300 万人。② 以上总计约有 5000 万客家人分布在中国境内。

客家人在清乾隆、嘉庆以后开始大量移居海外，直至中华人民共和国成

---

① 客家百科.《客家源流考》中的纯客住县与非纯客住县［EB/OL］.（2015-07-22）［2023-06-01］. https://www.hakka.com/article-4170-1.html?_dsign=ca9d27ed.

② 360 个人图书馆. 客家人口分布情况［EB/OL］.（2020-07-11）［2023-06-01］.http://www.360doc. com/content/20/0711/11/36427266_923537706.shtml.

立为止，主要迁入地是越南、柬埔寨、老挝、泰国、缅甸、马来西亚、新加坡、加里曼丹岛、印度尼西亚、菲律宾群岛及东帝汶，此外还有其他各地的迁入。具体来说，中国境外的客家族群主要分布在东南亚的泰国、马来西亚、印度尼西亚、新加坡，东亚的日本、朝鲜，美洲的美国、加拿大、巴西，欧洲的英国、法国、荷兰、比利时、卢森堡、德国和奥地利等国家和地区。据客属机构统计，总计约有 3000 万客家人散居世界 80 多个国家和地区。[①]

第三节　客家文化的内涵与客家精神的核心

本书"多学科视角下的客家文化与对外传播研究"这一研究课题，旨在全面深入研究客家文化，为客家文化的传播与发展提供理论支撑。而本节议题"客家文化的内涵与客家精神的核心"正是这一研究课题的核心。原因主要有以下几个方面。

第一，客家文化的内涵是客家文化形成和发展的基础，包含客家人世世代代积累的各种思想观念、生活方式、文学艺术、风俗习惯等，是客家文化的根源和灵魂。研究客家文化必然要深入探究其内涵，这是客家文化研究的出发点和基石。

第二，客家精神的核心体现了客家人的价值取向和行为方式，如团结、奋进、勤劳、敬业等，这些精神特质塑造了客家人的民族性格和行事风格。研究客家文化必须要在精神层面深入理解客家人，这也是研究客家文化的重点所在。

第三，以多学科视角展开研究，可以全面系统地分析客家文化的各个方

---

① 智纲智库广州战略中心.客家人从何处来？〔EB/OL〕.（2019-11-05）〔2023-06-01〕.https://baijiahao.baidu.com/s?id=1649347558503207280&wfr=spider&for=pc.

面，如民族学、历史学、社会学、人类学、语言学等视角可以深入挖掘客家文化的渊源与特征。多学科相互验证也可以达到更为准确全面的认识。这是研究客家文化的重要方法与手段。

第四，客家文化的对外传播是客家文化影响力和竞争力的体现，也是促进客家文化保护与传承的重要手段。研究客家文化必须加强对外传播方面的关注，这也是"多学科视角下的客家文化与对外传播研究"的重点内容之一。基于这四点，本节内容将作为全书的重点做一定的展开。

客家是中华民族大家庭中重要的一员，是具有显著特性的汉族民系，是汉民族中的一个地缘性群体。作为一个跨地域，具有深厚历史积淀的客家族群，客家族群创造了灿烂的客家文化，这是他们在其形成与发展过程中，为适应和改造生存条件而创造出来的全部物质文化与精神文化。

一、客家文化的基本内容

客家文化是中国南方文化的重要组成部分，也是华夏汉族文化中独特的瑰宝。客家文化是客家人共同创造的物质文化财富与精神文化财富，可谓源远流长，内容丰富，其中包括客家的方言、建筑、山歌、舞蹈、服饰、饮食、工艺、民俗等，这些已经成为体现客家文化内涵的重要元素。本书仅就客家的方言、民居建筑、山歌、舞蹈、服饰、饮食、工艺等文化元素进行分析，以此来反映客家文化的基本内涵。其中的客家方言和客家建筑在后面的章节将做专门讲述，此处只做简单介绍。

（一）客家方言

客家方言属于客家民系的共同语言和进行身份辨识的一种语言工具。客家方言集中分布在粤东、闽西、赣南，并被广泛使用于包括台湾地区在内的中国南方，以及马来西亚等国的一些华人社区。例如，粤东客家方言的中心区域是梅州市，其具有客家方言"四声六调"的典型特征，"四声"即平声、上声、去声和入声；"六调"即阴平调、阳平调、上声调、去声调、阴入调和阳入调。国学大师章太炎对客家方言系统做过一番研究工作，他选取了数十条客家话词语并用《方言》《说文》《尔雅》《礼记》《毛诗》《战国策》《老子》等古代典籍加以印证，说明客家方言的词汇与古汉语同源，客家话保留了部分中州音韵。①

（二）客家民居建筑

客家民居建筑是客家人为防野兽的威胁和人为袭扰而营造的，功能上用于聚族群居，特色是营垒式建筑。客家民居建筑的风格和形式，在不同的历史时期和不同的地区有不同的变化，有圆寨、围龙屋、走马楼、四角楼等，体现了客家人的先辈希望大家和睦相处，勤俭持家的民俗文化。

（三）客家山歌

客家山歌是客家艺术的一种重要形式，是客家人抒发情怀的特有表现方式，蕴含中华民族优秀民歌精髓和独特艺术风格与魅力，被誉为"有《诗经》遗风"的天籁之音，自唐代始，至今已有一千多年的历史。主要流行于广东、福建、广西、江西以及台湾地区等客家人聚居的地方。客家山歌的类型主要有劳动歌、劝世歌、行业歌、拉翻歌、谜语竹板歌，以及猜调、小调、童谣等。客家山歌从不同侧面反映了客家人不同时期的生活方式、民俗风情、历史足迹。其特点是歌词结构大致相同，曲调丰富。

---

① 李红军. 时光割不断的纽带 方言把客家人的根归结于中原［EB/OL］.（2003-09-26）［2023-06-01］.https://news.sina.com.cn/c/2003-09-26/1042824424s.shtml.

劳动歌与客家人的劳动生产密切相关，如"茶歌"反映茶农的生活，"稻歌"反映农民的生活。这类歌词简朴，通俗易懂，旋律简洁流畅，能鼓舞人们的工作热情。

劝世歌内容警示人们向善，歌词富有哲理。这类歌通常由知识分子创作，意在改善社会风气。

行业歌常由某一行业人士创作，内容是写他们的生产生活的，如"车夫歌"写车夫的生活，"木匠歌"写木匠的生活。这类歌较真实地记录了各行业的状况，具有参考价值。

耍歌是轻快活泼的歌谣，通常在节庆场合演唱，用来增添欢乐气氛。词曲简单流畅，富于节奏感，易于传唱。

拉翻歌是诙谐幽默的歌谣，一般两人以一问一答的形式唱，内容是谜语或智力竞猜。这类歌有趣诙谐，富于互动，能够增进人们的交流。

谜语竹板歌是将写有谜语的竹板在人们之间传递，大家一起唱谜并试着猜出答案。这种歌唱形式富于互动和趣味性，贴近人们的生活。

猜情小调是两人一唱一猜，猜对方的心里想法或性格特征，有趣诙谐。

客家童谣是为客家儿童创作的山歌，如"小蜜蜂""小乌龟""小白兔""老猫"等，还有食物歌、自然歌等，内容广泛丰富。客家童谣简单朴实，内容贴近儿童生活，生动活泼的曲调和形象的歌词能激发儿童学习兴趣和联想能力。它不仅有助于儿童学习语言、培养想象力，也深深影响着客家儿童的心智和性格发育。客家童谣已成了客家文化传承的重要途径，在客家儿童成长中发挥着重要作用。

客家山歌种类繁多，内容广泛，不仅反映了客家人丰富的生产生活，也折射出他们朴实爽快、勤劳贴近生活的性格特征。其中还保留了许多古老的词汇和方言，对研究客家语言和文化具有很高的文献价值。这些山歌深刻反映了客家人的生活状况、思维方式和性格特点，是研究客家历史、语言、文化的重要史料，在弘扬客家文化传统方面发挥着重要作用。

（四）客家舞

客家舞是客家文化的重要组成部分，它丰富多彩，形式多样，技巧高超，具有浓郁特色。赣南采茶歌舞便是客家艺术中最绚丽的一朵奇葩。从客家舞蹈的角度来看，赣南采茶歌舞动作非常丰富，达到 500 多个，可大致分为以下五种类型。

一是动物形象动作，如"鸡公啄米""乌龟爬沙""画眉跳架""猴子洗面""恶狼寻食""狗牯摆尾"等，富有观赏性和娱乐性；二是虚拟动作，如"打鞋底""排排坐"等，富有想象力和创造力。这类动作增加了舞蹈的表演性和观赏性；三是情绪动作，如高举双手表示欢欣鼓舞、低垂头表示疲倦等。通过舞姿和表情来表达采茶者的喜怒哀乐等复杂心理，能加深观众的理解和共鸣；四是特技动作，如高难度的跃动、旋转等，需要舞者具有一定的身体技巧，起到惊喜和观赏的作用；五是造型动作，如威武雄壮的男舞者，妩媚动人的女舞者。通过动作与体态来塑造人物形象，能增强舞蹈的表演性和观赏性。这五种动作类型的结合和演变，使采茶舞在保持原有实用风格的同时，也逐渐形成了自己的艺术特点。丰富的舞蹈动作是采茶舞表现力和魅力的源泉，也是研究这种民间舞蹈的重要依据。

在客家舞蹈中，矮子步、单袖筒和扇子花是三种著名的表演技巧，被俗称为"三绝"。

矮子步通过半屈膝或屈膝蹲身等特殊的舞姿和步法，使舞者显得格外矮小；右手持扇在头上、胸前或腰间舞扇子花，左臂舞水袖，前后、左右、上下自由摆动，以跳跃节奏行走，快慢自如，进退随意，也可原地踏步，要求上身挺直，变化只在于手腕、腿脚上，一般表现在行走、上山、下坡等活动。矮子步需要舞者有很高的身体控制技巧和协调能力。

单袖筒的袖筒不同于其他剧种常见的水袖，而是左衣袖加长，用以耍甩挥舞，与右手耍扇配合身段表演。在单袖筒表演技巧中，舞者通过单臂进入舞袖，使用未进入舞袖的另一只手操纵舞袖，完成各种美丽动人的"耍袖"动作。耍袖动作非常丰富，主要有以下几种。

一是甩、扬、拂、抛，即用力甩动或扬起舞袖，使其在空中产生弧线或波浪形态的美丽动态效果；二是摆、绕，即缓慢而优美地摆动或绕动舞袖，如绕手、绕腰、绕头等，富于变幻；三是抖、挥，即快速而有力地抖动或挥动舞袖，增加舞蹈的节奏感和动感；四是摇、拖、撩，即缓慢而性感地摇晃、拖曳或撩动舞袖，富有风情和诱惑力；五是抓、遮，即用舞袖轻捻或遮掩脸部等身体部位，增加神秘感或戏剧效果；六是飘、卷、缠，即通过舞者的手法，使舞袖在空中飘荡、旋卷或缠绕在身体周围，造型别致、意境空灵。这些丰富变化的耍袖动作，不仅体现了舞者的技巧，也增加了舞蹈的美感、表情和艺术效果。单袖筒耍袖是客家舞蹈的一项高难度的表演技法，需要舞者刻苦练习和培养丰富的想象力，这已成了评价客家舞蹈舞者技艺的重要标准之一。

扇子花是客家舞蹈中的一种重要的表演技巧，主要有"单扇花"和"双扇花"两种形式。单扇花只用一副舞扇，双扇花同时使用两副舞扇，异彩纷呈，效果更佳。扇子花的动作很丰富，如旋转、翻转、交叉、抖动、滑动、抛掷、穿插等，变化多端，富有韵律感和美感。扇子花动作的运用，不仅展现了舞者的技巧，也使采茶舞的视觉效果更加丰富，是塑造其独特艺术风格的关键手段。扇子花的动作非常丰富，达到30多个，是展现采茶舞独特艺术风格的关键手段。"五指花头朝天，四指花头朝前，三指花打四边，二指花摇胸前，耘、按、抓、靠肚面"的说法是对扇子花动作的形象比喻，表达打开舞扇的动作。这些比喻简洁生动，易于记忆和理解。扇子花的动作已成了考核舞者技能和鉴赏采茶舞艺术的重要标准。扇子花是采茶舞表演技巧的精华，它丰富了舞蹈的视觉效果和艺术魅力，是采茶舞形成自身艺术风格的重要手段，在客家舞蹈发展中占有非常重要的地位。

"三绝"技巧的运用，大大丰富和扩展了客家舞蹈的表演手段，展示出舞者的身体技能和创造力，也使得舞蹈更富有表演性、观赏性和艺术效果。"三绝"已成为衡量一名客家舞蹈表演者技艺高低的重要标准，在推动客家舞蹈艺术发展方面发挥了重要作用。

（五）客家服饰

南迁的客家先民把优秀的汉民族文化艺术带到了迁徙地，服饰就是其中一个重要的部分，是客家文化的重要象征和载体。客家男装常见样式有对襟短衫、马褂、长衫、短褂、棉袄、大裆裤。客家女装常见样式有大襟衫、褂子、大襟棉袄、大裆裤、抽头裤。

客家服饰的种类繁多，主要由大襟衫、大裆裤、头巾、竹笠、围裙及鞋子等几部分组成。①

大襟衫是上衣，长袖衬衫，领口和衣襟较大，便于活动。白色大襟衫最为常见，也有花色和亚麻质地。大襟衫讲究衣襟、袖口和下摆的工整，通过窄边、褶边以及刺绣进行装饰。

大裆裤是下装，是一种宽松的裤子，裆部和腿部较宽大。大裆裤便于劳动，亦被称为"劳动裤"。材质以蓝布为主，也有黑色和淡棕色的布料。

---

① 杨草原，蔡欣欣，曾思蕾. 岭南写真：客家服饰传承汉民族文化的"活化石"［EB/OL］.（2015-05-21）［2023-06-01］. https://www.chinanews.com.cn/sh/2015/05-21/7292048.shtml.

头巾属于头饰范畴，是客家妇女的标志。头巾色彩鲜艳，青年女子佩戴红色头巾，中年女子换戴暗红色，老年妇女则配深蓝色头巾。头巾可遮面容，也有装饰作用。

竹笠属于头饰。清代客家人戴的帽子有劳动者戴的束帽，俗称"和尚帽"，富人和读书人戴的平顶缎帽子，小市民多戴尖顶的瓜皮帽，老人戴的风帽、棉纱帽，有功名的戴"顶子"和"缨帽"。民国时期出现毡帽、军帽和工人帽，女人裹头巾、出工戴凉帽，男人戴竹帽。中华人民共和国成立后，盛行五角帽及工人帽。20 世纪 70 年代，戴帽的人逐渐减少，部分人戴风雪帽、绒帽和草帽。20 世纪 80 年代，青年男女开始戴太阳帽。随着时代的变化，客家人的头饰也在不断变化，但是，头戴凉帽，身穿大襟衫，背着小孩，手扶犁耙，赤足进入田野，是传统的客家妇女形象。客家妇女戴凉帽的习俗始于北宋末。当时，客家先民从中原南迁，为了生存，妇女也和男人一样耕作劳动。但妇女走出深闺，抛头露面有失体统，于是她们头戴竹笠，并罩上一块开有两个小孔的黑布遮面。后来，在实际使用中感到这样不太方便，便把布剪短，并缝在帽檐的四周，成为既实用又好看的凉帽。再后来，索性连布帘都去掉，只戴竹笠。

围裙属于腰装范畴，常与大襟衫和大裆裤一起佩戴。围裙用于保护衣服免受污浊，是客家妇女劳作时必不可少的。

客家传统鞋子主要是布鞋，以白布或黑布制成。布鞋简单实用，鞋底一般不高，方便劳作和行走。

客家服饰能明显区分不同性别和年龄阶段，代表各群体的特征，体现了客家社会的群体意识。客家服饰追求实用简朴，材质以棉麻为主，形式简单大方，色彩以白、蓝、黑为主，无过多装饰，给人以朴实劳作的印象。这代表了客家人勤劳俭朴的品格和稳定保守的性情。客家服饰强调功能，如大襟衫和大裆裤均便于活动，完全满足生活和劳作的需要，展现出客家人勤劳务实的一面。

客家服饰承载着悠久的历史传统，其款式和元素都经历了长期演变，已成为客家文化的重要标志，代表着客家人的身份认同。尽管简朴，但客家服饰也通过刺绣、褶边和色彩达到了一定的装饰效果，尤其妇女服饰，体现了客家妇女对美的关注。这显示了客家人在劳作生活中也关注审美的一面。

总体来说，客家服饰的文化特征主要体现在以下几个方面。

一是功能性，客家服饰讲究功能，如大襟衫的大襟和袖口方便活动，大裆裤的宽松也便于劳作，体现了客家人勤劳的品质；二是实用性，客家服饰追求实用，材质简单，以棉麻为主，便于日常生活和劳动。如大襟衫、大裆裤和布鞋等，都体现了强烈的实用气息；三是传统性，客家服饰承载着深厚的历史传统，其形式和元素都经历了长期的演变和发展，已成为客家文化的重要标志，象征着客家人的身份认同；四是简朴性，客家服饰整体简单朴素，无过度装饰，色彩也以白、蓝、黑为主，给人以朴实劳作的印象；五是艺术性，虽然整体简朴，但客家服饰也讲究美感，尤其妇女服饰，通过刺绣、褶边和色彩的运用达到装饰的效果，显示出客家妇女的审美眼光；六是群体性，客家服饰能明显区分出男装、女装、青年装和老年装，代表了不同性别和年龄阶段的特征，体现了客家社会的群体意识。

上述这些特征不仅代表了客家人的思维方式和审美情趣，也见证了客家历史文化的积淀，已成了客家文化的重要载体，是客家文化的重要标志，在弘扬客家文化传统方面发挥着重要作用。

（六）客家饮食

客家饮食是客家人从中原迁移到南方后，在吸收了南北方的饮食特色以及积累了各个历史时期的饮食精髓的基础上，创造了自己博大精深的饮食文化。大致可分为主食、名菜小吃、茶酒等几类。传统客家菜多用肉类，烹饪手法讲究的是"咸、烧、肥、香、熟、陈"，使得成品客家菜色香味俱全。

客家主食以糯米食和面食为主。糯米食有红糟饭、糯米鸡、糯米肠等，香甜软糯，深受客家人喜爱。面食方面有豆浆粉丝、炸芋饼、客家烧饼等，简单实惠。主食以满足客家人的生活需求为主，但在烹饪和原料选择上也有独特风味。

客家名菜像梅菜扣肉、客家盆菜、猪肚包鸡等，既有本土特色，也融入了时代的新潮流。客家菜在保留古老风味的基础上不断推陈出新，成就了客家饮食的魅力。客家小吃种类更丰富，有水饺、汤圆、烧麦、煎堆、豆花等，立体展现出了客家人丰富多彩的生活情趣。

客家茶有着独特魅力，客家咸茶甘香醇口，既具有茶叶的芬香、薄荷的甘醇，又具有炒米的脆、花生的酥、芝麻的香等口味。咸茶营养均衡，故有健脾利胃、延年益寿之功效。其中，白蕉镇客家咸茶从清乾隆年间开始盛行，摒弃了传统擂茶中的荤食，保留素食部分，并不断地发展其特色，成为当地客家饮食风俗中极具特色的茶文化。2010 年 6 月，客家咸茶被列入珠海市第三批非物质文化遗产名录。[①]

客家的糯米酒也称"娘酒""老酒""黄酒"，是客家人特有的一种米酒。客家糯米酒是一种客家传统名酒，是中国黄酒的一个重要分支。以色香味俱全、醇厚浓郁而著称。2012 年 2 月，客家糯米酒酿制技艺被列入惠州市第六

---

① 珠海发布.看到流口水！珠海这些"风景"，很解馋！［EB/OL］.（2022-10-03）［2023-06-01］. http://static.nfapp.southcn.com/content/202210/03/c6949334.html.

批非物质文化遗产名录。① 客家糯米酒主要有以下特点。

一是原料细致，主要以糯米、红糖、酵母等淬制而成。糯米香甜，红糖提色增香，酵母发酵，又加上其他香料提味，使客家糯米酒色彩艳红，香气浓郁。二是工艺精细，在发酵和熟成过程中，要通过密封、搅拌、过滤等多道工序，这需要有高超的酿酒技艺，追求色、香、味的最佳平衡，使得每家的客家糯米酒都独具特色。三是酒质醇厚，客家糯米酒酒精度不高，但口味醇厚浓郁，具有糖度，回甘悠长。酒体通常呈现淡红色至橙红色，酒香浓郁，糖香与米香融合在一起，饮用后甘甜回味。四是酒具精致，客家糯米酒一般采用精致的陶瓷酒盅或小杯品饮，这些酒具细致雅致，与客家糯米酒的醇厚美味相得益彰。五是文化象征，客家糯米酒富含对美好生活的向往，是客家人独特的生活艺术精髓。酒席间的交谈笑语，体现了人们轻松愉悦的心情和对生活的热爱。客家糯米酒不仅代表客家美食文化，也是一种生活艺术，彰显生活品质，传承历史文化，在客家人的精神世界中占有价值举足轻重的地位。

客家饮食的烹饪手法讲究"咸、烧、肥、香、熟、陈"，其各自的特点如下。

一是咸，客家菜注重调料的使用，尤其喜爱各种酱香之物，如豆瓣酱、辣椒酱、湾油等，使得客家菜整体味道较重，口味醇咸浓郁。典型菜如梅菜扣肉。二是烧，客家人擅长各种烧制的手法，如红烧、炖、卤等。这类烹饪方法可以使食材的原香得到充分溶解和融合，口味浓郁醇厚，是客家菜的代表手法。三是肥，这与客家人的生活习惯有关，以往客家人下田劳作，劳动强度大，肥腻一点的食物能有效充饥。四是香，客家菜讲究食材的选取和香

---

① 广东省人民政府. 关于批准并公布广东省第四批省级非物质文化遗产名录的通知. [EB/OL].
（2012-02-21）[2023-06-01] . http://www.gd.gov.cn/gkmlpt/content/0/140/post_140505.html#7.

料的搭配使用，一道菜往往多个食材各自发挥自身专属的香味，并融合在一起，层次丰富。五是熟，客家烹饪讲究熟透，尤其注重食材的软烂和酥融。如肉类必须煮至肉酥烂离骨，红烧肉也要煨至肉酥易散。六是陈，客家人喜爱食用包含一定陈香成分的食材，如豆瓣酱、辣椒酱、红糟等，这些陈香食材可以提升菜肴的层次感和香气。

"咸、烧、肥、香、熟、陈"六大特点深刻影响了客家烹饪的风味与特色。客家人追求饮食的美味与营养均衡，这些原则贯彻在客家菜的选料与烹饪当中，使客家菜既味浓香醇，又营养丰富，深受人们青睐。

总之，客家饮食中主食简单朴素，小吃种类繁多，茶、酒醇香，烹饪手法独具特色，这些共同展现出了客家饮食的丰富内涵。这几大类在满足生理需求的同时，也丰富了客家人的精神生活，成为客家文化不可分割的一部分，见证了这个民族的生活智慧和审美情趣。

（七）客家传统工艺

客家传统工艺有锡壶制作、土陶、制鼓、打草席、酒曲制作、雕刻、制称、手端木偶戏、篾编等，而以纺织、染织、竹编、木工、酒曲制作技艺为代表，深受客家人喜爱，在客家生活和文化中占有重要地位。

客家纺织工艺以棉麻纺织为主，产出朴素耐用的麻布、棉布等面料，被广泛应用于客家服饰和生活用品，深受客家人喜爱。客家妇女擅长棉麻纺织，一家人的衣食住行用品大都出自妇女之手。她们靠简易的纺车和纺锤，将棉花、麻纤维纺成线，然后在织布机上精心织成布帛。这需要高超的纺织技能和对面料的精细把握。纺出来的麻布坚韧耐用，棉布柔软透气，深受客家人青睐，被广泛应用于日常生活。

纺织工艺在客家生活中占有重要地位。一方面，它撑起了家庭生产和经济，减轻了生活负担；另一方面，它产出的棉麻面料被广泛用于衣物和生活用品，满足了基本生存需求。更重要的是，这些朴素手工的面料代表了客家人对生活的热爱与智慧，见证了客家妇女的才智与手巧。

客家纺织工艺已然成为弘扬客家文化的重要载体。虽然简单，但蕴含着丰富的生活智慧，代表了客家人勤俭节约的美学情节。这项古老的手工技艺不仅继承了传统；也在时代变迁中获得了新的活力，将古老的智慧应用于现代生活，使其在当代社会中产生独特魅力，深受人们的喜爱与重视。

客家染织工艺以蓝、红、黑三色为主，擅长利用当地植物资源对织物进行染色，使客家服饰和生活用品色彩鲜艳，体现了浓郁的乡土气息。客家人善于运用蓝靛、红桑、乌桕等植物提取染料，并根据面料性质和颜色要求配制染液进行染色，这需要有丰富的植物学知识和对色彩与配色的精细把握。染出的蓝色深邃静谧，红色艳丽暖亮，黑色沉稳大方，深受客家人喜爱。

染织工艺在客家生活中有重要作用。色彩鲜艳的衣物和生活用品，既满足了生理需要，也代表着精神寄托，见证了生活体验。蓝、红、黑三色面料在视觉上能够产生强烈对比，富于装饰性，体现了客家人热爱生活与追求美的审美情怀。

客家染织工艺是弘扬客家文化的重要载体之一。它代表客家人对色彩与生活的理解，体现了对自然与美的热爱。虽然简单朴素，但蕴含着丰富的生活智慧与审美思想。这项古老的染织技艺不仅继承历史，也在当代社会发挥出了重要作用，用色彩展现生活，表达情感，带给人以视觉享受，深受各界喜爱，值得继承与发扬。

客家人善于利用丰富的竹子资源，通过切割、分离、编织等工序，加工出如簸盒、笊篱、食盒等各种生活用品和艺术品。这需要对竹子性质与加工方法的精通，以及对美的细致体察。制作的竹器造型简洁，竹席编织精美，既实用又富有装饰性，深受客家人青睐。

竹编工艺在客家生活中有重要地位。一方面，它提供了生活和生产所需的用品，满足了基本需求；另一方面，精美的竹器和竹席也带来了美学享受，丰富了生活体验。这体现了客家人勤劳与创新并重，对生活美学精致的理解。

竹编工艺是弘扬客家文化的重要载体。它以简单朴素的方式展现生活智慧，代表客家人勤俭节约和审美情趣的民族精神。这项古老工艺在当代社会也发挥着重要作用，产品既传统又富有现代气息，值得继承与发扬。

客家木工师傅熟练运用斧子、锯子等简单工具加工木料，设计和制作出家具、门窗、楼梯等实用产品。这需要丰富的木材知识和对结构的精细计算。制作的产品线条简单大方，不追求复杂装饰，但结实耐用，完全能满足生活和生产需要。

木工技艺在客家生活中占有重要地位。一方面，它提供家具、建材、农具等生活必需的用品；另一方面，简洁大方的产品也带来了美学体验，见证了生活智慧。这充分展现了客家人实用与审美并重的民族智慧。

木工技艺是弘扬客家文化的重要载体。简单朴实但蕴含生活智慧的木工产品，代表了客家人节俭勤劳和追求实用的民族精神。木工技艺产品既传承历史也面向未来，值得继承与发扬。

客家酒曲制作工艺复杂精细，经反复发酵而成，酒色如同琥珀，口味浓郁醇厚，在客家生活中占有重要地位。客家人在长期生产实践中，积累了丰富的酒曲制作知识和技能。他们精选糯米、红糖、桂皮、花椒等上好原料，按特定比例配置，在全封闭环境中反复蒸煮、发酵、搅拌，直到酒液色香味俱佳，酒质醇厚。

酒曲在客家生活中具有重要意义。一方面，它是家庭生产与经济的重要来源；另一方面，醇厚馥郁的酒曲也带来了生活上的享受，代表生活情趣。酒曲不仅满足了物质需求，也丰富了精神生活，见证了生活智慧。这体现了客家人生产生活相结合的生存理念。

二、客家文化的独特内涵

客家文化的主体是汉文化，因而它更多保持着汉文化的基本特征，但在不少方面也受到了迁居地文化的影响，这就使客家文化成为既不同于当地文化又不完全等同于中原汉文化的特征。

（一）客家文化注重弘扬中原文化

客家人不管走到哪里，不管身在何处，一直以身体力行的方式在世界各地坚守并传承中国传统文化。

客家语属于中原汉语支系，词汇与语法都有明显的中原传入的痕迹。客家文化中的许多重要概念也源自中原，如"天人合一""忠孝节义"等。这显示出语言文字在文化传承上的重要作用。客家人过春节、清明等重要传统节日，起源与内容都源自中原。这些节日在客家乡村得到了广泛而热闹的庆祝，体现了文化符号的传承作用。客家人重视家族，家族观念源自中原皇权社会的家族伦理。重视长幼尊卑、崇尚祖宗及家族荣誉，这些观念的形成都与中原文化有着密切关系。客家人保留许多源自中原的传统礼仪，如婚丧嫁娶中的重要仪式，体现了中原歌颂传统美德的礼俗思想在客家地区的传承。

（二）客家文化具有家国意识

客家先民曾饱经中原动乱，南迁成了他们被迫的选择，因此在族群的发展历史中，深刻地体会到了家与国的密切关联，在思想上逐渐形成了牢固的家国意识。在面对家国受到威胁时，客家人便会奋不顾身，群起卫国，宁愿舍弃小家，也要保卫大家。翻开数百年的中国近代史，许多革命运动都和客家人密切相关。

最令人难忘的是在中国近现代历史上，客家人贡献智慧、无惧生死，与以志士仁人为代表的中国共产党一道同恶势力抗争，书写了一部波澜壮阔的革命史、奋斗史，从而参与、推动或直接践行了中国共产党人伟大革命文化的形成与发展。例如，抗战时不少客家爱国华侨捐出巨款支持抗日斗争，四化建设中，又在国内投资兴办实业，热心乡梓，乐善好施，捐建桥梁、医院、学校，善举多多。特别是改革开放以来，先富起来的一部分客家人以实际行动所汇聚的大爱让世界震撼。

（三）客家文化具有浓浓的寻根思想

客家人的寻根思想一直以来长久不衰，尤其改革开放以来，寻根热情在客家社会高涨，热衷于寻找民族的历史起源和文化根源。这种热情催生出了丰富的客家文化研究与传承活动，是弘扬客家文化的重要动力。

事实上，客家人的寻根思想古已有之。客家人注重家族的起源和发展，记录并保存家谱与家史，追溯家族先祖。这显示出了客家人重视自身历史与血亲来源，体现出他们强烈的寻根意识。客家人崇拜祖先，在重要场合或节日会举行祭祖仪式。这是对家族源流的敬畏，也是寻找自我认同的文化基石。客家人视故乡与祖居为心灵归宿，这是对血脉与记忆的重温，体现了寻根的深切情感。客家人倡导广泛使用和传承客家语言，视其为维系客家身份认同的重要纽带。这显示出了客家人希望通过语言找寻和理解自己的文化渊源。客家人热衷探索客家历史渊源与迁移路线，研究不同客家支系的来源与发展。这是寻找自我属识的必经之路，体现了客家人对历史记忆的渴望。一些客家乡村社区积极恢复一些传统习俗与仪式，如歌谣演唱、舞龙舞狮等。这有助于找回消失的记忆与文化符号，是一种主动的寻根手段。

（四）客家文化体现了历史责任感

客家人视文化遗产的保护与传承为己任，在其文化演变历程中始终发挥着重要作用，它保障了大量历史文化遗产的传承，也是弘扬当代客家文化的重要精神基础，这种责任感体现了客家人对自身历史与文化的深刻理解。

客家人深知自己肩负着祖先留下的历史责任，使他们积极参与到对古代文物和古村落的保护中，以及对客家古籍和非物质文化遗产的整理研究中。客家人意识到，这些历史文化遗产不仅属于个人，也属于整个客家族群，它们见证了客家历史，代表了客家人生活的印记，有着重要的历史与文化价值。这种责任感催生了大量的文物保护与研究工作，保障了客家历史文化遗产的有效传承。同时，这种历史责任感也体现在对传统节俗习惯的重视与弘扬中。客家人意识到这些习俗是客家历史文化的重要组成部分，它们体现了祖先的生活智慧与精神归属，承载着世代相传的民族记忆。这使得许多传统节俗和习俗得以在时代变迁中保留并传承至今，成为弘扬客家文化的重要基石。

（五）客家文化注重创新精神

客家文化虽然重视传统，但同时也充满活力与创新精神。这种创新精神在客家历史的长河中不断涌现，并在不同历史时期发挥了重要作用，是客家文化得以传承与发展的重要动力。

在社会变革和经济发展的大背景下，客家人勇于接受新事物，并且努力将其融入传统文化中。这使得客家文化在吸收外来文化的基础上不断丰富自己，体现了鲜明的时代特征。如明清时期，西学东渐，客家士绅积极引入西方科技和思想，推动了社会进步；近现代，客家人在政治、经济等领域异军突起，并将新思想带入传统家族和生活，不断推动文化创新。同时，面对新时代的到来，客家人也主动改造传统，使之更贴近现代生活。如，客家建筑在吸收现代元素的基础上实行改造，客家菜肴不断吸纳新食材与烹饪技法等。这些创新丰富了客家文化的内涵，使其在现代社会发挥出了重要作用，体现出客家文化持续发展的生命力。

可以说，创新精神是客家文化得以在历史长河中不断发展的重要动力。它使客家文化在吸收外来文化的同时也不断丰富自身，在传承传统的同时能够与时俱进。正是这种创新精神，使得客家文化在保留乡土气息的基础上展现出了鲜明的现代特征，不断满足人们的精神需求，发挥重要的社会作用。创新精神内在于客家文化之中，它使客家文化在历史变迁中保持青春活力，并不断满足时代发展的需要。这种精神代表了客家人勇于变革的民族气质，也是客家文化在当代社会能够发挥重要作用的基础。

三、客家文化与相关各学科的联系

客家文化研究发展至今影响所及已经日益扩大，与诸多现代人文社会科学学科产生了联系，或相互渗透，或互为联盟，成为一门跨学科、多学科研究的对象。①

（一）客家文化与民族学的联系

客家文化作为客家民族的精神象征和文化结晶，属于民族学的研究对象。民族学不仅为客家文化提供理论类别，也为理解客家文化的形成机制、历史渊源、内涵特征与社会功能等提供了基本理论和方法。跨学科研究有助于我

---

① 马强. 现代学术视域中的客家文化研究及其思考［J］. 天府新论，2013（1）：116-120.

们更加全面深入地理解客家文化。

作为客家民族的精神象征和文化结晶，客家文化自然属于民族文化的研究对象。民族学关注不同民族的起源、迁徙、语言、风俗以及形成的文化等，为理解客家文化的形成机制和内涵提供了基本框架。客家民族的形成与发展深深影响着客家文化，民族学通过对客家人的起源和迁徙历史的研究，揭示客家民族形成和变迁的历史脉络，为把握客家文化的历史渊源提供了基础。

民族学研究客家语言、风俗习惯等，对理解客家文化具有重要意义。语言是文化的载体，风俗习惯体现了生活智慧，民族学对它们的研究有助于我们深入理解客家文化的内涵与特征。

民族学探讨文化对民族认同的作用，也适用于客家文化。客家文化作为客家人的象征，在客家人的民族认同中发挥着重要作用，民族学对客家文化的研究有助于我们理解客家文化的社会功能。在不同历史时期，客家文化呈现出不同特征，与社会环境变化密切相关。民族学的文化变迁理论有助于我们分析不同时期客家文化的变化特点，理解其变迁机制。

（二）客家文化与人类学的联系

人类学不仅为客家文化提供了分类理论，也为理解客家文化的人文属性、社会功能和非物质遗产等提供了基本理论支撑和研究范式。结合民族学等学科，有助于我们对客家文化进行更加全面系统的研究。

人类学研究不同地域和群体的文化特征，客家文化作为一种地方性文化，自然属于其研究对象。人类学探索文化的人文渊源和形成机制，为理解客家文化的根源和特征提供了理论基础。人类学强调自然环境和生产方式对文化的影响，也适用于客家文化。客家文化的形成深受地理环境和生产生活方式的影响，人类学的相关理论有助于我们分析这种影响，理解客家文化独特性的人文渊源。

人类学研究不同文化的社会结构、宗教信仰以及价值观念，对研究客家文化也具有重要意义。比如，对客家社会组织形式和传统节日的研究，可以借鉴人类学的相关理论与方法。人类学探讨文化的社会功能，有助于我们理解客家文化的社会属性。比如，客家文化在维系社会关系、规范社会行为和构建集体认同等方面发挥的作用，可以从人类学的理论角度进行分析。

另外，人类学为研究非物质文化遗产提供了理论基础。比如，对客家民间工艺、传统戏曲和传统节日等的研究，都可以借鉴人类学的相关理论与方法。

（三）客家文化与历史学的联系

历史学为研究客家文化提供时间维度的理解，它揭示客家文化演变的历史脉络，也为理解客家文化的内涵与社会意义提供了历史语境。与民族学和人类学等学科结合，历史学有助于我们对客家文化有更加全面深入的认知。

客家文化的形成与发展都伴随着客家历史的演变。不同历史时期，客家文化呈现出不同的特征，与当时的社会环境与历史事件密切相关。历史学通过对客家历史的研究，有助于我们把握不同时期客家文化的特征与变迁规律。

历史学研究客家古代社会的政治体制、经济形态以及思想文化等，为理解古代客家文化提供了历史语境。比如，研究古代客家地区的政治和农耕文化，可以为理解当时的客家文化提供重要历史参照。历史学关注历史事件与人物，也为研究客家文化提供素材。比如，研究明清时期的客家学者与思想家，可以揭示其思想对客家文化的影响，理解客家文化在当时的传播与发展。

历史学研究古代典籍与史料，为研究客家文化提供了第一手资料。比如，对客家古籍和史料的研究，可以为我们理解古代客家人的生活状态和思想意识提供直观素材，从而推测当时的客家文化内涵。历史学探讨历史遗存的价值与意义，也适用于客家文化研究。比如，对古村落和客家古建筑的研究，需要从历史的角度来考察其历史属性和文化价值，需要借助历史学的相关理论。

（四）客家文化与社会学的联系

社会学为研究客家文化提供社会视角的理解，它探讨客家文化在社会结构和秩序中的作用机制，也研究其与社会变迁和群体认同的关系，有助于我们理解客家文化的社会属性和社会功能。

社会学研究不同社会阶层和群体，客家文化作为一个地方性文化，自然属于其研究对象。社会学探讨文化在不同社会结构中的运行机制，有助于我们理解客家文化在古代社会中的作用。

客家文化通过规范社会行为、定义社会关系等方式影响社会秩序，社会学的相关理论可以为探讨客家文化这一社会功能提供分析框架。社会学探讨文化与社会变迁的关系，也适用于客家文化。不同历史时期，客家文化都随着社会环境的变化而变化，社会学的相关理论可以揭示这种变迁机制，理解客家文化的时代特征。社会学研究群体认同与文化认同的关系，对理解客家文化的社会作用也具有重要意义。客家文化在构建客家人的集体认同中发挥着重要作用，社会学的理论可以为分析这一作用提供理论基础。

另外，社会学探讨非物质文化遗产的社会意义，也适用于对客家文化的研究。比如，对客家民间工艺、传统戏曲、传统节日等的研究，都需要考察其在社会中的作用与意义，需要借助社会学的相关理论。

（五）客家文化与哲学的联系

客家文化是客家哲学思想的载体，也是客家哲学理念的来源。运用哲学的理论和方法来分析客家文化，可以深入理解其中的哲学意蕴，也可以拓展对客家哲学思想的认识，是理解客家文化的重要途径。同时，也需要在哲学层面来反思和批判地继承客家文化中的思想理念。

客家文化中的价值观和思想体系，体现了客家人的生存哲学和价值哲学。比如，客家文化中重视勤劳、实用和家庭的价值理念，体现了客家人的生存价值哲学。

客家文化中的宇宙观和人生观，体现了客家人的本体论和存在哲学。如客家文化中的"天人合一"思想和历史记忆的重视，体现了客家人的本体论和存在方式。客家文化中的伦理理念和道德规范，体现了客家人的道德哲学。比如，客家文化中重视的仁义礼智信，体现了客家人的道德哲学立场。客家文化的思想体系在不同历史时期的演变，体现了客家人思想在不同社会环境下的哲学变迁。比如，近现代客家文化中的科学理性思想的兴起，体现了客家人思想的现代转向。

客家文化中的很多思想理念和观点，同中国古代哲学有着渊源关系。如"天人合一"思想与道家哲学的渊源，"仁义礼智信"与儒家哲学的渊源。研究这些渊源关系，需要运用哲学的哲学渊源理论和比较哲学两个视角。

（六）客家文化与民系学的联系

民系学为研究客家文化提供重要的理论资源和研究成果。它不仅探讨客家民系的起源和发展，也研究客家民系的语言、风俗、社会组织以及文化特征等，为客家文化研究提供人文情境和理论依据。与民族学、人类学和历史学等学科结合，民系学有助于我们进行跨学科的客家文化研究。

客家民系的起源和迁徙历史对客家文化产生了深刻影响，民系学的相关研究有助于我们理解客家文化形成的历史脉络和人文渊源。

民系学研究客家民系的语言、风俗习惯以及传统文化等，为客家文化研究提供了重要素材。语言是文化的载体，风俗习惯体现了生活智慧，民系学的相关研究有助于我们深入理解客家文化的内涵特征。

客家文化的形成过程中吸收了周边其他民族的文化因素，民系学的相关理论可以为分析不同民族文化的互动影响和文化融合提供基本范式。民系学探讨民系特征对区域文化的影响，也适用于客家文化。客家文化作为客家民系的文化结晶，深深反映了客家民系的特质，民系学的相关理论可以为理解民系特征在客家文化中的体现提供基本视角。

民系学研究不同民系的社会组织和生活方式，也为理解古代客家社会提供了参考。如研究古代客家的宗族制度、村社组织以及农耕生活，都需要借鉴民系学的相关研究成果和理论框架。

（七）客家文化与族谱学的联系

客家文化的传承离不开族谱，族谱学也是研究客家文化的一个重要学科。客家族谱与客家文化有着密不可分的渊源和内在联系。客家人重视家族和血缘关系，族谱在记载和维系家族血缘方面发挥着重要作用。客家族谱不仅记载着家族成员的姓名、出生日期等基本信息，还记载着家族移居历史和祖先事迹，体现了客家人重视传统和祖先的文化特征。

客家族谱的编纂也体现了客家人勤奋苦干和重视文化学习的传统美德。编纂一本详尽的族谱需要投入大量的时间和精力，反映了客家人勤勉的品质。同时，会编纂族谱也是客家士绅和儒者的一种文化修养。

客家族谱提供了研究客家历史的重要史料。许多客家古籍已佚失，族谱记载了大量有关客家历史、迁移、家族起源的信息，是研究客家历史的珍贵资料。许多专家学者在研究客家历史时，都会借助客家古老族谱。部分客家族谱已经演变为地方志或家族史，具有较高的文献价值。这些族谱不仅记载着简单的家族信息，而且记录了家族和家乡的发展脉络，成了客家乡土历史文化的重要载体。

（八）客家文化与语言学的联系

客家语言学是研究客家文化过程中的一个关键环节。客家语言学的发展，对客家文化的研究和传播起着根本性的推动作用。客家文化的传承与发展，离不开语言这一重要的载体。

客家语是客家民系的语言载体，是客家文化的重要组成部分。保护和传承客家语，就是保护和传承客家文化。客家语言学专注于研究客家语，是研究客家文化的一个重要学科。

客家语言表达方式与客家思维模式和价值观有关。研究客家语言可以理解客家人独特的思维方式和价值体系，也是理解客家文化的关键。客家语言学的许多研究成果，有助于客家文化的研究和理解。

客家语言是客家乡土历史和生活方式的重要见证。许多客家语词和习语，都反映了客家人的生活细节和历史记忆。研究客家语言可以洞察客家人的生活状态和历史变迁，也是研究客家文化不可或缺的途径。

同时，方言文学是客家文学的重要组成部分，也是客家文化的重要载体。而方言文学的成立和发展，离不开语言学的研究和推动。方言文学的研究，需要语言学的理论和方法作为支持，也体现了两者的内在关联。

（九）客家文化与文学的联系

客家文学与客家文化有着密不可分的内在联系，二者相互影响，互为依托。研究客家文化必然离不开对客家文学的研究。

文学是客家文化的重要组成部分和载体。客家文学包括客家话文学和客家相关主题的华语文学，是客家文化的重要表现形式，也是客家文化传承的重要途径。客家文学创作也受到了客家文化的深刻影响和制约。作家的客家身份认同，对客家语言和文化的熟悉程度，都会影响其创作主题和风格。同时，客家读者群体的存在，也推动和鼓励了客家文化主题的创作。这体现了客家文学与客家文化的互动关系。

客家文学作品记录和反映了客家人的生活状态、心态、价值观念等，体现了客家文化的特征。通过阅读客家文学作品，可以深入了解客家人的生活面貌和精神文化，是理解客家文化的重要窗口。许多客家文学作品以客家历史为背景或主题，反映了重要的客家历史事件，有助于读者理解客家历史和客家人的历史记忆，也关乎客家文化研究。

方言文学是客家文学的重要组成部分，使用客家语言创作，以客家人的生活和情感为主题，是客家文化的重要载体，对维系和传承客家语言与文化起着不可替代的作用。

客家文学的繁荣，有助于提高客家群体的文化自信心和文化认同感，为客家文化的传承创造了有利条件。所以，客家文学的发展水平，也是衡量一定时期客家文化生命力的重要标志。

（十）客家文化与传播学的联系

传播学为客家文化的生产、传播与交流提供了重要的理论和实践支撑。客家文化的传播需借助传播学的方法，通过现代传播技术扩大自身的社会影响力，提高群众的参与度。研究客家文化的传播规律，选择适合的传播路径和手段，已成为当代传播客家文化的重要课题。传播学与客家文化的结合，对于客家文化的现代转型有着十分重要的意义。

传播学研究信息和文化在社会的产生、流传和接受规律，为客家文化的传播提供理论指导和实践方法。运用传播学的理论和技巧，可以提高客家文化的传播效果，扩大传播范围和影响力。

客家文化产品的创作与生产，需要运用传播学的原理和方法。比如，拍摄客家文化纪录片、策划客家文化活动等，都需要传播学的支撑和指导。

不同传播媒介具有不同的覆盖面和传播效果。科学选用传播媒介，可以大幅提高客家文化的传播力度和影响力，需要运用传播学的相关理论作为指导。同时，受众研究是传播学的一个重要内容，对客家文化的传播也有重要意义。通过对受众的调查与研究，可以准确把握客家文化产品的受众群体，更好地开发受众群体的文化需求，有利于提高客家文化传播的针对性和效果。

现代传播技术的运用，拓展了客家文化传播的空间和手段。网络技术可以突破时空限制，实现客家文化在全球范围内的即时传播。这需要运用传播技术来打造网上客家文化传播平台，也是传播学在当代推动客家文化传播方面发挥的新作用。

四、不同学科对客家文化属性的解释

从上可以看出，民族学、历史学、人类学、社会学、哲学、民系学、族谱学、语言学、文学、传播学等学科为客家文化研究提供了理论基础和方法论支持。跨学科研究有助于我们从不同角度深入理解客家文化的人文属性、历史特征与社会功能。基于此，客家文化的属性应该从不同学科的视角来进行解释。

属性是人们对于一个事物的抽象方面的刻画，从而展现事物的性质与事物之间的关系，以帮助人们对一个事物的认识和理解。不同学科对客家文化的属性的解释各有侧重，借此我们能够对客家文化有更全面和深入的理解。

（一）民族学对客家文化属性的解释

从民族学的视角来看，民族学为我们研究客家文化提供了民族和族群这一理论视角。运用民族学的研究方法和分析工具，可以全面考察形成客家文化的民族因素和群体基础，理解客家文化的民族学渊源，也拓展和深化了我们对客家文化的认识。

客家人属于中华民族的一个民系，客家文化也是中华文化的重要组成部分。研究客家文化，需要理解客家民系与中华民族的关系，以及客家文化与中华文化的渊源与互动，需要运用民族学的理论与方法。同时，客家群体形成了自己独特的语言、风俗、信仰等，体现了较强的民族认同，是客家文化的重要属性之一。分析客家文化的民族认同来源和构成，需要借助民族学的研究成果。

客家人在长期的迁徙和生活过程中，吸收了当地的文化因素，最终形成融合了中原文化与广东本地文化的独特文化形式，也是客家文化的显著属性。理解这一属性的形成，需要从民族融合和文化融合的视角进行分析，也是民族学研究的重点领域。

作为一个民系，客家群体形成了自己的族群意识和身份认同，也为客家文化的生成提供了群体基础。研究客家族群形成的历史过程和身份认知特征，需要运用民族学的相关理论和方法，也有助于深入理解客家文化的属性。

客家文化的保护、传承与发展，也离不开对客家民系这一文化载体的维护。研究客家民系的文化权利，分析当前客家群体在政治、经济等领域的状况，需要运用民族学的理论与分析框架，对客家文化的考察也有一定的参考作用。

（二）历史学对客家文化属性的解释

运用历史学的研究方法可以深入理解客家文化的历史渊源和演变过程，开阔研究的历史视野，达到在历史过程中能够全面解读客家文化的目的。

客家文化的形成与发展，是在特定的历史条件下产生和演变的。不同历史时期的社会结构、经济形态、民族政策等，为客家文化的生成和发展提供了影响因素。运用历史学的理论和方法，可以深入剖析不同历史时期客家文化的属性与特征。

客家人的迁移历史，是形成客家文化地域属性的重要因素。客家民系先民从中原迁入广东，在长期迁徙过程中吸收了当地的文化因素，最终形成以粤语为母语而保留中原文化印记的独特文化形式，是历史学解读客家文化的关键。同时，客家人的历史记忆，塑造了客家文化的属性与特征。如对先民"进山垦荒"的记忆，形成了客家人勤劳朴实的文化特征。对历史上民族冲突的记忆，影响了客家人较强的民族认同感。从历史学的角度来研究和分析客家人的集体记忆，可以更好地理解其对客家文化的影响。还有，重要的历史事件，如战乱、社会变革等，都会对客家文化产生深刻影响。这些历史事件改变了客家人的生存状态，影响了客家人的思维方式和价值观念，最终体现在客家文化的属性和特征中。理解客家文化的历史变迁轨迹，需要从历史脉络中对客家文化的生成、发展和演变进行考察。这需要运用历史学关于历史进程、历史阶段等概念来理解客家文化在不同历史时期的主要属性与特征。

（三）人类学对客家文化属性的解释

人类学为研究客家文化提供了文化群体这一宏大视角。运用人类学的理论和方法，可以在时间与空间维度上全面考察形成和影响客家文化的群体因素，理解客家文化的人类学渊源，也拓展和深化了我们对客家文化的认知范围。

客家群体与周边其他民族的互动，促进了客家文化的形成与演变。比如，客家人吸收了广府文化的因素，最终形成客家文化的区域属性。客家人的生存环境与生产生活方式，深刻影响了客家文化的属性。比如，山地生态环境培育了客家人勤劳朴实的性格品质，体现在客家文化的实用主义属性中。客家人的社会组织模式与家庭结构，体现在客家文化的关系网络与道德规范属性中。如客家人重视家族血缘的家庭模式，形成了客家文化的重视家族价值的属性。此外，客家人的宗教信仰与思维定式，也构成了客家文化的精神属性。如客家人崇尚儒家思想，体现在客家文化的重视家族亲情和传统美德的属性中。

（四）社会学对客家文化属性的解释

社会学为研究客家文化提供了社会环境与社会关系这一视角。运用社会学的理论和方法，可以在社会结构和社会过程两个维度全面考察形成和影响客家文化的社会因素。客家文化的形成和发展，离不开特定的社会结构和社会环境。不同历史时期的社会结构，如家庭结构、阶层结构，为客家文化的生成提供了社会基础，也影响了客家文化的属性。客家群体在社会分层和社会流动中所处的位置，影响了客家文化的属性。比如，客家人较低的社会地位，影响了客家文化较强的实用主义倾向。不同时期的社会环境，如政治环境、经济环境的变化，也影响了客家文化的属性演变。如改革开放后，经济环境和政治环境的变化，影响了客家文化的现代转型。

社会事件如战争、政治运动等，也深刻影响了客家文化的属性。比如，民国时期的社会动荡，加强了客家人的民族认同感，体现在客家文化的属性中。这需要从社会变迁理论视角来考察不同社会事件对客家文化的影响机制。

此外，与其他社会群体的互动，如与华人的互动，推动了客家文化的融合与变化。这需要从社会交往与社会网络理论视角来分析不同社会群体之间的互动作用与客家文化变迁的关系。

（五）哲学对客家文化属性的解释

哲学为研究客家文化提供了思想层面和价值层面这一高层视角。运用哲学的理论和方法，可以在思想结构和思想过程两个维度解读形成和影响客家文化的深层思想因素和价值理念。

客家文化中的价值观和思想定式，体现了客家人的生存哲学和价值哲学。比如，客家文化中对劳动、实用和家庭的重视，体现了客家人的生存价值哲学。客家文化中的思想体系和认知结构，体现了客家人的本体论和认识论。比如，客家文化中对天人合一思想的认同，体现了客家人的本体论倾向。客家文化中的时空观和人生观，体现了客家人的存在哲学。比如，客家文化中对历史记忆和血缘传承的重视，体现了客家人的存在方式。客家文化中的伦理观和道德理念，体现了客家人的道德哲学。比如，客家文化中重视的仁义礼智信，体现了客家人的道德哲学立场。

不同历史时期客家文化中的思想变迁，体现了客家人思想在不同社会环境下的哲学演变。比如，近现代客家文化中的科学理性思维的兴起，体现了客家人思想的现代转型。这需要从哲学的思想史和思想家史两个视角来理解客家文化思想属性的历史变迁。

（六）语言学对客家文化属性的解释

运用语言学的理论和方法，可以在语言结构、语言变迁和语言联系三个维度考察形成和影响客家文化的语言因素，理解客家文化的语言学基础，也拓展和深化了我们对客家文化的认识途径。

客家话是客家文化的重要载体，也是客家文化的显著属性之一。研究客家语的生成、发展和演变，需要运用语言学的相关理论，也有助于理解客家文化的语言学基础。客家话的词汇体系、语法体系及其变化，体现了客家人的思维方式和认知结构，也影响了客家文化的属性。不同历史时期的客家话使用情况，反映了当时的社会环境与客家人的生活状态，也影响了客家文化的属性。如近现代以来客家话的衰退，体现了客家文化的现代转型属性。

客家话的方言差异，体现了不同地域客家群体的文化差异，也构成了客家文化的地域属性。研究客家语各方言之间的差异与联系，需要运用语言学的语言分类理论和方言理论，也是理解客家文化区域属性的途径。客家话与周边语言，如粤语的互动，推动了客家语和客家文化的融合与变迁，形成了客家文化的区域属性。

（七）文学对客家文化属性的解释

运用文学的理论和方法，可以从作品特征、语言特征和创作特征等方面解读形成和影响客家文化的文学因素，理解客家文化的文学表达。

客家文学作品反映了客家人的思想意识、生活状况和价值取向，也构成了客家文化的重要属性。研究不同时期的客家文学，可以理解不同时期客家文化的主要属性。客家文学的题材和主题，体现了客家人关注的生活话题和思想主张，也影响了客家文化的属性。比如，很多题材反映劳动生活的客家文学，体现了客家文化勤劳朴实的属性。客家文学的语言文字，体现了客家语言在不同时期的运用状况，也构成了客家文化的语言属性。研究客家文学的语言变迁，需要运用文学的语言表达理论来分析，也是理解客家文化语言属性的一个切入点。

客家文学与主流文学的互动，推动了客家文学的发展，也影响了客家文化的属性变迁。如近现代客家文学吸收了现代主流文学的理念，推动了客家文化的现代转型。

不同作家的客家文学创作，体现了个人的文化认知与价值选择，也增强了客家文学的多样性，影响了客家文化的属性。如作家陈国平的作品就是体现了重视家族情感的属性。

（八）民系学对客家文化属性的解释

运用民系学的理论和方法，可以在时空维度全面考察形成和影响客家文化的民系因素，理解客家文化的民系学基础，也拓展和深化了我们对客家文化的认识进程。

客家文化的形成离不开客家民系这一文化载体，研究客家民系的起源、发展和扩散，可以理解客家文化的民系学渊源。这需要运用民系学的理论和方法来跟踪研究客家民系的历史演变。不同历史时期的客家民系在政治、经济和社会等领域的状况，影响了当时客家文化的主要属性。比如，近现代以来客家民系的现代转型，推动了客家文化的现代属性的形成。

客家民系的空间分布格局，体现在客家文化的地域属性中。研究不同地域的客家民系群体及其文化特征，可以理解客家文化的地域差异属性。客家民系与其他民系和地方群体的互动，推动了客家文化的融合与变迁。比如，客家民系与广东的本地群体的长期互动，最终形成了客家文化的区域属性。

客家民系中的家庭结构、宗族结构等，影响了客家文化的属性。比如，客家民系重要的家族观念，形成了客家文化重视家庭和血缘的属性。这需要从民系学的社会组织理论来分析客家民系的家庭结构与宗族结构对客家文化的影响。

（九）族谱学对客家文化属性的解释

运用族谱学的理论和方法，可以在家谱结构、家谱内容和家谱变化等方面来剖析形成和影响客家文化的家谱因素，理解客家文化的族谱学基础，也拓展和深化了我们对客家文化的认识过程。

客家族谱记录了客家群体的家谱渊源和血缘关系，研究客家族谱可以理解客家文化中的家族观念。比如，客家族谱追溯的久远家谱，体现了客家文化重视家族渊源和血缘传承的属性。客家族谱中的家族成员分布、家系演变等信息，反映了客家群体的空间迁徙和社会发展历程，也影响了客家文化的属性。比如，客家族谱记录的家族成员的地理分布，体现了客家文化的区域属性。不同历史时期的客家族谱，反映了当时客家群体的社会状况与家族结构，也影响了当时的客家文化。比如，近现代的客家族谱体现的家族式微，反映了客家文化转型期的家族观念变化。

同时，客家族谱中的家规和家训，体现了客家群体的家风和道德规范，也构成了客家文化的伦理属性。研究客家族谱中的家规与家训，可以理解客家文化的伦理学基础。

此外，不同家族的客家族谱，体现了家族之间在家谱记载方法和家谱意识等方面的差异，也造成了客家文化的家族差异属性。研究不同家族的客家族谱，需要运用族谱学的家谱比较理论，也是理解客家文化家族差异属性的途径之一。

（十）传播学对客家文化属性的解释

运用传播学的理论和方法，可以在传播方式、传播媒介、传播环境和传播主体等方面来分析形成和影响客家文化的传播因素。

客家文化的产生、发展和流传，离不开有效的文化传播。研究不同历史时期客家文化的传播方式，可以理解客家文化的传播学基础。不同的传播媒介，如语言、文字、艺术等，在客家文化传播中发挥的作用，也影响了客家文化的属性。比如，客家语言在客家文化口头传播中的关键作用，形成了客家文化的语言属性。

不同时期的传播环境，例如，政治环境、经济环境、科技环境的变迁，影响了客家文化传播的方式与效果，也推动了客家文化的变化。如信息技术的进步改变了客家文化的传播方式，影响了客家文化的现代属性。

客家文化内部群体与外部群体在文化传播中的交流互动，推动了客家文化的融合与变迁。比如，客家群体与其他民族的文化交流，促进了客家文化的多元属性形成。不同传播主体，如家庭、学校、组织、政府等，在客家文化传播中发挥的作用，也影响了客家文化的形成与演变。比如，政府通过政策来推广客家文化，形成了客家文化的政治属性。

五、客家精神核心——团结与奋进

客家精神是客家人的优秀思想意识、道德品质、伦理观念和文化习俗的集中体现。客家精神是指客家人吃苦耐劳、艰苦奋斗、努力拼搏的精神，是勇于革命、不断进取的精神，如果提炼其核心，则是团结与奋进。这在客家迁徙史和客家文化等方面都有具体的表现。

客家人在中国历史上随着环境变迁不断迁徙，使他们形成了重视团结的价值观。一方面，客家人在长期辗转、艰苦开拓的过程中，形成了精诚团结的优良传统；另一方面，客家先民南迁的过程，其实是中原的汉人与迁徙地原住民斗争、交流、融合而最终走向团结并形成共同体的过程。正是这种向心力，使他们在漫长的迁徙过程中自身互助互爱，也把中原文明带到了迁徙地播衍。

迁徙的过程艰辛而漫长，个人安危难测，只有团结一致，相互扶持，共同努力，才有生存和发展的希望。因此，客家人重视家族和宗亲的团结。家族成员之间常会互相扶持，以家族利益高于个人利益。这种精神延伸到整个客家群体，客家人有很强的民族认同感，重视客家人的团结，以客家整体利益为重。

客家人的团结不仅限于家族和血缘层面，还广泛地体现在地域层面。同乡之情使客家人心心相印，地域归属感很强，这也是促进客家人团结的重要因素。无论迁徙到哪里，客家人总是聚居在一起，形成客家集聚地，以便能够相互照应。这种以地域为基础的团结，加强了客家群体的凝聚力。

面对外部环境的变化，客家人也常常能够迅速团结一致，以求生存。例如，抵御外族入侵时，各个客家家族都能快速联合起来一致对外；进行某项工程时，能自发团结协作。这种灵活的团结，使客家社会具有很强的抗风险能力。

可以说，团结精神内化于客家人的思想中，外化于客家人丰富的文化遗产中。它成为影响客家生存和发展的重要动力，是客家精神的核心。面对各种磨难，客家人就是依靠这种团结精神逐一克服，并实现了发展壮大。这种精神值得深入研究和学习，并将其发扬光大。

奋进精神是客家人矢志不渝追求进步的内在价值追求，它来源于客家人悠久的迁徙历史和丰富的传统文化，成为推动客家社会发展的强大动力，是客家精神的重要内涵。

客家人不断迁徙的历史，体现了他们追求更好地生存发展条件的奋进志向。为了生存发展，客家人背井离乡，另谋新居，这需要极大勇气和决心。特别是在古代交通落后的条件下，长距离的迁徙充满了未知的危险，但客家人依然以奋进不息的姿态打开了新天地。这种勇于开拓的精神，成为推动客家社会进步的重要动力。

在迁徙过程中，客家人面对崎岖的迁徙道路和充满挑战的新生活，表现出了极大的韧性和毅力。他们不畏艰辛，敢于接受新生活，并努力适应各种环境，这需要巨大的心理承受力和奋进精神。韧性是奋进的基础，毅力是奋进的动力，这两者均深深刻印在客家人的性格之中和精神深处，成为推动他们奋进的内在动力。

客家先民在迁移地开拓出了许多客家村落，这展示出了客家人的勇气与开拓精神。客家人勤劳，勇于创业，客家迁居地的手工业和轻工业发展与客家人有密切关系。客家人勤勉的性格特征和敢于创新创业的精神推动了经济的发展。这是客家人奋进精神的重要体现。

客家人历来重视教育，崇尚知识改变命运。许多客家人取得的教育成就展示出了其重视知识与进取的精神面貌。这种精神在近现代推动客家社会的进步与发展中发挥了重要作用。客家社会历来就具有较为开放和民主的风气，人才和士绅在社会中具有较高地位。这种开放和崇尚人才的文化氛围，培养了客家人敢言敢动和追求进步的性格特征。这也是客家人奋进精神的重要来源。

客家人奋进的特质还表现在对异族文化的兼收并蓄上。在客家地区，儒、道、释以及基督教等宗教信仰可以亲如一家、同居一寺。例如，妈祖本是沿海地区人们航行的保护神，客家人也把她请到山乡，作为山乡的保护神。

总体来说，客家人的团结与奋进在客家历史上产生过深远影响，也为客家社会的进步与发展提供了强大动力。弘扬客家人团结奋进精神，有助于推动客家文明的进一步发展。

第四节　客家文化与中原及南方周边民系文化

中原文化具有根源性、原创性、包容性、开放性和基础性等特征，南方周边民系文化具有多元性、务实性、开放性、兼容性、创新性等特征。而客家文化则具有弘扬文脉、家国意识、大爱情怀等特点，这是与中原文化及岭南民系文化交融变异的结果。

一、客家文化与中原文化的关系

客家文化是与中原文化有血缘关系的特殊民系的文化，二者都是中华文化的组成部分。客家文化与中原文化的渊源关系可以用一句话来概括——客从中原来。客家民系与客家文化在其成型的过程中，由于大规模的迁徙和周围险恶的环境，迫使客家先民摒弃了懦弱保守的性格，并以坚忍卓绝的精神和斗志开拓出属于自己的生存环境，从而造就出了别具一格的客家文化和客家精神。客家民系产生于中原，虽然历史久远，但他们代代相习，不断传递，所以在某种意义上说，没有中原地区移民的流动和南下就没有客家民系，这是客家文化形成的前提。

中原文化具有根源性、开创性、包容性、开放性和基础性等特征。根源性是指中原文化在整个中华文明体系中具有发端和母体的地位；开创性是指中原文化对构建整个中华文明体系发挥了开创作用；包容性是指中原文化注重兼容众善、合而成体；开放性是指中原文化有着很强的辐射力和影响力；

基础性是指中原文化在中华文化系统中处于主体、主干的地位。具有鲜明特征的中原文化经过演变而成了异域的客家文化，客家文化又较多地保存了中原文化的原生形态，所以从文化渊源上看，客家文化和中原文化有着千丝万缕的联系，同时又是研究中原文化的资料来源和"活化石"。

至于客家文化与中原文化的区别，其主要体现在起源、分布范围、语言差异等几个方面。

首先，从起源来看，宋元之后，随着一些望门贵族和文人骚客来到南方，既壮大了客家人口规模，又使客家人提升了社会地位和文化品位，促使客家民系和客家文化的最终形成。客家人寻根意识、开拓精神及丰富多彩的民俗风情，在很大程度上是中原文化特征的具体化；同时，来自不同支系的客家人也有不同的文化特征。中原地区由于黄河泥沙的淤积和气候等诸多便利的自然条件，使这里较早地形成了发达的农业文明。中原文化的起源也即中华文明的起源，中原文化具有原创、唯一的性质和巨大的辐射力，在中华文明发展史中，一直到北宋，中原文化在中华文化中始终处于核心地位，并产生了巨大作用。[①] 当今和谐社会的建设仍离不开中国传统文化的支撑，中原文化仍发挥着重要作用。

其次，从分布范围来看，客家文化遍布中国的广东、福建、江西、广西、四川、台湾等省份，甚至远及新加坡、泰国、印度尼西亚、马来西亚、老挝、柬埔寨、加拿大、美国、日本、澳大利亚等地，分布广泛，影响深远。中原文化以河南为核心，以广大的黄河中下游地区为腹地，逐层向外辐射，影响延及海外。

最后从语言方面来看，客家方言，即客家话，简称客语，是客家民系使用的主要语言，是汉语七大方言之一。而中原官话是中原的通用语言。历史

---

① 赵冰波.中原文化的历史地位与当今和谐社会建设［J］.网络财富，2009（1）：107-109.

上，河南方言一直是北方官话地区规范词汇语法体系的标准。[①] 客家话源于中原官话，但又有区别。关于客家语言文化，本书第一章会详细讲述。

二、客家文化与南方周边民系文化的关系

南方周边地区聚集着多个民系，主要有广府民系、客家民系、潮汕民系、闽南民系、海南民系等多个民系及其文化。南方周边民系文化之间既有差异，也有着密切的历史渊源，使得南方文化整体呈现出丰富多彩的特点，同时也具有一定程度的共性特征。这种相互关联的多元文化结构，构成了南方社会文化的基本框架。

广府民系是由古越人和历代南迁的中原移民融合而成的。[②] 其特点主要是不怀旧、不拘泥于历史、富于冒险、勇于开拓、容易接受外来的新事物，又善于融合、消化、吸取、商品意识浓、价值观念强。客家民系是历代南迁的中原汉人与当地人部分融合构成的，具有勤俭持家和爱国爱乡的传统品质，其文化特点是宗族观念强，富有团结心，尊师重教，崇尚诗书，秉承了中原文化"耕读传家""天人合一"等特质。客家文化对粤文化产生过重要影响，也深受粤文化影响。潮汕民系，主要分布在广东潮州和汕头，使用潮汕语，注重实利和乡谊，商业文化发达。潮汕文化与客家文化和粤文化有深厚的历史渊源和密切的文化互动。闽南民系主要分布在福建南部，以厦门为中心，具有坚韧勇敢和爱乡的品格，重视教育和经济活动。海南民系主要分布在海南岛，当地人热情简朴、注重地方意识，岛屿环境塑造出了地方情感。海南民系同时受到内地汉族和南洋族群的影响。像畲族、瑶族、毛南族等，主要

---

① 河南省地方志编纂委员会 . 河南方言资料［M］. 郑州：河南人民出版社，1984:6.

② 彭嘉志 . 广州人的身世之谜［EB/OL］.（2018-06-19）［2023-06-01］. https://www.gznf.net/story/21239.html.

分布在广西和广东，有自己的语言、风俗习惯和文化传统，同时也深受周边汉族文化的影响。

南方周边各民系文化与客家文化最大的差别在于语言的不同，前者主要说粤语，后者则说客家话，各自独立、自成体系。除了语言的差别，在平日里两者的文化外化也不尽相同。以广府民系文化和客家文化的比较为例，广府人喜爱粤剧，而客家人则喜爱汉剧，逢年节必定要搭台唱戏；广府人饮食清淡，而客家人口味浓重；传统的广府人常给财神上香，而客家人除了节日的敬亲祭祖外，相对的祭拜仪式要少许多；广府人则善于经商，与海外的联系更多，而客家人更看重教育，通过科举做官是多数客家人的理想……但无论有怎样的不同，广府人与客家人依然血脉相连。

中原文化之所以能在南方周边各民系中广泛传播并成为客家文化的主体和核心，主要原因在于中原汉族文化在我国传统社会中一直居于主流文化地位，具有强大的影响力和辐射力；南方周边各民系所在的区位差异及中原动乱时汉人南迁，导致了中原文化向该区域传播；唐宋以后该区域的交通地位日益上升，更加推动了中原文化向这些区域迅速传播。因此，客家文化是在漫长的历史时期里，与中原文化及南方周边各民系文化长期互动与深度融合而形成的一种多元文化。

第一章　客家族群语言文化

——客家话

　　客家话本身的音韵、词汇以及语法，都保留了很多中古汉语的特色，尤其宋朝的汉语音韵词汇，在客家话里面大量存在，所以客家话被誉为古汉语的"活化石"，[①]而且客家话也是客家族群语言文化的唯一标志，因此是研究客家文化及其对外传播不能回避的问题，需要进行全方位的探讨。本章深入探讨了客家话的起源、形成与发展，进而全面分析了客家话的词汇与特点，以及客家话的语法特点，详细介绍了客家话的俗语、谚语和歇后语等，从而展示出客家族群语言文化标志——客家话的独特魅力。

第一节　客家话的形成与演变

　　客家话简称"客话""客语"，也可称为"客家方言""客家文言"，客家文言的意思是客家文化语言；在部分地区还称为"新民话""广东话（土广东

[①] 邱甫田. 谈谈客家方言在文言文教学中的应用 [J]. 龙岩师专学报，1995（2）：163-165.

话）""怀远话""惠州话"等。客家话是汉藏语系中汉语族内一种声调语言，与官话、粤语、赣语、湘语、吴语和闽语并称为"汉语七大方言"，属于客家民系的共同语言和进行身份辨识的一种语言工具。探讨客家话的形成与演变，将有助于推动客家文化及其对外传播的研究。

一、客家话的形成

客家话历史悠久，是客家先民在长期的生产和生活实践中形成的口头语言。一般认为，客家话在南宋时期便已初步定型，[①] 而被正式定名为客家话则是 20 世纪的事情。

客家话的特殊作用在于它是客家民系的认同标志，能使全球各华人地区的客家人得到民系上的认同。客家人无论是在中国境内，还是在亚洲、美洲、欧洲、非洲等其他地方，只要会说客家话，不忘祖宗言，就会相互视为"老乡""自家人"。但是，如果一个人不会说客家话，没有得到客家人的认同，即使有血缘关系，一般也只能被认为是客家的后裔，而非客家人。客家话的这种特殊作用，导致客家地区的其他族人争先恐后地学会说客家话，以此来争取客家人的"老乡""自家人"的认同。尤其在马来西亚、新加坡等国家，政治人物、商界人物学习客家话希望以此获得客家人支持的现象，已经越来越多了，这种情形在政治人物的选举活动中特别明显。

客家先民原本主要是中原人，现代客家话中仍在使用许多古汉语的语音特点。[②] 同时，客家话中保存了许多古代汉语的词汇、语音和语法。客家先民南迁后，又吸收了迁徙地的地方方言，由此产生了新的次方言，这就是今天客家话的形成源头。

① 吴松弟. 客家南宋源流说 [J]. 复旦学报（社会学科版），1995（5）：108-113.

② 谢栋元. 客家话形成的三个阶段 [J]. 广东外语外贸大学学报，2003（33）：31-39.

二、客家话的演变

起始于移民源头的客家话，又经历了后世的发展和演变。唐朝时，客家先民因躲避战乱再次南迁，来到江西、福建、广州等地。他们在南迁和定居后，在与当地人的共处融合中，又吸收了古粤语、瑶语、畲语、赣方言、粤方言和闽方言等，[①] 从而丰富了自己的语言。到了宋朝，定居的闽、粤、赣边区的客家先民，在社会稳定、经济繁荣、文化发展的环境中形成了新的民系，这就是客家民系。与此同时，作为客家民系的共同交际工具，客家话在这里得到了极大地丰富和发展，并且已经基本形成了现在的客家话。

客家话引起语言学界的注意，最晚从宋代就开始了，这方面的文献不可谓不多。例如，宋代某氏的《过汀州》中有"地势西连广，方音北异闽"的诗句，说明当时的汀州地区的语言方音已经接近北方古汉语而异于闽语。明代《永乐大典》引宋代《图经志》曰："潮之分域隶于广，实古闽越地。其言语嗜欲与闽之下四州颇类，广、惠、梅、循操土与语，则大半不能译。惟惠之海丰与潮为近，语音不殊。至潮梅之间，其声习俗又与梅阳之人同等"，说明当时方言分布与今天大体相同。南宋时担任汀州教授的陈一新在《跋赡学田碑》云"闽有八郡，汀邻五岭，然风声气习颇类中州"，说明宋朝闽西已经形成独特的语言。明朝《惠州府志》中关于兴宁、五华地区的方言、风俗记载有"言语习俗，与赣相类"，说明当时该地区语言和江西的方音相似。除此之外，明朝的《广东通志》《兴宁县志》《程乡县志》，还有清朝的《丰湖杂记》《归善县志》《长宁县志》《赣州府志》《梅州诗传序》《清稗类钞》等文献中，都有客家话的分布、发音、词汇等方面的记载，从训诂学的角度并参照古书来解释客家话中字句的意义，应该说是严谨认真的治学态度。

---

① 杨海中．黄河文化的标识与家国情怀［EB/OL］．（2023-01-12）［2023-06-01］．https://www.jiapu.tv/zj/103321.html.

　　客家话经历了形成与演变后，就有一个分布的问题。对此，学界将客家话大体分为南片和北片两大类型，即岭南客家音系（岭南指的是越城岭、都庞岭、萌渚岭、骑田岭和大庾岭这五岭之南，与此对应的是岭北）和岭北客家音系。南片一般分为粤台片、粤中片、潮漳片、粤北片；北片客家话因差异大而又细分为宁龙片、于桂片、铜鼓片、汀州片。以上总称八大片。[①]

　　南片的客家话主要包括两广和福建东南部及香港、澳门、台湾地区，海外的客家话也被划分到南片。南片客家话在词汇上与北片有较大的差异，土语词汇相对比较多，而且词汇内部的一致性较高，入声保留较为完整。总体来说，南片客家话的整体面貌要比北片的历史更为悠久。北片的客家话主要包括江西、闽西等地。北片客家话的部分词汇由于受赣语、官话、闽北语的影响而与南片客家话词汇有部分差异，同时各地入声韵尾的保留完整程度不完全一致。

　　总体来看，客家话的形成与演变的基本脉络是原本住在中原的客家先民，讲的是中原汉族的官话。南迁之后，客家人先是进入长江中下游地区，在这里，他们既保留了自己的中原官话，又吸收了当地的方言，经过唐宋时期的不断丰富，作为这个民系的共同交际工具的客家话已经基本形成了。

第二节　客家话的词汇与特点

　　客家话不但具有保留古汉语词汇、在发言上有送气清音、"四呼不全"等特点，在词汇上的"存古"现象也非常明显，以致县与县之间甚至村与村之间均有着明显的差异。这种内部的差异性，除了受历史行政区划的影响

---

① 谢留文，黄雪贞.客家方言的分片［J］.方言，2007（8）：240-241.

外，与居民的迁徙时代及来源都有着更为密切的关系。笔者梳理了客家话的典型代表梅县话的词汇，并从普遍适用的意义上总结了客家话的词汇特点。

一、梅县话中的词汇 [①]

梅县话历来被公认为客家话的代表。梅县话在词汇方面保留了相当多中古汉语的特点，也借用其他方言或外语词语，同时在词汇的意义、词的语法意义及构词方面都具有一定的代表性。

（一）梅县话中词汇的特点

梅县话中有日常口语中普遍使用的古词语。例如，"索"就是绳子，"禾"就是稻子，"乌"就是黑，"面"就是脸，"食"就是吃，"颈"就是脖子，"饥"就是饿，"朝"就是早晨，"昼"就是中午，"行"就是走，"沸"就是沸腾等。有一部分是客家话独自保留的古词语。例如，"噍"的词义是咀嚼，"挼"的词义是两手相切摩，"荷"的词义是肩挑，"晡"的词义是下午或傍晚，"恼"的词义是恨和不喜欢，"圈"的词义是牛鼻中环等。

除了古词语的沿用外，梅县话也有方言词语的创新。由于梅县独特的自然环境、历史状况、风俗习惯、土特产，以及不同的造词习惯形成了一大批方言词语。例如，"雪枝"的词义是冰棍，"粄"的词义是一种用米粉制成的糕，"粙丸"的词义是一种肉丸子，"打醮"的词义是一种迷信活动，"擂茶"的词义是一种饮料等。

梅县话有借用其他方言或外语词语的情形。有些词汇借自粤语。例如，"啱"的词义是刚刚、合得来，"靓"的词义是漂亮、美好，"叻"的词义是聪明、能干等。有些词汇借自英语。例如，"恤衫"的恤其词义是衬衣（shirt），

---

① 梅县话是一种应用于广东省梅州市的客家语方言。

"波珠"中的波词义是球（ball），"唛"的词义是商标、标志（mark）。有些在外国传入的物品名称上加"番""洋""荷兰"等。例如，"番背"的词义是外国，"番片"的词义是国外，"番枧"的词义是肥皂，"洋遮"的词义是伞。

（二）梅县话与普通话的差异

梅县话中有些词语与普通话同义异形。例如，"叫"的词义是哭，"面"的词义是脸，"热头"的词义是太阳，"火蛇"的词义是闪电，"心舅"的词义是媳妇等。有些词语与普通话同形异义。例如，"古典"的词义是故事，"打靶"的词义是枪毙。有些词语与普通话词形相同，但词义范围不同。例如，"唇"字，普通话指人或某些动物口周围的肌肉，客家话还兼指器物的口和边缘，如锅唇、桌唇；"米"字，普通话一般指稻米和去掉壳或皮以后的种子，如"糯米""花生米""高粱米"，客家话只指稻米，等等。有些词语与普通话词形相同而词义互相交叉。例如，"光""亮""明"，在客家话和普通话中都是同义词，都有相同的用法，如火光、光芒、亮晶晶、亮相、明亮、明了，但客家话用"光"的地方，普通话则往往用"亮"或"明"；如月光对应月亮、灯太光对应灯太亮，又如"细"和"小"、"夜"和"晚"、"日"和"天"、"破"和"烂"等词，都有词义交叉和用法不同的区别。

梅县话中的一部分词在语法意义上与普通话不同。例如，"鼻"字除了作为名词鼻涕外，还作为动词"闻""嗅"；"爱"字除作动词喜爱外，还作助动词"要"；"烧"字除作动词燃烧外，还可作形容词"暖和"和名词"柴火"。

梅县话中有些词语与普通话存在构词上的差异，这一点主要表现在梅县话的词素次序、重叠式、附加式和单复音词等方面。有些并列式和偏正式合成词的词素次序与普通话不同。例如，"紧要"的构词意义是要紧，"闹热"的构词意义是热闹，"牛公"的构词意义是公牛，"人客"的构词意义是客人等。在词的重叠方式方面，单音名词、量词可重叠的范围比普通话大，重叠后有"每一"的意思。例如，"碗碗"的意思是每一碗，"枪枪"的意思是每一枪，"铲铲"的意思是每一铲等。梅县话的单音动词和形容词一般都不能单独重叠，如果需重叠，那么后面一定要加后缀，以起弱化作用。在单音词和复音词的比例方面，梅县话的单音词数量比普通话多，而普通话有些复音词在客家话是单音词。例如，"兴"指的是高兴，"识"指的是认识，"皮"指的是皮肤，"桌"指的是桌子等。

二、客家话词汇的特点

从梅县话中的词汇特点及其他地区的客家话中我们可以发现，客家话词汇与普通话词汇相同的地方很多，但无论在词汇还是词义方面，都有自己独有的特色。由于客家话中有的词汇和词义的特色一时难以表述清楚，下面仅以带有共性的词汇谈一谈客家话词汇的特点。

第一，客家话中保存了较多的古汉语词汇，一些只在书面词语中出现的古语词，在客家话中却是常用词。例如，客家话称黑色"乌"，称脸为"面"，称稻子为"禾"，称早上为"朝"，白天为"昼"。这些古汉语词汇既有中原古韵，又有新时代特点，在一定程度上反映了客家人的生活方式和风俗习惯。

第二，客家话中的单音词数量比普通话多。例如，"被"字在客家话中指的是"被子"，"地"字指的是"坟墓"，"衫"字指的是"衣服"，"崠"字指的是"山顶"，"屋"字指的是"房子"，"坳"字指的是"山窝"等。

第三，客家话的词义比普通话意义更广泛。例如，客家话中的"眼"字，除了指眼睛外，凡有"孔""洞"的意思都称为"眼"。例如，木板上的孔，衣服上的孔，墙上的孔等都叫"眼"。客家话中的"讨"字，除了有向人"乞讨""要"的意思外，还有"娶"即讨老婆、"被"即讨人喜欢等意思。客家话中的"跌"字，除了有"跌倒"的意思外，还有"往下掉"即跌落、"遗失"即丢了钱的意思等。

第四，客家话中有相当丰富的同义词，使语言表达能够更加精确、生动活泼，富于变化。例如，客家话中的"买"字，除了表示购买的意思外，还根据购买对象的不同而采用其他说法，如"称盐"的意思是买盐，"籴米"就是买米，"剪布"就是买布，"捡豆腐"就是买豆腐等。客家话中的"收"字，除了表示收获作物外，针对不同的作物也有不同的说法。如"扒花生"的意思是收花生，"拔萝卜"的意思是收萝卜，"割油菜"的意思是收油菜，"打田"的意思是收田地等。

第五，客家话大多带有词头词尾。词头一般有"亚""老"等字。"亚"字的例子有，"亚公"指的是祖父，"亚婆"指的是祖母，"亚爸"指的是父亲，"亚叔"指的是叔父，"亚姐"指的是姐姐，"亚哥"指的是哥哥等。"老"字的例子有，"老公"指的是丈夫，"老婆"指的是妻子，"老弟"指的是弟弟，"老妹"指的是妹妹等，[①] 这些词头使人听起来既亲切，又充满乡土气息。词尾一般有"头""公""牯"等字。"头"字的例子有，"石头""墙头""钵头""肩头""灶头""下昼头"（下午）、"夜晡头"（晚上）、"鸡公头"（公鸡）等。"公"和"牯"字多用于表示动物，前者主要用于家禽类，后者主要用于四脚动物。

第六，客家话中有许多具有地方特色的特殊词语。例如，带"啊""喂"等音尾，使客家话音质亢壮，声调有力。客家话中的特殊词语还包括形象奇特的本地俗话。如称母亲为"亚嬷"，与当地叫牛声同音，称稀饭为"点心"、称钱币为"花边"、称办喜事为"做好事"、称怀孕为"有好事"、称打雷为"响雷公"、称下雨为"落水"、称进屋为"落屋"、称吃早饭为"食朝"、称吃午饭为"食昼"、称吃晚饭为"食夜"等。

---

① 黄雪贞.客家话分布与内部异同［J］.方言，1987（2）：81-96.

第三节　客家话的语法特点

南迁后的汉人，不可避免地要与当地原住民接触，受到其影响，但在语法上仍然有大量文言存在于客家话的口语之中，反映了客家话本身的"存古度"很高。例如，"横"字是名词，读阳平，而读去声就变成了动词，表示横着倒下。这样的用法，在古文中叫作"读破"，例如，《左传·襄公二十五年》"吴王勇而轻，若启之，将亲门"中的"门"字就是这种用法。①

客家话的语法与古汉语语法有许多相通之处，因其继承和发展了古代汉语语法。当然也有一些与普通话的语法相通的地方。笔者试从同义复词、构词方式、古法词缀、词汇等几个方面对客家语法加以分析总结。

一、客家语法对同义复词的保留

同义复词指的是意思相同的两个或两个以上的词连用，表示同一个意思的复合词。据清朝语言学家王念孙的《读书杂志·史纪第四·数让条》载："《广韵》曰：数，让、责也，数让边文，犹诛让连文，古人自有复语耳。"这里的"复语"就是一个同义复词。同义复词在古代汉语里早已出现，不乏其例。如《后汉书·孟尝传》中"于是行旅不至，人物无资"一句，"行"和"旅"都是"来往的旅客"的意思。再如，《烛之武退秦师》中的"行李之往来，共其乏困"，"乏"和"困"都表示"缺少"，有贫乏、贫困的意义。又如，《触龙说赵太后》中"老臣病足……故愿望见太后"一句，"愿"和"望"

---

① 罗鑫.跨越三个世纪的认知之路——日本客家研究的过去、现状及趋势［J］.嘉应学院学报，2020（4）：14-19.

都是"希望"的意思。

客家话继承了古汉语同义词复合使用的规律，客家话中同义复词的应用可谓比比皆是。例如，客家话中的"行嫁"一词，意为女子出嫁。"行""嫁"在古汉语中是同义词。《仪礼·丧服》有云："凡女行于大夫以上曰嫁，行于士庶人曰适人。"《水经注》亦有"天地之季女，名曰瑶姬，未行而亡"的句子，这些句子中的"行"和"嫁"都是同义的，可见"行嫁"是一个同义复词。现代客家话中，将出嫁说成是"行嫁"，正是继承了古代汉语这种说法特点同义复合的构词方式。再如，客家话中的"雨笃湿"一词，意为"雨湿衣"。在这里，"笃"即为"湿"，"湿"也为"笃"。这是客家话中保存下来的古语音与构词特点。因"湿"是轻唇，"笃"是重唇，客家话读"湿"在古音系统里则为"笃"，由这种变化可见古今客家话发展演变之一斑。

二、客家语法中的重叠构词

重叠构成的词一般都是实词，即合成词，如果将其拆开来，仍可以独立表达意思，如"绿油油、闹哄哄"等。重叠构词是古代汉语构词的一大特色，在古代诗文中比比皆是。以动词重叠为例，如《诗经·大雅》中的《公刘》有"于时处处，于时庐旅。于时言言，于时语语"中的"言言"和"语语"，还有《古诗十九首》中"行行重行行，与君生别离"的"行行"等，都是动词的重叠，表示事物的一种状态。

从词性来说，在客家话重叠构词方式中，有名词、动词、形容词、数词、量词、数量词、拟声词等的重叠结构，如客家话中的"目冒冒""眼瞪瞪""眼金金""头眈眈""沟沟""竿竿""尿片片""酒窝窝"等。这样的构词方式非常丰富，也很有特色。

从词的重叠方式来看，客家话也有自己的特色。第一，客家话单音名词、量词可重叠的范围比普通话大，重叠后有"每一"的意思。例如，"碗碗"意思是每一碗，"间间"意思是每一间，"枪枪"意思是每一枪，"刀刀"意思是每一刀，"盘盘"意思是每一盘，"只只"意思是每一只，"条条"意思是每一条。客家方言的单音动词一般不能单独重叠，普通话的单音动词重叠式，如看看、听听等。客家话的单音形容词一般也不能单独重叠，如需要重叠，后面要加一个"的"，如"细细的""小小的""甜甜的"。从总体情况来看，客家方言由名词构成的这种情形则比普通话少。例如，亲属的称谓，客家话不是用重叠的方式来称呼，而是用"前缀（如'亚''老'等）+单音称谓"的方式来称呼。例如，"亚公"意思是祖父，"亚婆"意思是祖母，"老弟"意思是弟弟，"老妹"意思是妹妹等。

第二，通过使用中心语来表示程度加深或某种状态，其情形多数是单音形容词、名词、数词、动词在前，后面加上重叠的嵌音和后缀。例如，"冷飕飕的"意思是状冷得使人浑身打战，"冷沁沁的"意思是状冷彻骨，"笑哂哂的"意思是笑眯眯的；而像"冷歪歪的"这样的情形，是用"歪"字来形容天气已相当冷但未到达冷彻骨的程度，"冷浸浸的"是用"浸"字来形容在冷森森的环境中使人感到恐怖的样子。客家人很善于使用这种构词形式，不但每个中心语后面的重叠嵌音均不同，而且一定要在后面加上后缀。

第三，中心语在后，前面加修饰性的重叠嵌音。例如，"担担企"意思是笔直的立着，"甩甩条"意思是不断地向上动。客家话的其他重叠式构词方式基本与普通话相同。

除了构词的词性和构词的方式两种情况之外，客家话还在不少句式结构上使用"兮"字。"兮"是《楚辞》中常见的语气助词，根据清代音韵学家孔广森的考证，"兮"在古语中的发音是"啊"。"啊"则是客家话常用的语气助词之一。在现实生活中，客家人每当遇见令人无限感慨或叹为观止的场景时，总会脱口而出"命兮+形容词+毕矣也"这样的句式。例如，"命兮靓毕矣也"，意思是漂亮极了；"命兮俚毕矣也"，意思是丑死了等。[①]

三、客家语法保留和发展了古代词缀用法

客家话语法中的缀词有前缀、中缀和后缀三种，词缀保留了某些古语词的用法并得到了进一步发展。这里列举"侪""嫲""牯""公"等字加以介绍。

"侪"字词义是等辈，同类的人们，比如，"侪类""侪辈"。"吾侪"的意思就是我们这些人。古籍中对"侪"字也有解释。例如，《说文解字》中"侪，等辈也"，《左传·宣公十年》中"吾侪小人"，《汉书·扬雄传》中"侪，耦也"。"侪"字在普通话中已经不再使用，但客家人在口语中大量保留了这个字并且拓展了它的用法。

客家话中的"侪"大致相当于一个量词或词缀。主要有几种用法：一是放在数词后面，如"一侪""二侪"，意思等同于一个人，两个人。二是放在动词语素后面，构成一个名词。如"看侪""买侪""卖侪""听侪""做侪""读侪""讲侪"，意思等同于看的人、买东西的人、卖东西的人、听众、做事的人、读者、讲话的人。三是放在形容词后面，如"大侪""细侪""肥侪""高侪""矮侪"，意思等同于个头大或年龄大的人、个头小或年龄小的人、胖的人、瘦的人、高个子、矮个子。四是放在形容词或动词词组后面，如"耕田侪""有钱侪"，意思等同于耕田的农民，有钱的富人。

"嫲"古同"嬷"，是在古代对老妇的称呼。"牯"字的现代汉语解释是母牛，也指阉割后的公牛，泛指牛。客家语在表示人或动物的性别时，"嫲"和"牯"是典型的名词后缀，具有独特的构词功能。"嫲"和"牯"在客家方言

---

① 丘锐妮，赖嘉华.客家方言展魅力 中原古韵奏新曲［N］.羊城晚报，2022-04-27（A9）.

中，常加在人或动物之后，具有方言特色。一些意指无生命的事物名词词素也可以与后缀"嫲"或"牯"构成名词，从而增添附加意义。

客家语中的"嫲"字用法大致有以下情形：一是附在名词或名词性语素后面，表示雌性的后缀，如"鸭嫲""鸡嫲""牛嫲"，意思分别是母鸭、母鸡、母牛。另外，在名词或语素表示一般事物名称时，"嫲"字尾词没有性别意义，也不改变其理性意义，但增添了"粗"和"大"等附加意义。二是附在多音节词或短语后面，多指称某一类女性，且大多都含贬斥意义。如"花舌嫲""长嘴猪嫲""驳脚嫲"等，意思分别是长舌妇（即爱挑拨是非的女人）、多嘴的女人、续弦妻或者后妈。

"牯"字在客家语中表雄性的后缀，常加在名词或形容词之后构成名词。其意义上与"嫲"相对，但构词能力稍弱。用法大致有两种情形：一是附在名词或名词性语素后，表示该物种之中的雄性。如"猪牯""狗牯""马牯""羊牯""牛牯""猫牯"等。附在一般名词后面的"牯"字有"硬、结实"的意义。如"须牯""石头牯""拳头牯""膝头牯"等，意思分别是胡须、石头、拳头、膝盖，都给人坚硬结实的感觉。此外，还有"贼牯""乞食牯"等词，意思分别是小偷、乞丐等，用以表示男性。二是附在形容词或形容词性语素后，如"矮牯""壮牯""细牯""大力牯"等，意思分别是矮个儿，身体健硕的男子，小男孩，力气大的人。

客家语中的"公"字一般用于表示动物中的雄性，常附于名词或名词性语素之后。用法大致有三种情形：一是附在动物名称之后通常表示雄性动物。如"鸡公""鸭公""猫公"等。但"虾公""蚁公"等词虽是"公"附于动物名称后，但不表示雄性，其意义与原词基本同义，"虾公"就是指虾，"蚁公"就是指蚂蚁，只是含有"大"的意思。二是附在表示人体器官的名词语素之后。如"鼻公""耳公""手指公""脚趾公"等，这里的"公"不标志自然性别，前两例分别指的是鼻孔和耳孔，后两例也有"大"的意义，分别指的是大拇指和大脚趾。三是附在其他事物名词之后。如"雷公""碗公"，前者就是简单地指雷，后者则是指大碗。

另外，对于"公""牯""嫲"的用法，根据暨南大学教授曾毅平《石城（龙岗）客话常见名词词缀》一文，在指称动物时，"公"和"牯"有所分工。"牯"主要指四条腿的畜类中的雄性，"公"主要指两条腿的家禽类动物的雄性，而"嫲"可标记所有动物的雌性。客家话中的后缀"牯"和"嫲"可以成对使用，但"嫲"的用法较广泛，"牯"的分布较窄，需要和"公"互补使用才能与"嫲"用法相对。此外，"嫲"尾词指人时往往含有贬义，"牯"尾词则没有此特点。[①]

需要说明的是，客家话语法中的缀词还有"哩、仔、头、兜、打、阿"等的缀词。限于篇幅，这里不做过多的介绍。

四、客家话语法与普通话语法的差异

客家话在语法上与普通话有许多相同的地方，但作为一种民系方言，也存在着很多差异。最重要的特点，是前后缀等附加成分比较丰富。在词干上附加前后缀或其他附加成分后，表示一定的词汇意义或语法意义。这一点在前文中已经讨论过，这里不再赘述。客家话语法与普通话语法的差异大致如下。

第一，客家话中有一部分词在语法意义上与普通话语法意义有所不同。例如，"鼻"字，除了作为名词"鼻涕"外，还作为动词"闻"或"嗅"来使用；"爱"字除了作为动词"喜爱"外，还作为助动词"要"来使用；"烧"字除了作为动词"燃烧"外，还可作为形容词"暖和"及作为名词"柴火"来

---

① 曾毅平. 石城（龙岗）客话常见名词词缀［J］. 方言，2003（2）：177-186.

使用。

第二，客家话语法中的词序常用倒置的形式。例如，客家话称普通话中的"客人"为"人客"，称普通话中的"灰尘"为"尘灰"，称普通话中的"轻重"为"重轻"等。

第三，客家话中的单音节量词重叠的情况比普通话多些。例如，普通话中的"日日"，在客家话里表示"每一天"；普通话中的"碗碗"，在客家话里表示"每一碗"；普通话中的"担担水"，在客家话里表示"挑每一担水"等。

第四，客家话常常将普通话中的"多""少"用于动词后面作为缀词。例如，普通话说"中午有客人来，多做两道菜"，客家话则说"当昼有人客，煮多两样菜"；普通话说"少说两句话，不会输给人的"，客家话则说"讲少两句，唔会输人"等。

第五，客家话在日常口语中还将"添"用于句末，以表示"再"的意思。例如，普通话说"再做一下"，客家话则说"做下添"；普通话说"再喝一杯茶"，客家话则说"食杯茶添"等。这些话听起来十分有趣，同时也是客家话源于中原官话的一个例证。

第六，客家话在虚词中常用"稳"表示"着"。例如，普通话说"我吃着饭"，客家话则说"捱食稳饭"；普通话说"他看着书"，客家话则说"佢看稳书"等。这里顺便说明，"捱"字在客家话中是第一人称代词，代表"我"字，它是客家话中最常用的字。"尔"字在客家话中是第二人称代词，代表普通话中的"你"字，"佢"字在客家话中是第三人称代词，代表普通话中的"他"字。事实上，客家话中的这类字有很多，大多都与普通话有着千丝万缕的联系。例如，"毋"相当于普通话中的"不"，"冇"相当于普通话中的"无"，"系"相当于普通话中的"是"，"畀"相当于普通话中的"给"，"憨"相当于普通话中的"傻"，"愐"相当于普通话中的"想"，"秒"相当于普通话中的"脏"等，不胜枚举。

第七，客家话在比较句中常常要加一个"过"字。例如，将普通话的"她的衣服比我的漂亮"，说成"佢个衫裤比捱的过靓"；将普通话的"你的成绩比我成绩好"，说成"你个成绩比捱成绩过好"等。

客家话语法在处置句、假设句、比较句等句式上也很有特点。

第一，普通话中处置句的标记词多用介词"把""将""拿"，而客家话中的处置句标记词，除此之外还有"将把""得""帮""和""捉"等。例如，普通话说"我把你的书借给同学了"，客家则说"捱将你的书借奔同学哩"。客家话很少用处置句表达，如一定要用，就常常用"将"字把宾词提前，如"佢将剩下嘅钱当作散洗钱用阿花"，普通话的意思是"他把剩下的钱当成零用钱花掉了"。另外，处置标记在客家语处置句中的使用情况各地有所不同，显示了客家族群内部一致性与差异性的特征。

第二，普通话中的假设句是陈述在这种假定情况下所产生的后果或提出问题。客家话假设句多用关联词语"系……就"或"系……个话，就……"来表示。例如，"仪系里今唔得闲，就晨朝日去"或"仪系里今唔得闲个话，就晨朝日去"，普通话的意思是"假如你现在没有时间，就明天去吧"。

第三，普通话中的比较句可以分为两类：一类是等级比较；另一类是非等级比较。普通话常用的比较句式"我比你中文说得好""我比你跑得快""我比你高"……"比"字在句中常常作为中心词使用。客家话比较句的句式结构一般是"甲比乙＋过＋性状词"，或者是"甲＋性状词＋过＋佢或尔"。如"捱比佢过高""捱高过佢"，即普通话的"我比他高""我高过他"。但如果表示性状的不属形容词，则只能用"甲比乙＋过＋性状词"句式结构，如"嘅只房间比知只房间通风"，普通话的意思是"这个房间比那个房间通风"。甲乙两事物作比较时，如果在性状上没有差异，客家话则用"甲同

乙 + 平 + 性状词"句式结构,如"捱同佢平高",普通话的意思是"我跟他一样高"。

第四节　客家话俗语、谚语、歇后语

客家先贤以智慧经验的累积,创作出令人省思的俗语、谚语、歇后语,这些语言形象、生动、准确地反映了客家人的某些观念意识,体现了客家人的情操和精神境界。本节将对客家话俗语、谚语、歇后语进行划分并解析其意义类别,阐释它的艺术特征及表现形式。

一、客家话俗语的类别及含义

英国"文艺复兴"时期散文家、哲学家弗朗西斯·培根(Francis Bacon,1561—1626)曾经说:"一个民族的天才、机智和精神都可以在它的谚语中找到。[①]"俗语也称"俚语",是劳动人民在长期的生活、生产活动中,对一些社会现象用简单、明了、通俗和易懂的文字总结出来的语句。它既能简单地反映句子原来的含义,又能重点引申、比喻社会的某种现象;并且读起来朗朗上口,群众喜闻乐见,深受喜爱,流传经久不衰。

客家俗语最能体现客家话魅力。千百年来,勤劳睿智的客家人在生产生活实践中产生了具有浓厚地方语言特色的俗语。这些俗语或诙谐幽默或饱含哲理,凝聚了客家人的生活经验,反映了他们对社会人生的普遍观念,并且成为日常生活中的规范准则,被一代又一代的客家人传授下来,成了客家人精神花园中的一朵"语言之花",具有很高的文化价值。

---

① 赵爱莉.英汉谚语互译的跨文化研究 [D].重庆:西南师范大学,2002.

客家俗语有数百条，并且还有不同的意义类别，包括国家情怀、宗族、家教、婚姻、服饰、饮食、农耕、气象、为人处世等。研究客家俗语，分类很关键；其次是理解它们各自的文化内涵。笔者选择能够体现以上类别意义的部分客家俗语试予列示并作出浅说。

国家情怀类："舍命才算真豪杰，爱国方成大丈夫"，国家兴亡，匹夫有责。客家人具有深厚的家国情怀，能以保家卫国为己任，为国舍命，这样的人才能称得上是英雄豪杰。只有热爱国家，愿意为祖国贡献自己的聪明才智，乃至生命，才是真英雄的担当、真豪杰的操守、大丈夫的情怀。"有树才有花，有国才有家"，客家人向来就有爱国爱乡的深厚情怀，深明先有国家才有小家的通俗道理。这则俗语指要有根深叶茂的大树，才会有开满一树美丽的花；要有一个安定和富强的国家，才会有安稳和幸福的家庭。

宗族类："宁卖祖宗田，不丢祖宗言"，祖宗的语言，是客家人在远离故乡，不得不挣扎求存于"瘴疬之地"时，仍抱着庙宫未改，城社尚存的心态，坚守文化的精神支柱，为维系一个族群世代相传的重要纽带。"摘瓜寻藤，念祖寻根"，这类俗语反映的是客家宗族观念。每个姓氏都有其由来出处，每个村庄都有其开基肇祖，祖地是客家人的根，宗祠是客家人的魂，族谱是客家人的渊源脉络。

家教类："好子不要爷田地，好女不要爷嫁衣"，这则俗语指做子女的能够自力更生，奋发图强，不依赖父母，一代更比一代强。"爷哀思量子女兮长江水，子女思量爷嬡无担竿长"，这则俗语指爹娘对子女一往情深，在爹娘眼中子女永远是孩子。"还细无管教，大矣对佢叫""还细偷针，大哩偷金""还生毋贤孝，死来奉鬼神"，这类俗语折射出家教的重要性，言传身教，从小教育好孩子，定能品行端正，终身受益。

婚姻类："千挑万拣，拣到烂灯盏，千铎万铎，铎个烂瓠杓"，指的是不能过分挑剔，以免错失姻缘。"买屋看梁，娶妻看娘"，说明遗传、家教的重要性。"公不离婆，秤不离砣"，是指夫妻二者不能缺一，否则家庭就不完整、不完美。"雨水调和豆角多，家里有钱妻也和"，指的是经济物质基础是家庭的保障，也是维系夫妻关系的纽带。

生活习惯类："烂衫烂裤莫乱丢，老矣留来好遮羞"，这类俗语是在长期的迁徙垦荒年代，客家人的勤劳刻苦与坚毅节俭，充分体现在客家人的思想中。

饮食经验类："油多唔会坏菜""蒸酒磨豆腐，毋敢逞师傅""佢毋食尔猪肉，汝若何毋食吾咸菜"。这类俗语一方面指的是饮食经验；另一方面强调的是做到老，学到老。

农耕类："早禾难出易黄，番禾易出难黄""耕田懵懵懂，惊蛰好浸种"，这类俗语指的是什么季节做什么事，作物的生长有其季节性、时间性和生长规律。

气象类："雷公先唱歌，有雨无几多""立夏小满，河满海满""盲到惊蛰先响雷，四十五日暗颣颣""朝霞夜雨，晚霞晒出脑使"。这些俗语揭示自然现象，强调认清自然规律。

为人处世类："食不穷，着不穷，无划无算才会穷""养子不读书，不如养头猪""说话要留言，斟酒要留沿""相骂么好言，相打么好拳"。这些俗语所饱含客家人为人处世的哲理。

以上数个例子，仅是客家俗语的一个小轮廓，并不包括全部。各类客家俗语就像争奇斗艳的花朵，聚拢一起便成了五光十色、丰富多彩的客家俗语春景。客家俗语是一种客家文化，它虽不是阳春白雪，却生动、精练、质朴、简洁、琅琅上口、韵味悠长，我们理应把这种文化代代传扬下去。

二、客家话谚语的类别及含义

谚语是在群众中间流传的固定语句，用简单通俗的话反映出深刻的道理。谚语类似成语，但更言简意赅，口语性更强，通俗易懂，内容包含极为广泛，形式上一般是一两个短句。多数谚语反映了劳动人民的生活实践经验，具有鲜明、生动的特征。

客家谚语是流传在客家地区的一种文化，也是客家先贤长期以来对劳动的体会认知和从人生的感悟中总结与创造出来的精神财富。客家谚语凝结了客家人的生活建议、处世哲学，被客家人当作祖宗遗训口耳相传。

客家谚语的表现形式涵盖了语音、体裁和表达三个方面。其中，语音形式注意押韵和平仄；体裁形式有四言体、五言体和七言体；表达形式有单句体、双句体和多句体。下面具体作出说明。

押韵指的是创作诗词曲赋等韵文时在句末或联末用同韵的字相押，其作用是使作品声韵更和谐，便于吟诵和记忆，具有节奏和声调美。客家谚语也讲究押韵。例如，“立夏小满，河满缸满”“树老根多，人老话多”“食在面上，着在身上”“人要虚心，火要空心”“有样无样，看看世上”“为老不尊，教坏子孙”“人情完人情，财上爱分明”等。

作为一种口语形式，谚语的声调高低升降及节奏、韵律非常重要，而平仄则是表现声调的高低升降，调整节奏、协调韵律的重要因素。客家谚语注意平仄。例如，“多赊成债，欠债难捱”，其平仄格是平平平仄，仄仄平平；“一人得道，鸡犬升天”，其平仄格是仄平仄仄，平仄平平；“有钱好讲话，无钱早归家”，其平仄格是平平仄仄仄，平平仄平平。

体裁是艺术作品的样式，在整体上体现着内容与形式的统一。客家谚语的体裁主要有四言体、五言体和七言体三种形式。其中，四言体有“大人用讲，细人用抢""物件薄薄，人意重重""是非唔分，好坏唔清"等等；五言体有"食过黄连苦，方知甘草甜""一脚登龙门，身价增十倍""闹市做生理，净处可安居"等等；七言体有"两耳唔听窗外事，翻身跳出是非门""莫在人前夸海口，强中还有强中手""受得香火成得身，受得委屈成得人"等等。

谚语的表达形式基本分为单句、双句和多句，这是通则。客家谚语的单句体有"好食唔留种""茅寮出状元""番薯芋子半年粮""家家灶额一样黑"等等；双句体有"蛇有蛇路，人有人计""打在子身，痛在娘心""有样学样，无样学和尚"等等；多句体有"春露晴，夏露雨，秋露蒙蒙做大水""雨打秋，加倍收；雷打秋，对半收；风打秋，会无收"等等。

客家谚语内容极为丰富，有人事世态哲理性的概括，有民情风俗诗意般的描绘，有天时气象规律性的观察记录，也有生产实践科学性的总结，可谓无所不含、无所不包。将客家谚语作较为笼统的归纳分类，大致可分为气象类、农谚类、规诫类、常识类等。其中，气象类有"蛇过道，雨将到""日看东南，夜看西北""春暖春晴，春寒雨聚"等；农谚类有"夏至唔过唔热，冬至唔过唔寒""立夏起北风，十个鱼塘九个空""一场春雨一场暖，一场秋雨一场寒"等；规诫类有"六十六，学唔足""唔学唔知，唔问唔晓""你敬我一尺，我敬你一丈""钱财越花越少，学问越问越多"等；常识类有"食药三年会行医""冬至羊，夏至狗""饭后三百步，唔用上药铺""冬食萝卜夏吃姜，唔劳医生开药房"等。

客家谚语的修辞手法主要有比喻、借代、比拟、夸张、对偶、对比等。各种修辞手法使用灵活，句式简单紧凑，通俗易懂。例如，用比喻修辞手法的有"春雨贵如油""钱财如粪土，仁义值千金"等；用借代修辞手法的有"茅寮出状元""床上添双脚，要食又要着""宁交双脚跳，莫交眯眯笑""十七十八一枝花，七老八十牛屎巴"等；用比拟修辞手法的有"清明前，打扮田；清明后，打扮豆""十二月雷公叫，谷种缸里嫽；十二月蚊子叫，落秧落到警"等；用夸张修辞手法的有"口食山崩，坐食山空""刀可以割肉，话可以断骨"等；用排比修辞手法的有"雨打秋，加倍收；雷打秋，对半收；风打秋，会无收""春发东风雨绵绵，夏发东风高系船，秋发东风禾白穗，冬发东风雪满天""霜降在月头，卖撇棉被来买牛；霜降在月中，十个牛栏九个空；霜降在月尾，冻死老虎尾"等；用对偶修辞手法的有"冷铁难打，冷言难听""人勤地生宝，人懒地生草""一餐省一口，一年省一斗"等；用对比修辞手法的有"患难易同，富贵难共""朋友易得，知己难求"等。

客家谚语包含了客家人丰富的思想观念，反映了客家人的精神价值观。以下列举的谚语，表达了客家人的思想观念。

勤俭节约类："早起三朝当一工，早起三年当一冬"，勉励人们要爱惜光阴，充分利用时间做事，如此才容易取得成功。"后生唔做家，老欸正知差"，年轻时不知道节俭，年老时就会后悔了。

自立自强类："好女唔贪嫁时衣，好男唔贪爷田地"，意指好儿女是不需要父母的帮助，而能靠自己的力量开创事业和独立生活。"敢食三斤姜，敢顶三下枪"，比喻敢作敢为敢担当。"牛角唔尖唔过冈"，比喻没有一定的本事，不敢外出谋生。

务实求效类："看山倒樵，看菜傍饭"，比喻从实际出发，看待和处理问题。"打蛇打七寸"，七寸是蛇的要害，比喻做事要能掌握关键。

遵时守序类："打得更来夜又长"，比喻时间拖长了，可能发生不利的变化，故凡事应及时处理。"蒔田蒔到立夏节，唔当上山去拗蕨"，是说早稻插秧宜在谷雨前，立夏就太迟了。

崇文重教类："家有千两黄金，不如藏书万卷"，指知识比金钱更重要。"唔读书，瞎眼珠"，指不读书、不识字，如同睁眼瞎一般。"读书肯用功，茅寮里面出相公",指用功读书,贫苦人家也能出人才。

孝亲敬老类:"千跪万拜一炉香,唔当生前一碗汤",指对死去的父母虔诚礼拜,不如生前恭敬地侍奉一碗汤。"蔗就老来甜,姜就老来辣",比喻上了年纪的人,经验较为丰富。

扬善抑恶类:"修心当过食斋",比喻做好事胜过吃素修道。"行得夜路多,必有遇鬼时",指夜路走多了总会遇见鬼,用来比喻坏事做太多总有被发现的一天。"恶人自有恶人磨",用以比喻不管是如何凶狠的人,总会有可以制得住的人。

看重情义类:"只爱人情好,食水也咹甜",指交往重在情谊,而不在吃吃喝喝上。"你有春风,我有夏雨",比喻礼尚往来,投桃报李。"莫饮过量之酒,莫贪不义之财",劝诫人们不要贪杯损害健康,也不应以非法手段敛财。

以和为贵类:"官司好打,狗屎好食",意为不要随意打官司,是劝人以和为贵之意。"话唔好讲死,事唔好做绝",指说话、做事都要留有余地,即凡事多留一步给别人。

求稳避险类:"眠倒打唔跌",比喻立于不败之地。"天晴防落雨",比喻在事故或灾害发生前,就应采取预防措施,特别是指有钱不要乱花,要有所积蓄。"南蛇穿竹篱,唔死脱身皮",比喻经历险境必有严重后果。

精明灵活类:"人爱灵通,火爱窿空",指一个人的头脑要灵活才能发挥聪明才智,犹如要通风,炉火才会旺一样。告诫人要知变通,不可固执。"出门看天色,入门看面色",出门要观察天色以了解天气,进门要观察人的脸色以了解其情绪。

团结互助类:"万众一条心,黄土变成金",指团结力量大。"一人有难大家帮,一家有事百家忙",指有困难时大家要相互帮助。"轻霜打死单根草,狂风难毁万木林",比喻团结互助的重要性。

三、客家话歇后语的类别及含义

歇后语是民间文学的重要组成部分，且融于群众的日常生活之中，可以为人们的日常交流增加不少的幽默、风趣，对于促进人际交往，增强人与人之间的团结起到了很大的作用。其结构大多前半段是比喻，像谜面；后半段是本意，像谜底。

客家歇后语是客家话的精华所在，是客家文化的有效载体和生动教材，具有良好的教育意义。其基本特征是在用字上使用本字，书写同音字或近音字时使用古汉字；在词汇上普遍使用古语词和口语词汇；在语法上，经常使用倒置、叠词等手段；在修辞上，广泛运用了同音异义、隐喻、暗喻、明比、对比、正比、反比等手法；在语用特征方面，具有间接性、诙谐性、推理性等特点。

客家歇后语的意义类型，主要包括与人物、动物、植物、食物、婚姻及日常生活等相关的歇后语。下面就不同类型分别选择列示并试加解读。

人物相关类："姜太公钓鱼——愿者上钩"，意思是指心甘情愿上别人的当；也比喻明知是设下的圈套却甘愿上当，或寓意两厢情愿，甘愿吃亏。"毛八弟——毛九"，"毛九"的意思是无救，这则歇后语针对的是某件事不可救药。"跛脚女——多行"，意思是多走许多冤枉路。"木匠的担架——自造"，意思是自作自受。"皇帝相打——争天"，意思是相差太远。"驼背睡目——两头唔搭荐"，比喻两头不实在。还有一些是直接表达字面意思的，如"阿婆嫁孙女——无主无意""老太太吃黄连——苦口婆心""鼻尖上抹黄连——苦在眼前""大姑娘做媒人——有嘴说别人，无嘴说自己""上山人背竹——顾前顾后""梁山好汉——不打不相识""诸葛亮哭周瑜——假情假意""刘玄德过江招亲——弄假成真""司马懿遇见诸葛神像——生人被死人吓倒""唐僧取经——多灾多难"等。

动物相关类："狗相打——争食屎"，比喻争不义之财。"猪八戒照镜——里外不是人"，意思是两头做人难。"阉鸡的遇到结猪的——齐家都系痛肠人"，寓意同病相怜。"牛皮做灯笼——肚里醒光"，意思是心中明白。"鼠猫结兄弟——化敌为友"，表示和平共处。"满塘鲫鱼——无条鲤（理）"，指某些人蛮不讲理。"棺材肚里的蚊子——咬鬼"，形容一毛不拔。"猫造饭甑——好死狗"，意思是自己辛苦，别人得福。"火烧南蛇——会出脚"，意思是暴露真相。"燕子含泥——喙稳"，比喻不多嘴。直接表达字面意思的，如"虫咬柿子——坏柿（坏事）""火炙虾公——受烟（冤）受屈""老鼠'驳家'遇到猫——收命""干狗屎——敲唔臭（不可靠）""水牛过河——角打角（各）""打虾公教（换）烟食——水里来火里去"等。

植物相关类：这种类型的歇后语更多的是直接表达字面意义。例如，"芝麻开花——节节高""竹笋出土——拔尖""霜打芭蕉——心不死""灯草无油——枉费心""黄连甘草一担挑——一头苦来，一头甜""黄连树下功夫弹琴——苦中作乐""黄瓜藤攀黄连树——苦命相连""黄连拌苦瓜——苦上加苦""黄连树上结糖梨——甜从苦中来""甘蔗蘸糖——甜对甜"等。

食物相关类：这种类型的歇后语更多的也是直接表达字面意义。例如，"四两烧酒落肚——热心""隔夜糍粑——醒板""茶油煮菜——斋（栽）肥（培）""乌心萝卜——好面皮""豆豉炒咸菜——不清不白""糯米搓糖——软对软""排骨焖豆腐——有软有硬""火烧猪头——熟面熟目""露水泡茶——难得尝""茶油煮豆腐——皮热心冷"等。

日常生活相关类："木偶戏做得好——全靠幕后牵线人"，比喻靠后台关系。"贴差里的门神——傲开面"，比喻两不碰面。"尽做横屋——无个厅（听）"，意思是指讲话无人听。"巴掌生毛——老手"，意思是有经验的人。

"背囊抓痒——倒爪"，意思是做生意蚀本。"拳头捶老姜——辣手"，意思是事情难做。

　　直接表达字面意义的有，"铁头戴钢帽——双保险""投石落河——试深浅""石灰撒路——打白行""唔会剃头遇到胡须哥——难搞"等。

第二章　走近客家民居

——客家村落及建筑文化

　　建筑文化是中华传统文化的重要组成部分，客家民居是中华源远流长的建筑文化长河中一朵美丽的浪花，在中华建筑文化中有着非常鲜明的特色，其建筑种类多种多样，风格各异，极大地丰富了中华建筑文化的内涵。中原文化传入客家人聚居区闽粤赣三角边地后，由于地域边缘性特征显著，村落环境、历史文脉、传统氛围等均保护较好，从而形成了客家村落，其建筑文化特色充分反映了当时的历史条件和客家先民艰苦创业的精神。[①]因此，研究客家文化与对外传播，客家村落及建筑文化是一个必须要认真面对的课题。

第一节　客家先民的迁徙与客家村落的形成

　　村落是指以从事农业生产工作的居住者为主的定居场所，是由大的聚落或多个聚落形成的群体。在中国古代，村落是由当时的人们在农耕文明进程

---

① 蔡登秋．客家古村落的文化意境［J］．寻根，2005（1）：136-141.

中，在族群部落的基础模式上，进而因"聚族而居"的生产生活需求而建造的、具有相当规模并且相对稳定的基本社会单元。客家村落是客家先民在迁徙定居进程中，同样因"聚族而居"而建造的聚落。客家村落悠久的历史记忆和丰富的历史文化遗存，至今仍基本保留着原来的村庄体系。

在闽粤赣三角地区，多数客家村落至今犹存。这些为客家先民提供了一定保障的客家村落，承载着客家人的历史记忆，见证了客家人千年辗转迁徙中艰辛创业的辉煌，反映了客家村落形成与发展演变的历史背景，是客家文化重要的实物载体。这些客家村落充分反映了其与客家迁徙尤其定居环境有着必然的联系，对研究客家文化具有重要意义和价值。

一、客家村落——典型的迁徙聚落

客家村落属于典型的迁徙聚落。自两晋时"五胡乱华"乃至更早的秦汉时期开始，客家先民迫于生存环境的压力而从中原南迁，最后定居在闽粤赣三角地区。这些经历过艰苦磨难的客家先民们，十分懂得和平的重要性，懂得安居乐业的可贵，更懂得居住地防御功能完善的重要性。定居后的客家人凭借自己的智慧和勤劳的双手，在这里建造了土楼、围龙屋、四角楼等众多著名的客家建筑。客家村落的建造讲究峭险而建，深居山区腹地，为外界所难以进入，其突出的特点就是防御性强，赣南的围屋、闽西的土楼都具有这种特点。

作为典型的迁徙聚落，客家村落的社会结构是"聚族而居"的。客家先民跋山涉水，历尽千辛万苦，最终定居在闽粤赣三角洲。面对陌生而艰苦的生活环境，为了能在这片土地上生存和发展，他们团结一致，相互支持，形成了一个紧密相连的血缘群体。宗族的积极合作和团结进步精神是客家先民在迁徙定居过程中能够克服各种困难、障碍的根本保证和决定性因素。因此，族群聚集、共同生活是客家人的基本社会形态。

在客家地区，通常同一个姓氏通常居住在一所大房子里，所以经常出现以姓氏命名客家村落的情况，如"刘家村""张家村""毛家村"等。例如，居住在江西省赣州市龙南市武当镇大坝田心围的客家人全姓叶。在20世纪70—80年代，田心围里住着120多户、600多人，最多时住着900多人。这种数世同堂，几十户至几百户同居于一所大宅里的情况，是赣州客家普遍存在的。除了上述情况外，还存在一个乡镇中，数个村落为同姓的情况。

客家人聚族而居的方式，与客家先民迁居地特定的自然和社会环境密切相关，是客家先民为了生存、繁衍和发展的需要而做出的理性选择。出于安全和防御的目的，在当时，由人口迁移带来的斗争和频繁爆发的动乱，给客家族群带来了极大的焦虑和不安，也对客家先民的生命财产安全构成了极大的威胁。于是，他们必须聚族而居，而且紧密团结，一致对外，共同抵抗各种侵袭，最大限度地保卫族群的安全。

同时，由于地理条件和生产技术的限制，迁居地恶劣的自然条件和有限的生产技术给客家人的生产生活带来了极大的麻烦，使他们的生活极为艰难。此时，单个家庭的力量太弱，需要与族人共同扶持，相互帮助和照顾，如日常的救灾、水利建设、垦荒、耕种等，客家先民通过聚族而居的生活方式来应对各种困难，以便能在此地长期定居。

二、客家先民开基形成的客家村落

居住条件是民系形成必不可少的保障性条件，迁徙的客家先民形成民系后，村落建设就成了头等大事。由于客家先民的南迁有很多种形式，因此形成的村落类型也是多样化的，比如，广东梅州、惠州、河源、韶关、深圳，以及江西赣州和福建龙岩的客家村落。笔者结合客家先民迁徙历史和客家文化，论述这些客家村落的形成情况。

（一）梅州客家村落

程旼被称为客家人文始祖。程旼生于东晋末年，他为了躲避战乱率众南迁，最后定居于现在的广东梅州，积极传播中原文化，传授先进耕作技术。由于程旼的德行获得了南齐齐高帝萧道成的仰慕，于是萧道成将其所在的县命名为"程乡县"。因此，粤东也就有了"先有程旼，后有程乡"之说。旧时的梅州及平远都设立了许多程公祠、程公会。程旼的事迹在《平远县志》《嘉应州志》《程乡县志》中均有记述。程旼与唐代韩愈、张九龄，北宋刘元城、狄青，南宋文天祥、蔡蒙吉及明末抗清名将陈子壮齐名。[①]2007 年 10 月，程旼被列入广东历史文化名人名单。2009 年 3 月，程旼雕像首批"入住"广州南粤先贤馆。

梅州市是明清以来客家人衍播四海的主要出发地，是全球最有代表性的客家人聚居地，与赣南、闽西并称闽赣粤三角地区客家大本营，被尊称为"世界客都"。各地不同的客家话口音，皆以梅州的客家话发音为标准。

根据地方志、族谱等相关资料，梅州客家村落主要有以下几个类型。

1. 聚族而居的单姓村落

生活在闽粤赣三角地区的客家村落到处可见，那些百人居住的围龙屋都是同宗，也有聚族而居的千人村庄。例如，梅县隆文镇是梅州李姓人口最多的乡镇，据 1992 年户口统计，隆文镇李姓人家有 1.18 万人，占本镇人口数超过 50%；松源镇王姓人家约有万人都是同宗，是当地的旺族；松口镇仙口村是个约有 2000 人的纯梁姓客家山村，当地自古以来重视教育，现已是一个远

---

① 平远县人民政府.程旼［EB/OL］.(2019-04-30)［2023-06-01］. http://www.pingyuan.gov.cn/zjpy/lsyg/lsmr/content/post_670165.html.

近闻名人才辈出的客家山村。①

2. 合族而居的多姓村落

梅县松口镇，在宋末元初就已有众多的姓氏和一定数量的客家人定居，现在已经约有 7.3 万人。梅县松口镇梅教村也是个多姓氏的村庄，该村目前有黄、陈、梁、徐、杨、林、吴、许、温、巫、曾、李、何、蓝、张 15 个姓氏，梅教村被人们称为"梅花杂姓地"。②

3. 多姓氏共建祖屋

多姓氏共建祖屋的情况遍布客家居住的地区。例如，梅县石坑镇七珠村有黄、王、曾 3 个姓共建祖屋。梅县梅西镇石壁塘也有吴、张 2 个姓共建祖屋。在梅江区城北，群益村有古、汤、刘、谢、李、蓝 6 个姓共建祖屋，扎上村有朱、胡 2 个姓共建祖屋，干光西门桥是黎、朱 2 个姓因姻缘关系共建的祖屋。

（二）惠州客家村落

惠州处在客家文化、广府文化和潮汕文化的交汇地带，各种文化相互交融。惠州客家人的祖先大多来自中原的黄河流域，与全国其他地区的其他客家人一样，他们是由历史形成的优秀族群，保留了中原古老的精神和文化内涵。客家祖先定居在惠州，大多生活在山区，由于交通不变，与外界的联系较少。他们遵循中原固有的信仰、伦理、语言、风俗等传统，保留了唐宋时期中原地区移民带来的中华民族的勤俭节约和坚韧不拔的精神。

---

① 林作尧. 刍论客家人的迁徙和落居 ［EB/OL］.（2020-11-06）［2023-06-01］.http://www.360doc. com/content/20/1106/22/72300502_944499703.shtml.

② 林作尧. 刍论客家人的迁徙和落居 ［EB/OL］.（2020-11-06）［2023-06-01］.http://www.360doc. com/content/20/1106/22/72300502_944499703.shtml.

惠州客家村落保存比较多，目前共有 30 个国家、省、市级传统村落，[①] 大多形成于清代之前，体现了本地特色的传统文化、建筑艺术和村镇空间格局，反映了村落与周边自然环境的和谐关系，是人类与自然和谐相处的历史见证。下面依据地方志、族谱等相关资料，分别介绍入选"中国传统村落"名录的10 个村落。

1. 绳武围村

绳武围村是龙门县龙华镇下辖的行政村，主要建筑有主兑李公祠、三眼古井、古城墙、碉楼以及古民居。绳武围村于 2013 年 12 月被评为第二批"中国传统村落"。该村始建于宋代，客家先民李氏族人由韶关南雄珠玑巷南下番禺，后建业于龙门，是粤东有名的高门大户，这是一个以血缘为纽带的村落。"绳武"正是李氏先祖对后人的殷切期盼，希望后辈继承祖业，能够踏着祖先的足迹继续前行。李氏历代子孙不忘祖先鞭策，就算惨遭匪寇血洗，仍能浴火重生，修建超强防御力的围屋；崇文传统深厚，清代中后期共出了 8位举人、14 位贡生；历经数百年的风雨洗礼，整体建筑基本保存完整；不少后人奔走传承文化根脉，使其成为龙门县第一个国家级的古村落。[②]

2. 鹤湖围村

鹤湖围村位于龙门县永汉镇，为该村王氏十五世祖王洪仁所建，是一座城堡式客家围楼，文化底蕴深厚具有较高的历史、艺术和科学研究价值，文化底蕴深厚。2016 年 12 月获评第四批"中国传统村落"。据鹤湖王氏族谱记载，王洪仁由梅县松源满田村迁龙门永汉莲塘开基，悬壶济世、执医为业，先在下莲塘村建设王屋，继而创建鹤湖围，于清同治二年（1863 年）竣工。

---

① 惠州市人民政府.惠州共有 30 个古村落，你究竟去过多少？［EB/OL］.（2020-11-10）［2023-06-01］.http://www.huizhou.gov.cn/zjhz/yjcs/lysd/content/mpost_4102481.html.

② 陈骁鹏，马勇.400 多年传承生生不息 一村走出 8 举人 14 贡生［N］.羊城晚报,2021-03-26(A15).

该村建筑的每一个细节都彰显着客家人的智慧，它具有防震、防火、防御多种功能，通风和采光良好，而且冬暖夏凉。它的结构还体现了客家人世代相传的团结友爱传统。几百人在同一屋檐下共居还能和睦融洽，更是体现了客家人淳朴善良的秉性。

3. 功武村

功武村坐落在龙门县沙迳镇，这里的"五宅古堡"据考证是广东省罕有的、历史最悠久的、规模最大的碉楼式古堡之一，功武村古建筑群有着"王谢崔庐"之誉，堪称广府建筑的教科书，于 2002 年 7 月 17 日被公布为第四批广东省文物保护单位。[①] 廖姓在龙门县是大姓，廖姓族人迁至此地传至今日已有 30 多代。村中古建筑群始建于明朝，包括五宅第、古码头、正街、廖氏祠堂，已有 600 多年的历史。

4. 旭日村

旭日村位于博罗县龙华镇北，村民几乎为陈氏族人。据陈氏族谱记载，旭日古村开始迁移前居住在中原颍河流域一带，明末清初时再迁移至旭日村，繁衍生息，至今已有近 400 多年的历史。村中古建筑群至今保存较为完好，充满了温暖的人文精神和丰富的生活氛围，充分展示了岭南古村落文化的美学理念和植根于中原古代农业文化的生活氛围，为研究岭南明清建筑和村民生活习俗提供了实物资料，堪称岭南古民居建筑的典范。

5. 墨园村

墨园村位于惠城区横沥镇东北面约 6 公里处的东江东岸，东、西、北三面环山，其古建筑、民居主要有宗祠、府第、庭院、水井以及其他特殊建筑（如围门楼等），具有鲜明的岭南建筑风格和特色，建筑基本上是清代风格，

---

① 东江日报. 行走古驿道穿越古村落［EB/OL］.（2017-06-05）［2023-06-01］.http://www.huidong.gov.cn/hdxwz/zjhd/lyxx/content/post_699193.html.

保存基本完好。于 2012 年 12 月入选为第一批"中国传统村落"。据墨园村的族谱记载，墨园村先民是明末清初从福建迁移到惠州的，村里最早的建筑就是明朝末年的水井，由村里的陈氏族人挖掘修建。该村是以血缘为纽带的村落，在环境和建筑的营建上，既追求与自然的和谐，又处处表现出对传统观念和秩序的尊重。①

6. 茶园村

茶园村位于惠阳区秋长街道北侧，村里以叶、刘、何三个大姓氏为主，大部分是客家人。于 2013 年 12 月入选为第二批"中国传统村落"。茶园村居民历经沧桑，在保留客家人纯朴、勤劳刻苦精神的同时，形成了别具风格的民俗文化，该村非常重视传统文化、礼仪和风俗的教育，其具有特色的传统风俗流传至今。

7. 周田村

周田村位于惠阳区秋长街道北部，方圆十里内聚集着 20 多栋客家围屋，于 2013 年 12 月入选为第二批"中国传统村落"。周田村客家围屋建筑众多，主要有碧滟楼、会龙楼、周田老屋、会新楼、会水楼、瑞狮楼、廖屋、叶敏予宅、常益楼、兆祥新居、大塘面老屋等，②有独特的文化价值。因此，周田的古建筑倍受关注。此处的建筑不仅选址讲究，山脉环绕，人杰地灵，而且均为砖石土木结构，雕饰精致，典雅舒适。历经百年风雨，依然气势宏伟。

8. 范和村

范和村位于惠东县稔山镇，村民以陈姓为主。于 2014 年 11 月入选为第三批"中国传统村落"。陈氏围屋萝岗围是范和村最大的围屋，也是范和村

---

① 惠州市人民政府.惠州共有 30 个古村落，你究竟去过多少？［EB/OL］.（2020-11-10）［2023-06-01］.http://www.huizhou.gov.cn/zjhz/yjcs/lysd/content/mpost_4102481.html.

② 朱丽婷，刘建威.雕梁画栋藏古韵 水湄山晖映古村［EB/OL］.（2020-04-23）［2023-06-01］.http://www.huidong.gov.cn/hdxwz/zjhd/lyxx/content/post_3816392.html.

最具代表性的古代围屋，由陈氏族人所建。该村自元末形成聚落，民俗活动、习俗风尚代代相传。该村格局完好，建筑完整，风貌犹存，是独特的建筑文化和非物质文化遗产。

9. 皇思扬村

皇思扬村位于惠东县多祝镇，有 100 多座宅第。皇思扬村于 2014 年 11 月入选为第三批"中国传统村落"。该村生活的人们主要有萧、杨、许、郑四个大姓氏，自明末清初从福建漳州迁至这里围寨建屋，繁衍生息。奠基的几户人家起先是开垦荒地、男耕女织、和衷共济。直至清乾隆嘉庆期间，才成了有几千人口的村庄。村中现存的大部分建筑属于明清时期的遗存。建筑群内有城门、书院、宗祠、庙、观、牌坊等建筑，有些大户人家还内设水井、花园、练武场，功能齐全。精美的木雕、石雕、灰塑、壁画等在村里随处可见。

10. 溪美村

溪美村位于惠东县铁涌镇，2016 年 12 月入选为第四批"中国传统村落"。据溪美村《方氏族谱》记载，该村方琡为开基人，开基后陆续有毛、杨、李、朱、林、吴等姓的人迁入。他们以宗祠为依托，向左、右、后三个方向发展，逐渐形成了分别以和衷与新屋两个片区为核心的建筑群体。该村至今保留着许多比较完好的古民居建筑，一排排精致的古民居建筑，鳞次栉比，均采用坚硬的花岗岩石条作基础墙裙，上部为青砖清水封火墙，厚重牢固的正脊垂脊均饰以精美灰塑，青墙黛瓦，雕梁画栋，大多为硬山顶，融合了潮汕、客家的建筑风格。

（三）河源客家村落

河源是一块历史悠久、人文厚重的文化热土，有"客家古邑，万绿河源"的美称。这里不仅拥有优美的山水田园风光，也在上千年的历史进程中，沉淀了一大批独具传统客家风情的村落，这些至今保存仍较为完整，有的村落已被列入广东省级"历史文化名村"。

1. 林寨村

林寨村位于河源市和平县，是东江上游小有名气的客家水乡，是中国保护完整的客家村之一。据历史记载，该村建制于秦朝，公元前214年，秦始皇派大军南下时，南越王赵佗为防御来犯之敌，派一位林姓将军到当地筑寨守关，官府后来便用其姓来命名该寨。这里遗存着古巷、古井、古墙、古道、古寺、古亭、古桥、古树等独特历史遗迹，其中以中国最大的24座客家四角楼建筑群最为著名，其规模大、数量多、建筑艺术精湛、文化底蕴深厚，在全省乃至全国都实属罕见。千百年来，随着村民的繁衍生息，客家传统文化在林寨村得到的积淀与延续，客家"山歌""婚俗""祭祖""打醮""船歌""舞狮""香火龙""农事节日""年宵喜庆"等风俗，在林寨客家村民中代代相传。

2. 苏家围村

苏家围村位于广东河源市义合镇，是一个传统的客家府第式建筑群。始建苏家围村可追溯至元朝，苏家围村村民均系北宋大文豪苏东坡的后裔。客家先民因战乱、灾荒等原因南迁定居，不但传播了中原的先进耕作技术，而且建筑民宅还保持了原有的传统风格。最古老的是于1481年修建的永思堂，是为纪念苏家围八世祖苏东山而建，故又称东山苏公祠，一直是苏家围村人举行祭祀、议事的地方。[①]

3. 南园村

南园村位于广东省东源县仙塘镇红光村，整个村落都是因躲避战乱的潘姓聚居形成的，村里人有许多是潘氏家族的后代。该村共有 36 座客家民居古建筑，始建于明末竣工于清初。这些古建筑多以府第式结构为主，讲究风水布局、主次对称、外型堂皇美观，其特色是取材便利，楼体坚固牢靠、规模大、结构封闭一体，同时还体现了阴阳思想和儒道治家思想。具有代表性的就有大夫第、新衙门、老衙门、古炮楼遗址、柳溪书院等。

4. 大长沙村

大长沙村位于龙川县麻布岗镇中北部，始建于明朝，曾有碉楼 36 座，现今保存基本完好的有缉槐祠、志高公祠、志用公祠、黄氏宗祠、汝尹公祠，都是厚墙坚壁的方形角楼，有的还用铁皮包木门页，防御性很强，可见古村风貌犹存。现今村内有王、黄、陈和杨四个姓，而以王姓村民居多。据村民族谱记载，最早落居龙川县麻布岗镇大长沙村的是王氏，于 1379 年即落居此处。之后是黄姓于 1390 年、陈姓于 1396 年、杨姓于 1410 年定居此地。[②] 这里历来崇文重教，明清以来先后创办有奇峰、方秀、文林等书院。

5. 小三村

小三村地处东川北部细坳镇西北，四周五峰环绕，极似五匹腾飞的奔马，当地人称之为"五马归槽"。客家先民于南宋时在此定居，开始时定居的有白氏、缪氏、陈氏、徐氏等。明万历年间（1573—1620 年），李维韬迁移至小三

①　李丛书.逍遥山水间 情醉东源秋［N］.文汇报，2013-12-12（A42）.

②　龙川在线.麻布岗镇大长沙村——客家原乡六百年［EB/OL］.（2012-09-11）［2023-06-01］.
http://www.lczx100.com/bendi/info-76603.html.

村，是小三村的开基先祖。李氏人丁兴旺，渐渐成了小三村的主要姓氏。① 小三村保存着不少砖木结构散发着古旧气息的老屋，这些始建于明清时期的老屋，大多在临街建有突出的木阁楼，楼墙开有大窗户。

6. 欧江村

欧江村位于广东省龙川县黄布镇欧江村，是南宋抗元英雄黄海龙的故居，也是黄氏入粤的第一村，黄氏家族现有 100 多万子孙居于世界各地。村内保存有古宗祠、古民居、古桥、古塔等。还有黄海龙故居、高塘角黄屋等，为第三批入选广东省的古村落之一。

7. 大坝村

大坝村位于和平县最南端，村中有秀挹双江，山辉川媚、秀挹江峰、大夫第、文林第、文昌阁、保世滋大屋等 12 处精美且保存完好的客家民居建筑，向人们展示着当年的辉煌。客家祖先骆聪于明朝迁徙到此地，繁衍生息。大坝村水上交通发达，骆氏族人借助一年四季都可以通航的东江，以撑船经商为本，成为当地有名的"水上人家"。大坝村民至今还是勤于耕作，精于经商，更注重崇文重教，有中原古风。

8. 彰洞村

彰洞村位于和平县南端，开基祖黄谨于明朝从铁潭村迁徙到这里落居，居住在这里的村民基本上都是同一家族。现今仍保存完好的古代建筑包括儒林第、高安楼、司马第、恒兴楼、永兴楼、元丰楼、丰元楼、河背老屋、燕翼堂、四角楼等，具有浓厚的文化韵味。

9. 群丰村

群丰村位于紫金县水墩镇，村内传统建筑建于清代和民国初年，有许多

---

① 河源发布. 小三村——岭南客家发展史的缩影［EB/OL］.（2016-02-18）［2023-06-01］.https://mp.weixin.qq.com/s/J_6lyR4xjUEEUjtfVik4WA.

座保留完好的、具有防御功能的、石垒砖砌的四角楼，是客家围屋中的一种，体现了客家古民居的雄伟与壮观。2019年6月6日，群丰村入选为第五批"中国传统村落"。

10. 桂山村

桂山村位于紫金县龙窝镇，原称埔巷，约在1685年前出过举人等有功名的读书人，当地人认为该地出贵人，又因桂树多，故改名为桂山。① 桂山村的开基始祖是廖叔胤，由于历史原因，逐渐由黄河流域迁移到江西、福建，后至广东地区平远，再迁移至永安，最后在桂山村落居。廖氏族人的崇文重教思想延续至今。该村积淀、蕴藏着丰富的历史文化遗存，有新石器时期的遗址、明代古窑遗址、清代的"文明书舍"和"进士及第"，以及桂山石楼、廖氏中心楼、廖氏宗祠、庆云楼、崇文楼、新楼、矢成楼、天荫楼、外翰第、新华第有代表性的建筑。

（四）韶关客家村落

韶关被称为"客家吾州""岭南客州""客家矿都""川北客乡"，是闽粤赣客家大本营的重要组成部分。韶关的客家人主要迁自福建，客家先民经过几度周折迁徙，历经坎坷，最后落脚于此，使这里成了广东客家主要聚居地之一，属于客家地区。韶关的客家文化底蕴深厚，影响力强、辐射面广，以中华民族传统文化为主体的客家文化为韶关客家人所认同，崇文尚武、耕读传家是韶关客家文化的主流。韶关地区的客家人以族姓聚居为多，一姓一村或一姓数村连成大村是该地区的一大文化特色。韶关地区的客家村落通常采用分层布局或围屋与围楼的组合，这种布局减少了村落的封闭性，但也同时

---

① 河源文明网.记紫金县龙窝镇桂山石楼［EB/OL］.（2020-08-14）［2023-06-01］.http://hy.wenming.cn/kjgy/202008/t20200814_6643187.htm.

削弱了防御性，因此在村落旁边通常建有4—5层的封闭式方形围楼，也就是"四角楼"，并与该村庄保持一定距离。

韶关地区客家人平时住围屋、战时住围楼，采取这种居住方式有两方面原因。一方面与当地的社会背景和安全有关。当时的韶关地区经济比较发达，也相对安全，这使得住宅的防御性有所降低。但为了应对紧急情况，韶关客家人就在村落旁边建造了高大、坚固、防御性良好的建筑。另一方面将围楼和居民隔开一定距离，这样可以确保在紧急情况下快速躲避，也可以吸引敌人围攻围楼以保证村落的安全与完整，从而减少损失。晚清时期，随着广府文化的北移和生活方式的改变，韶关地区比围楼更封闭、更脆弱的小房子的数量迅速增加，村落的宗族关系也从同族聚居向小房子分居分化。

1. 曹角湾村

曹角湾村落位于曲江区的小坑国家森林公园腹地，始建于清初的邓姓客家人的庞大家族，时至今日依然完好地保存着清乾隆年间到民国时期的20栋古建筑。据该村《邓氏族谱》记载："其祖祖居河洛地区，宋代移居江西，元末迁福建汀州府上杭县苏姑乡，明洪武年间由上杭入粤分居南雄、始兴，至清末民初由南雄迁居韶州府河西，再移居曲江大塘苏村、牛角湾、空洞子、曹角湾。历经7世于清康、乾年间在曹角湾开基立业。[1]"这里的民居依然保留着清代的建筑风格，只采用砖木作为主要的结构，古色古香，耐人寻味。村中最为繁华的邓氏宗祠，坐落在古村的东北隅，承载着这一整个村落的宗族文化和历史底蕴。

2. 石塘村

石塘村位于仁化县西南面的一处盆地中，村庄周围山清水秀，环境幽静，

---

① 今日头条.韶关市十大古村落［EB/OL］.（2019-08-22）［2023-06-01］.https://www.toutiao.com/article/6728009468749021700/?wid=1691552767204.

村子历史悠久，文化底蕴深厚，是粤北最美的客家古村落。2010 年 12 月，被评为"中国历史名村"。石塘村始祖李可求于南宋时期从江西樟树镇迁居至此地，至明清时期，已经发展成了远近闻名的千家村，村落内保存完好的古建筑共有 106 座，是韶关市内文化底蕴最为深厚、古建筑群最为宏大、保存最为完好的古村落。石塘村以客家人为主，交融赣湘粤三省文化，其建筑又并非为客家土楼，而是徽派建筑，高墙飞檐，青砖青瓦，富丽堂皇。

3. 南塘村

南塘村位于翁源县姜维镇，是一个富有水墨画意境的古村落。元朝末年，由于战乱频繁，福建省汀州府上杭县胜名里的沈永初定居南塘铺湖心坝。[①] 湖心坝客家群楼又称"长安客家围""湖心坝客家民居群"，至今保存着明清时期建造的古代客家围楼 59 座，是著名的古建筑。客家群楼组成了庞大的姓氏村落，这在韶关市仍属不多见。

4. 新田村

新田村地处南雄市东北部，据新田村的族谱记载，该村建于西晋愍帝建兴三年（315 年），是其始祖李耿所立，历史悠久，被称为"粤北客家第一村"。村内保存的古代宗祠及各种古代建筑从唐代至清代共有 200 多座，其中最古老的建筑为西汉遗址，其历史与宗祠文化古老而丰富。40 多座具有鲜明的中原建筑风格的古宗祠散落在村里的各个角落，名门望族的宗祠房檐是弧形的，像门、窗、椽、梁、斗拱、照壁、墙体、檐角都称得上是工艺精湛、造型别致。另有一口古井，井台、石栏等保存基本完整，石栏呈圆形，至今还水质清澈，泉源不断。这些都承载着极其丰富的历史记忆、人文生态和社会发展轨迹，具有较高的历史文化价值。

---

① 杨通全 . 湖心坝客家群楼［EB/OL］.（2011-10-21）［2023-06-01］.https://www.wengyuan.gov.cn/zjwy/whwy/whgc/content/post_176471.html.

（五）深圳客家村落

根据《宝安县志》，1979 年深圳建市之前，宝安县本地村民中，大多数是讲客家语的客家人，他们分布在龙华、盐田、龙岗、坪山、罗湖、石岩、西丽等地，并且在这些地方留下了很多客家围村建筑群，诸如，大芬油画村、盐灶古村、鹅公村、鳌湖艺术村、上围艺术村、沙鱼涌、茂盛世居、鹤薮古村等等，以下为几大有代表性的深圳客家村落。

1. 观澜版画村

观澜版画村位于深圳市龙华区观澜街道牛湖社区。其建筑风格为典型的客家排屋形式。现与华侨城甘坑客家小镇、鹤湖新居、金龟村等一道成为深圳乡村与民俗旅游的热点。版画村和客家古村落融合，将客家文化主题融合到现代景观元素中。建立相对完善的市场化运作机制，是一个配套设施完善、环境优美、具有良好社会、经济效益的国家级文化产业示范基地。它把现代版画工坊与客家古村落结合起来，形成了别具特色的文化元素，也给艺术家的创作提供了思想的源泉。

2. 鹤湖新居

鹤湖新居又称"鹤湖围"，位于广东省深圳市龙岗区龙岗街道南联社区。鹤湖新居于清乾隆年间（1736—1795 年）始建，至道光年间（1782—1850年）整体建成。是深圳"新客家之都"的标志性建筑，被誉为"客家第一围"。它是中国目前规模最大的客家围村建筑群之一，是深圳现存客家围屋中保存最完整、最具代表性的一座。是客家人开拓深圳地区的历史见证，被誉为客家民居建筑艺术的结晶。

3. 大万世居

大万世居又称"大万围"，位于深圳市坪山区大万路，始建于清乾隆五十六年（1791 年），是全国最大且保存最完整的方形客家围屋之一。反映了各个时期的社会文化特点和客家人的流连变迁，极具历史艺术价值，也是研究和体验深圳客家源流、民俗、建筑艺术和水利工程的活化石，对了解客家民系及其源流和迁徙史有重大价值。

4. 新桥世居

新桥世居又称"新桥围"，位于深圳高桥村北侧。新桥世居属于清代时期的建筑，是萧氏家族的祖屋之一，承载了萧氏客家人创业、发展、辉煌等一系列历史和文化变迁。其建筑包含两处市级文物保护单位和相当规模的客家传统围屋，是深圳客家发展鼎盛时期的缩影。

5. 高岭古村

高岭古村位于深圳龙岗区南澳七娘山北侧东风岭的岭背山上，是大鹏半岛历史价值村落中初始风貌保存最为完好的客家村落。明末清初，一对来自福建客家祖地的周姓夫妇在这里落地生根，开枝散叶，至今已传 20 余代。古风犹存的客家民居，完好朴实的周氏宗祠，构成了高岭古村的历史标签。

6. 黄麻布古村

黄麻布原称黄麻埔，原为俞姓广府人聚居，清初禁海时迁徙他处，现为罗姓家族居住。走进古村，能看见这里至今还保留着广府式围村的布局，与此同时还兼有客家排屋、客家碉楼的建筑形式，是典型广客融合的古村落。受外来文化影响，村里建有基督教堂和天主教堂，中西方文化在这里汇聚、碰撞、融合，在漫长的时光里，为一片古村落烙下深深的印记。黄麻布古村有不可复制的建筑特色，是一个客家、广府和西方文化交融的难得样本。

7. 田丰世居

田丰世居又称"田丰围"，是位于深圳市龙岗区龙岗街道新生社区田祖上村的一座客家围屋也就是客家围村。明永历十六年（1662 年）由梅州兴宁迁居深圳龙岗的刘姓客家人所创建，村落名称寓意田地丰饶，世代安居乐业。

四周围墙用"三合土"夯筑，内建有房间78间，皆为斗廊式单元平房。[①]值得一提的是正门楼和三堂屋不在中轴线上，而位于靠东侧的三分之一处，不知是出于何种考虑，此现象在传统客家围堂中很少见。整个世居属于围村建筑，格局有别于其他客家城堡式围楼。

8. 大鹏所城

大鹏所城全称为"大鹏守御千户所城"，位于深圳市大鹏新区鹏城社区，是明清两代中国海防的军事要塞，有"沿海所城，大鹏为最"之称，有明清时期的海防历史和滨海客家文化氛围。深圳又别称"鹏城"，即源于此。大鹏所城建于明洪武二十七年（1394年），即海防卫所，此后一直担负着深港地区的海防安全，多次抵御和抗击了葡萄牙、倭寇和英国殖民主义者的入侵，是明清时期反抗外侮、捍卫主权的主要海防堡垒之一，是我国目前保存较为完整的明清海防军事城堡之一。[②]2001年6月25日，大鹏所城被中华人民共和国国务院公布为第五批全国重点文物保护单位。

（六）赣州客家村落

赣州是中原客家先民南迁的第一站，是客家民系的发祥地和客家人的主要聚居地之一，因此也成了客家文化的摇篮与发祥地，世称"客家摇篮"。据文献资料记载，赣州从东晋开始就有大批中原汉人举家甚至举族迁入。唐代开凿古驿道后，赣州更是吸引了大批拓展八荒的中原人，他们在这块土地上居住劳作，繁衍生息，以至于史书记载中出现了"万足践履、冬无寒土"的景象。赣南是历史上客家人的重要集散地和当今客家人最大的聚居地。是客

---

① 龙岗融媒. 田丰世居：忠孝族风遗泽后世 家国情怀代代相传［EB/OL］.（2021-07-16）［2023-06-01］.https://appatt.sznews.com/qiaobao/files/szxw/News/202107/16/106772.html.

② 聂灿. 历史文化名村"鹏城村"［EB/OL］.（2021-04-26）［2023-06-01］.http://duchuang.sznews.com/content/2021-04/26/content_24165914.html.

家民系的发祥地和客家人的主要聚居地之一，赣州市 18 个县（市、区），除
章贡区大部分地区和信丰县的嘉定镇以及其他几个居民点外，其余均属客家
语地区，客家人占赣州市总人口的 95% 以上。

作为典型的客家村落，赣州客家村留下了博大深厚的客家文化资源，诸
如，山水环境、村落格局、建筑形式、饮食服饰、意识信仰、文化艺术、婚
丧习俗和方言民俗等，均来源于客家人的生产生活，是客家文化的核心和客
家民系的本质特征。赣州客家村落有很多客家围屋，主要分布在龙南、定南、
全南、寻乌、安远、信丰、石城、瑞金、会昌、于都、宁都、兴国等地。客
家围屋不仅是赣州客家村落的一个重要标志，也具有丰富的文化内涵。客家
围屋是集家庭、宗祠和城堡于一体的客家人聚族而居的空间。围屋中的客家
人都有共同的祖先，维持着牢固的血缘关系，保存着相对完整的宗族文化，
展现了客家人"尊重祖先、守望相助、锲而不舍"的意识和精神。

以下是赣州几大著名的客家村落，是客家文化形成、发展的重要空间载
体，世代客家人在这里休养生息、繁衍生存。

1. 白鹭村

白鹭村位于赣县区白鹭乡北部，村子主要以钟姓为主。据《江西省赣县
地名志》记载：宋绍兴六年（1136 年），钟兴由兴国竹坝迁此建村。钟氏族
谱载，钟兴夜梦白鹭飞此栖息，遂以白鹭为村庄名。这里的明清客家民居群，
素有研究"明清古建筑活博物馆"之称，其中，兴复堂、世昌堂、恢烈公祠、
王太夫人祠被列为省级文物保护单位。白鹭村东河戏被收录于第四批国家级
非物质文化遗产名录。2012 年 12 月 17 日，白鹭村被住房和城乡建设部、文
化部、财政部公布为首批"中国传统村落"。

2. 东龙村

东龙村位于宁都县田埠乡，是一座人文和谐、文化底蕴深厚的客家传统

村落，是明清时期中国封建宗族社会的代表、农耕文化的典范，素以"百座宗祠、百口池塘、百间大屋"和人文厚重闻名，有"中国江南第一宗祠村""古代窗户博物馆"之誉。2013 年 8 月，东龙村入选为第二批"中国传统村落"。东龙村始建于北宋乾德五年（967 年），原名东屯，为了对应东边龙山，便把东屯改为东龙，具有 1000 多年的历史。村中古木参天，绿树成荫，阡陌纵横，清溪环流，景如诗画，宗祠民宅、小巷幽径错落有致，令人流连忘返。

3. 周田村

周田村位于寻乌县澄江镇东南部，全村村民基本姓王。2003 年，周田村被评为"江西省首批历史文化名村"。周田村有明清两朝所建的古民居、学堂、茶亭、客栈、药栈、水车油坊、古寺庙等，形成了周田客家古民居群落。在众多围屋中，田塘湾围屋是面积最大、建筑艺术价值最高的一座方形围屋，历经几百年的风雨考验，依然雄伟壮观，从设计建造到室内装饰风格各异、无一雷同，充分体现了当时建筑者独具匠心的智慧。这座古建筑群规模之大，保存之完好，在省内罕见，是反映江南客家民居建筑特色的"活标本"，有较高的研究价值。

4. 密溪村

密溪村位于瑞金市九堡镇凤凰山下，早在隋唐时期就有王、宋二姓聚居，到南宋时罗氏先人罗密峰由宁都大埠辗转至此开基，渐渐繁衍成居住环境和生活习俗与理念皆自成一体的罗氏一脉宗族。现存近百幢大大小小的古民居，多为明清时期所建，规模宏大的主要有罗氏大宗祠、罗应文公祠、应宗公祠、石泉公祠、淳夫公祠、皋泽公祠、密峰太公祠等。

5. 羊角村

羊角村位于江西省会昌县、寻乌县和福建省武平县的两省三县交界处，自古以来便是兵家必争之地。羊角城堡是村里的主体建筑，是军事防守的遗迹。此外村里还保留着古祠、古庙、古宅、卵石古街道、牌坊等一批风光优美的文物古迹，还有省级旅游风景区"汉仙岩"。在历经风蚀雨淋后，这些古建筑仍风姿亦然。

6. 大畲村

大畲村位于琴江镇境内，宋朝前用名竹子洞、彭家村，元初尹世高从宁都迁于此地，以"良田白米"的美好愿望，改名大畲。村内的南庐屋又名黄家屋，是典型的客家围屋；风水塘是客家民居常见的布局，既有实用价值，也有风水讲究。传统民俗有"秆龙灯""茶蓝灯"等。

7. 关西村

关西村位于赣州市龙南市关西镇集镇，处于关西洞的小盆地之间，青峰东立、古塔西护、东山南耸、关水北流、山环水抱，天然形胜。2010 年，被评为第五批中国历史文化名村；2012 年，入选首批"中国传统村落"。关西村以徐姓为主，自开基祖徐有翁带领子孙于南宋初年从江西泰和县辗转迁入关西，距今有近千年的历史。关西村是一座以客家传统民居为代表的古代建筑"博物馆"，虽历经岁月，但至今还保存着较完整的明清历史遗存、文脉史迹，如围屋、书院、古道、古井等。村中的西昌围、关西新围、福和围、鹏皋围、田心围、下黄围等，形成围屋群，是客家围屋的典型代表。

8. 杨梅村

杨梅村坐落在大余池江镇西北部，是元代王必泰所建，当时王必泰见这里山环水绕，土地开旷而肥美，可以长子孙开福祚，便落籍而居。①《杨梅城池记》中详细记载了杨梅城与王阳明不可不说的"缘分"："庾邑杨梅，王氏聚

---

① 赣州旅游. 杨梅古城——大余乡间"最大的城堡"［EB/OL］.（2019-07-15）［2023-06-01］. https://www.sohu.com/a/327235045_826355.

族而居，衣冠礼教之乡也。明阳明王公治赣南时奏允建城，王氏爱砌石甃砖，坚为雉堞，外有绕水，籍以为池，壮哉！"由此可见，杨梅城的修筑体现了王阳明"乡民自卫、防御匪患"的治理方略。建成后的城堡形如椭圆，状似杨梅果，故名为杨梅城。杨梅城对研究明代建筑、军事、民俗具有重大的历史价值，是不可多得的"明代博物馆"。

（七）龙岩客家村落

福建龙岩是客家人形成的重要区域和聚居地，是一个历史悠久、文化灿烂之地。龙岩有 75% 以上人口是客家人。龙岩是国家客家文化生态保护实验区，长汀被称为"客家首府"，汀江被誉为"客家母亲河"，永定客家土楼被列入世界文化遗产名录。客家文化和闽南文化在这里交融，孕育了龙岩人热情好客、勤劳开拓的独特品质。[①] 龙岩有着众多的客家古村落，以下列举几个有代表性的客家古村落，它们至今依然保留着昔日的淳朴和静谧的气质。

1. 院田村

院田村位于上杭县太拔镇东南部，有院前、樟田背、吴坑、荷坪 4 个自然村。2021 年 12 月，被评为"省级乡村治理示范村"。客家李氏两个大支系中的木德系，就是在院田村繁衍生息的。元延祐三年（1316 年），李木德后裔四九郎由漳平回迁至院田村，成为李氏在客家地区的开基祖。民国后，院前和樟田背逐渐融合，成了院田。历经风雨沧桑，院田成为客家李氏的重要发祥地，全国各地的李木德客家后裔每年都会来到院田村寻根祭祖。院田村是一座精美的客家古村落民居、杭城客家文化发祥地，也是朦胧诗发祥地。村中保留着大小 20 多座古民居，其中，有瑞气遥临、奠攸居、生气盘郁等规模

---

① 龙岩市人民政府.市情特点［EB/OL］.（2023-03-16）［2023-06-01］.http://www.longyan.gov.cn/sqk/lygk/sqgk/201809/t20180920_1380265.htm.

宏大的古民居 12 座，建筑年代均为清乾隆、嘉庆年间。

2. 培田村

培田村位于连城县西南部，是国内保存较为完整的明清时期客家古民居建筑群。宋元时期，抗元名将文天祥的部将傅正先的后代在培田定居下来，逐渐形成村落。培田村的建筑设计精巧、样式独特、用料考究，继承了中原古建筑文化精髓，融入了客家先民工匠的创造性构思，是明清建筑技术与建筑艺术的完美结合，被誉为"客家庄园""民间故宫"。[①]

3. 芷溪村

芷溪村位于连城县庙前镇，形成于明清时期，是一个客家万人古村落，聚居着黄、杨、邱、华四个姓的客家人，以黄、杨两个姓居多。2010 年获第五批"中国历史文化名村"荣誉称号。明清以来，芷溪村客家先民先后兴建了 74 座古祠和 200 多栋古民居，普遍采用客家地区"九厅十八井"结构布局建造，庭院舒畅、雕梁画栋、飞檐翘角、美轮美奂，被客家学研究人士誉为"客家大宅门"。芷溪村的民俗文化有"出游花灯""红龙缠柱""犁春牛""十番音乐""走古事""汉剧演出""芷溪花灯"等。

4. 初溪村

初溪村，位于初溪上游，群山环抱、绿水环绕。由集庆楼、善庆楼、绳庆楼、庚庆楼、共庆楼等构成的土楼群，依山傍水，错落有致，呈现出极高的美学艺术价值。2019 年 1 月，初溪村入选为第七批"中国历史文化名村"。在初溪土楼群中，集庆楼是最古老的，它始建于 1419 年，是明朝经营纸业徐姓人所建，堪称龙岩土楼群的代表。整栋楼利用 72 道楼梯，分割成 72 个单元，房间、楼梯、隔墙全用杉木构建，榫头衔接，不用一枚铁钉。穿越了

---

① 闽南网．连城培田村：中国十大最美村镇 800 年的"民间故宫"［EB/OL］.（2014-09-12）［2023-06-01］.http://www.mnw.cn/news/ly/796948.html.

六个世纪的风霜雨雪，集庆楼依然挺立，令人叹为观止。

5. 丁屋岭

丁屋岭坐落于长汀县，保留着原始山民村落生态，最为奇特的是村内近千年来无蚊子生存，被称作"客家山民原始生活的活化石"。丁屋岭被列入"第三次全国文物普查不可移动文物"名录。据说丁友德是丁屋岭的开基人。丁友德大约于南宋嘉定十年（1218年）带领家人来此造屋建村居住下来，黄泥墙、黑灰瓦、木房子、石台阶随处可见，粗糙厚重的石寨门，天然独特的老石板，敞开式的老宗祠，清乾隆年间的老古井，是这个村庄历史与文化的积淀。近年来，丁屋岭还成为了众多影视剧的取景地，这也让丁屋岭的旅游影响力得到提升。

6. 三洲村

三洲村位于长汀县三洲镇，地处汀江江畔，在宋朝时已成为汀江河流域的重要商铺码头。是国家公布的第五批中国历史文化名村。三洲村是长汀最古老的客家集镇，村民大多为安徽亳州谯国戴氏后裔。元代的城墙就是怀远将军戴应寿为了防备贼寇主持修建的。村里不仅有元代的城墙、明代的宗祠、清代的民居，还有众多古桥、街亭、城门、古井等，它们展示了三洲古建筑群的历史风貌。

7. 郭坑村

郭坑村位于连城县姑田镇北部，村内有河道环绕，经龙潭瀑布流入村中河道，向东河道流入姑田河。村子周围山岭重叠，峰壑纵横，溪流密布，是一个美丽的客家村落。据当地县志记载，连城的先民大都是在唐末黄巢起义期间从江北迁到江南的，在南宋前后，又分别从江浙、闽北、宁化石壁等地陆续迁来连城的。由于居民来源不一，加上县内山岭纵横，交通不便，虽建县日久，但仍未形成全县统一的方言。

以上这些村落形式多样，风格各异，体现了客家人的文化心态和艺术审美观念。客家村落不仅是宝贵的历史遗产，也是凝聚客家人情感和自豪的象征。通过保护、传承和弘扬客家建筑文化，能更好地了解客家人的历史和传统，感受他们的精神风貌。

第二节　客家传统民居特色

客家传统民居主要有"客家围龙屋""客家排屋""客家土楼"三大经典样式，主要分布在广东的惠州、河源、梅州、韶关、深圳，江西的赣州，福建的龙岩，广西的贺州等地。从空中俯瞰大地上的客家传统民居，与其说客家人在建造房子，毋宁说是在构建一个团结协作的"小社会"。因为，它是以姓氏血缘为纽带的居住空间，是以中原儒家的礼仪和敬祖为核心的殿堂。

客家传统民居有的将其称为"围""楼""寨"，是客家文化最典型的表现之一，是中华文化的瑰宝，在南方建筑中占有极为重要的地位。以"围龙屋""四角土楼"为代表的客家传统民居类型不一，风格有异，已成为客家民系的鲜明标志，因此是研究客家文化与对外传播的重要议题。本书将从客家传统民居建筑的形式、造型、色彩、自然风水等几个方面来开展探讨。

一、客家传统民居的建筑形式

客家传统民居的建筑极具风格特色，其因地形、地势的不同以及不同地区，不同历史时期，呈现出风格迥异的形式。这些建筑形式及其建筑风格，反映了客家人的历史和传统文化变迁。

（一）不同形状客家民居的特色

从外观上讲，客家传统民居主要有方形、圆形、椭圆形、半月形和八角形等数十种。以下结合实例来具体说明。

1. 方形外观的客家民居

方形外观的客家民居有多种形式，如粤北的方形碉楼，特点是方形围屋四角加建碉楼。四角楼的外观和内部结构变化多端，粤东四角楼一般中轴为堂屋，以三堂居多，左右横屋和上堂外墙相连成围；河源的四角楼除碉楼顶装饰呈各种锅耳状外，还有带二碉楼、四碉楼、六碉楼、八个碉楼和一望楼的。方形民居又有正方形和长方形之分，如闽西的方形土楼就是用数层高的夯土墙四周围合，围内各层多为木结构的通廊式住房，中心是一个矩形内院的夯土建筑，它对外封闭、对内敞开，庞大的外观，如同一座坚固的土堡。这种方形民居在与闽西邻近的广东饶平、蕉岭、大埔、丰顺都有零星分布。

2. 圆形外观的客家民居

圆形外观的客家民居是华南和岭东地区土楼群中最具特色的建筑，它一般以一个圆心出发，依不同的半径，一层层向外展开，如同湖中的水波，环环相套，非常壮观。从功能上来说，圆楼除具有防卫御敌的作用外，还具有防震、防火、防盗以及通风采光好等特点。由于土墙厚度大，因此隔热保温，冬暖夏凉。从作用上说，圆楼最中心处是家族祠院，向外依次为祖堂、围廊，最外一环住人。整个土楼房间大小一致，面积约 10 平方米，共用楼梯，各家几乎无秘密可言。从结构上说，圆楼结构有许多种类型，其中一种是内部有上、中、下三堂沿中心轴线纵深排列的三堂制，在这样的土楼内，一般下堂居于出入口，放在最前边；中堂居于中心，是家族聚会、迎宾待客的地方；上堂居于最里边，是供奉祖先牌位的地方。

3. 椭圆形外观的客家民居

椭圆形外观的客家民居是典型的全围式建筑。例如，长汀县涂坊镇涂坊村的涂坊围屋，坐东朝西北，砖木结构，内为穿斗抬梁式木架构，单檐悬山顶。由门楼、空坪、池塘、正门、下厅、中厅、上厅、后厅、后花台、左右两排横屋、前后围屋等建筑组成。位于广东省潮州市饶平县饶洋镇东南部的蓝屋畲族村有一座泰华楼，该楼属于方形圆角楼，坐东向西，构造独特，其方形圆角的外观变化在饶平客家土楼中较为罕见。位于广东省兴宁市黄陂镇陶古村的中山公祠、位于广东省梅州市大埔县湖寮镇龙岗村的黄氏中宪第，外观虽呈椭圆形，但其用材、建筑结构与圆形楼有很大的差异，平面布局与围龙式围屋比较接近。另外，椭圆形外观的客家民居在深圳有 6 座，这是深圳博物馆黄崇岳、杨耀林调查发现的。这种围屋比起围龙式围屋来更加强调防御性，其设计与建造融科学性、实用性、观赏性于一体，显示出客家先人的出色才华及高超技艺。

4. 八角形外观的客家民居

八角形外观的客家民居是方形、圆形民居的综合体，其建筑方法、用材和建筑结构与圆形民居最为接近，但其施工难度要大得多。建筑这种多棱角的屋宇，就居住使用面积和舒适便利等方面而言，与方形、圆形民居相比并未有优越性。广东省潮州市饶平县的八角楼外墙为卵石基、夯土墙，内墙为土坯砌筑，二三层楼板，过道为木结构。楼坪中央有"公井""母井"各一口，象征太极两仪的阴阳鱼眼。饶平县还有一座道韵楼，内外三层，最外层是八角形，犹如一张大蜘蛛网铺在地上。楼体周长 328 米，内切圆直径101.1 米，墙厚 1.6 米，高 11.5 米，占地面积约 1 万平方米，被称为"中国

最大的八角围屋"。^①广东河源市东源县仙坑村的八角楼，护城墙墙体厚约
1.7 米，由于全用坚硬的条形麻石砌成，里面机关暗道繁多，是一座名副其
实的堡垒，当地人称其为"石楼"。

5. 半月形外观的客家民居

半月形外观的客家民居主要分布在与闽西交界的广东大埔、饶平等地。
半月形围楼的外观与梅州地区兴宁市、梅县区的围龙式围屋的后围相似，有
的以两个或三个半月形重叠，高二层，第一层为单元式住房，围与围之间有
宽约几米至十几米不等的巷道。粤东半月形民居多见单围，半月形内环广场
中间建有二堂或三堂式的祖祠，前面照例有禾坪、池塘。也有环内空旷的半
月形民居，空地作为晾晒东西和举行活动的空间。位于广东省大埔县桃源镇
新东村的谢氏祖祠德馨堂是一座半月形围屋，属于"下山虎"独脚门楼土木
结构，它坐南朝北，最外围是一排弧形围屋，形似"半月"；围屋前，有卵石
铺地的化胎连接着堂屋；再往前，则是门坪和池塘。

（二）不同形式客家民居的特色

从形式上说，客家传统民居主要有殿堂式、围龙式、堂横式、五凤楼式、
走马楼式、纵列式、四点金式、中西混合式、锁头式、穿堂式、下山虎式、
杠式、城堡式和自由式等不同形式的客家民居有着不同的特色。

1. 殿堂式客家民居

殿堂式客家民居，一般都表现为中原汉族府第门庭的风格。它采用的是
中国民族传统建筑工艺中最先进的柱梁式和斗拱式混合结构，布局严谨、讲
究坐向、左右对称、堂皇美观，具有较高的科学价值和实用价值。其主要

---

① 饶平县人民政府.道韵楼［EB/OL］.（2018-04-28）［2023-06-01］.http://www.raoping.gov.cn/
xqqk/lyzy/content/post_3475461.html.

特点是屋内厅堂多、天井多，格局不同被人们称为"十厅九井"或"九厅十八井"。

2. 围龙式客家民居

围龙式客家民居，从大体上说是属于殿堂式的扩大。其主要特点也是讲究对称，按层次提高。在后围，亦多为半月形"花头茔"建筑，只是一般多围绕"花头茔"建筑后围屋，故称为"围龙"。形式上通常是一条围龙或两条围龙，也有三条以上的大型围龙屋。

3. 堂横式客家民居

堂横式客家民居，其基本结构在中心轴线上为二堂（厅）或三堂，最多者达五堂，两侧加横屋。这种传统形式，粤东客家人称之为"府第式"。此类住宅对地形适应性强，比较适合人们聚族而居、数代同堂的风俗习惯和生活方式，因此分布地域广、数量多。它与围龙式围屋的主要区别在于后面不带花头和围龙，突出了客家民居的平面结构与特点——保持中原地区"四合院"、殿堂式结构组合特色，即厅堂、天井、天街、禾坪、池塘等配套成为一体，既完整，又实用。代表性建筑有梅县区南口镇侨乡村的南华又庐、梅县区松口镇铜琶村谢姓的荣禄第、大埔县百侯镇侯南村的通议大夫第等。

4. 五凤楼式客家民居

五凤楼式客家民居形式较多见于山区，通常沿着山坡地势呈阶梯式建筑。其主要特点是：房基呈阶梯形，顶瓦呈层至式，一般为五叠，从远处看去，一层层的顶瓦飞檐。五凤楼也被称作"围龙屋"，是客家典型中原文化的体现代表，它在宁化、上杭、江西南部、梅州、梅县等早期客家的发展地区和客家文化的核心地带较多。

5. 走马楼式客家民居

走马楼式客家民居是南方民居建筑中一种特有的建筑形式，是四周都有走廊可通行的建筑。因为就算骑马也可以在里面畅行无阻，故名"走马楼"。多见于闽、粤、赣边山区。其建筑造型有"一"字形、"回"字形和曲尺形等。多为依山而建，分上、下两层，底层为厨房、农具杂物房、畜栏、厕所等，上层为起居室和仓库。走马楼的主要特色是：在二楼外部，用木料建成一条长长的栏杆回廊，使居室干爽、卫生、通风。可以适应山区潮湿、多雨的气候。

6. 纵列式客家民居

纵列式客家民居，是由数栋纵向的长列楼房组合而成的。这种围楼是客家民居中较为简单的一种类型，因其纵向排列，山花朝前而得名，纵列式围楼一般有二列、三列、四列，也有多达六列、八列的，或称为"两杠楼""三杠楼""六杠楼""八杠楼"。比较具有代表性的是梅州市梅江镇泮坑乡的六杠楼屋。在杠式围楼中，堂屋被夹在杠与杠之间，夸大了"杠"，缩小了"堂"，抬高了"杠"的高度。但在平面布局上，堂仍具有决定朝向的作用，而且必须正对大门。

7. 四点金式客家民居

"四点金"因其四角上各有一间其形如"金"字的房间压角而得名，亦称"四角楼"，是客家传统民居。它在梅州市的五华、兴宁等县较为常见。其主要特点是，在房屋的四角，升建起有如近代炮楼式的两层以上建筑，四个角楼均有瞭望孔和喇叭形窗口的设置。

8. 中西混合式客家民居

中西混合式客家民居，是客家侨乡在民居建筑方面的特有风格。它把客家传统的房屋结构与西洋的建筑艺术装饰结合起来，建造成混合型的民居建筑。这种建筑受南洋各国及西洋文化思想的影响，采用传统的围龙屋或堂横屋的平面布局，局部稍作改动，如有些屋式将弧形的围龙和花头部分变成了长条形、直线形，横置如枕，当地人称"枕头屋"。例如，梅县万秋楼、联芳楼等，其门窗、厅堂加之西式装修，特别是增设阳台的做法，使古老深沉的传统建筑焕发出清新的气息。但是，即使在外观上吸收了西洋建筑雕塑造型与几何线条艺术的装饰，其内部结构也仍然是大围屋式的客家民居传统布局。最为突出的有梅县白宫湖洋尾村的联芳楼和程江乡的万秋楼等，它给人增添了高雅堂皇、幽美舒适的感受。

9. 锁头式客家民居

锁头式客家民居，一般被称为"锁头屋"，是在"穿堂式"的基础上进一步完善的屋式。即在厅子的背面筑一后墙，使前或屋后左、右两侧再加建两个厢房，状如民间的一种古式锁头。这种建筑有的建在村中央的平地上，有的建在狭窄的地方。梅州市梅江区月梅西坑村的梗元楼，是一座坐西向东的两层楼客家民居，此楼的形状酷似一个古代的铜锁。其建筑风格古朴，设计布局合理，蕴含着丰富的客家文化元素，可称得上锁头式客家传统民居特色建筑中的精品。

10. 穿堂式客家民居

穿堂式客家民居是一种简易的小户民居建筑形式，在粤东山区较为常见。这种建筑是由大厅进入内室的过渡建筑，其主要特点是两个正面呈"一"字形，中间开一个无后墙的厅，使住房分别排列在厅子的两边，成对称状，不用另建大门和围墙。穿堂式建筑比正式三间式小，有天井采光。

11. 下山虎式客家民居

下山虎式客家民居，其外形有如一只下山老虎，但实际上只是后依小山，是一种简易的"穿堂屋"与"锁头屋"结合的形式，不过较之前两者有所发展和完善。这种建筑由三面房屋一面墙壁组成，其主要特点是以门厅前排屋为准，既向屋后、左右侧延伸，使之建成内封闭形的回字屋宇，又在屋前左右侧再往前伸出一点，使之状如下山老虎的两只前爪。下山虎又名"双跑狮"，也称为"三间两伸手""三间过""爬狮"，是潮汕建筑样式之一，在山区农村较为普遍。

12. 城堡式客家民居

城堡式客家民居，外墙用"三合土"夯筑或青砖垒砌，在平面布局上保留了客家民居堂屋、横屋、禾坪、月池、转斗门的主要结构，四周被二层围楼包围起来。有些围楼在保留四角碉楼的基础上，在后围中央增建"望楼"，望楼是全楼的最高点。围楼顶层周围建成通廊"走马楼"。这种建筑是东江流域和深圳、香港客家民居的一大特色，是堂横式围屋、围龙式围屋和四角楼的综合体，并吸收了广府民居的优点发展起来的。

二、客家民居的造型特点

建筑造型美是建筑审美的外在表现。所谓造型，是用不同尺寸、不同形状和不同功用的构件组接而成的具有长、宽、高三个空间的立体空间环境，这样的空间环境赋予建筑以使用的属性、美的外观形状，满足了人们一定功能使用的要求，也满足了精神感受的要求。

不同造型的建筑，有的使人感到庄严，有的使人感到雄伟，有的使人感到神秘，有的使人感到亲切、幽雅、宁静，这些不同的感受和情绪，都是由其不同的轮廓而获得的。在历史大迁徙的流连辗转中，客家人创造了"客家土楼""客家围屋""客家排楼"这三大经典造型建筑，以其独特的外观造型吸引着人们，形成一种独特的审美观念。这是土楼、围屋和排楼共同的地方，而不同点也主要体现在它们的造型上。

客家土楼独具特色，形状和结构多种多样，有方形楼、圆形楼、椭圆形楼、半月形楼、殿堂式楼、五凤式楼、走马式楼、纵列式楼、四点金式楼、中西混合式楼等几十种建筑形式，是客家传统民居建筑中的典型代表。客家人将"天圆地方"的思想赋予建筑外观造型，使之成了民居建筑造型艺术中最粗犷、最典型、最富有魅力的。首先，"圆"是我国最原始的、最伟大的神秘符号之一，人们把圆看成天，看成宇宙的象征，当作"光明""幸福""美满"的象征。因而，客家人选择圆形作为建筑实体的意象就是不足为奇的。其次，出于防卫的本能需求，客家土楼建筑正是适应了这种需求的产物。它和我国传统建筑一样由屋顶、屋身、台基三个部分组成。屋身是一个圆柱形，有的外径达到六七十米，有的五六层，具有明显而强烈的围合性特征，封闭特征也非常明显，通常首层不开窗，二层以上开窗，俨然是一个防御性极强的军事工程。从建筑美学上说，它是一个一脊两坡的圆黑色屋顶，直径达七八十米，黑色的瓦顶勾画出一个圆圆的天空，从上往下看，全楼好比一把打开的雨伞，它完美的外部形态给人以强烈的直观感受。这种独特的单体造型承载和表达了客家人"天圆地方"的思想。

客家围屋又被称为"围村""围村屋""围屋村""土围""水围""围堡""客家围"等。赣南的客家先民在客家围屋建设过程中，将中原民居中典型的厅堂府第建筑融合到城堡和山寨建设中，围屋的整体墙体一般坚厚高大，并且为了有效防御，在围屋四角都设置了相应的碉楼，构造出一个封闭森严的空间，与欧洲的中世纪城堡表现出一定的相似性。与客家土楼一样，客家围屋中使用了"圆"和"方"两种具有特定意义的符号，彰显出了中国传统文化中"天圆地方"的审美哲学，在方圆之间构造出了完美的建筑形式。

客家排楼造型多为矩形或正方形，赣南和粤北的客家排楼较多。以赣南为例，其客家排楼造型以方形为主，在主房四周围上高墙以增强其防御性。但也有其他造型的客家排楼，如临塘黄竹陂的谢屋圆围、里仁栗园的八卦围、杨村东水半圆形的乌石围和关西随山形而建呈不规则形的古龙围、西昌围等。

这些不同外形的客家排楼大部分是砖石结构，墙基用麻条石或花岗石，墙身用青砖和河卵石，异常坚固。

三、客家民居的建筑色彩之美

运用色彩作为装饰美化建筑的手段，无论是东方还是西方，都是从古时就有的。同时，建筑的色彩之美也极具个性化，因为它所表现的思想是个人最内向的心情。这种共性与个性的表现形式，就是色彩通过事物外在形式与人的内在情感达到统一，由主题将个人的情感转加给建筑物。而客家传统民居建筑正是巧妙地运用了色彩的情感，从建筑的造型、色彩以及室内外的装饰设色方面，无不体现着与人的有情协调，形成一种独特的审美观念，从而达到了质、形、色的完美统一，成为建筑设计中的经典之作。

对客家而言，无论是土楼、围屋，还是四点金建筑，或深或浅的颜色搭配，或多或少的色彩覆盖，使客家民居显得更加简单自然。趋吉避凶是客家人家庭安乐的固定法则，因而对于建筑中的色彩选择，客家人往往喜欢有吉祥意蕴的色调，赤、青、黄色通常为家居装饰的色调主选，以营造舒适的色彩氛围。客家民居建筑主要的建筑材料是木材，为了保护木制构件不受风雨的侵蚀，传统民居同样十分重视雕梁画栋，如龙凤、菱龙、菱花、牡丹、佛手、鹿、仙人等装饰。客家人常常喜欢使用象征人丁兴旺，平安幸福的赤、黄为建筑的主色调。同时，还有越红越兴旺，越青越平和之说。色相多用红色、黄色、蓝色、绿色，且多用高彩度的油漆在建筑物的梁、天花、柱头、头拱等部位描绘各种花鸟人物与吉祥图案。从色彩冷暖关系来看，暖柱、墙、门、窗彼此包含着冷暖对比关系，而恰当地把握图底关系，即大面积的环境色彩衬托适度面积的艳丽色彩，对比效果鲜明，在周围环境中显得非常突出。反映出了客家人在建筑环境色彩方面有很高的调节能力。

在客家传统民居所使用的色彩中，相对低调的是黑白色，因其对比光感强而成为客家传统民居墙体建筑的本色调，白墙黑瓦，筑就客家乡韵。黑与白是色系统中相对的两极端色，有心理上的积极意义。在山水之中，黑白色相在客家建筑上跳跃欢腾，与青山绿水相互映衬，与自然达到了完美结合，其淡雅、清新之态造就了一幅原生之态，让白墙黑瓦演绎着诗画梦境。例如，赣南客家民居建筑本身的色彩和它的外形一样，是影响人们的第一印象的重要因素。赣南客家建筑的外部颜色多采用银色、白色、黑色，或相互搭配，或单独使用，使建筑外观造型的美得到进一步升华，从而会给人简洁古朴的感觉，把色彩装饰在建筑物中，更有一种水墨画的和谐美感。

色彩的综合运用，是客家建筑装饰的一大特色，这些色彩多取自人们对自然的崇信，以及人们的求吉心理，是客家人趋利避害的风俗表露，也是"天人合一"思想的表达。客家民居独特的色彩运用，对现代建筑也具有启示、借鉴意义。

四、客家民居的风水五行文化——以福建土楼为例

自然风水文化和阴阳五行文化在客家地区历史悠久且广为流传，是客家传统文化的重要组成部分。源于中原人"人与自然共存"的初衷，自然风水文化和阴阳五行文化在客家所有建筑中皆得到了因地制宜的应用，更造就了独有的建筑美感。

客家人来自中原，他们信奉儒家"天人合一""阴阳五行"与道家"负阴抱阳"的思想。在儒、道思想文化的指导下，即使远离故土，到未知地点安置新家，他们也总会将中原文化代代相传，客家传统民居所蕴含的居住文化就是一个重要的代表。例如，被列入"世界遗产"名录的福建土楼，就是中原儒、道思想文化的完美体现。

福建客家土楼主要分布在闽西南的永定、南靖、平和、诏安、漳浦、华安几个地区，有圆楼和方楼两种主要建筑形式。土楼的选址受道家文化影响。道家讲求风水，讲求阴阳调和，所以土楼在选址上也讲究调和的理念，同时也讲求自然和人文的有机统一。土楼的选址也考虑到了农业生产，所以福建土楼也具有趋光、趋水的特点。土楼一般临近河流，多位于一些河流沉积岸或者冲积平原的地区。沉积岸可以避免河水的冲刷，相对稳固。有的土楼也会选在河谷地带，河谷地带水源充足，土壤肥沃。另外，福建的土楼聚落也多半会选择在山的阳坡或者是阳光充足的地方，一方面是因为道家"负阴抱阳"的思想；另一方面农作物的种植和日常生活也需要充足的阳光。少部分的土楼会建在比较平整的山顶处，那里视野开阔、空气流通。总体来说，福建土楼在选址上充分体现了客家人和自然的和谐统一。

"风水的思想实际上体现了人们敬畏自然，珍惜生活的一种理念。就是要努力减少自然灾害带来的损失。所以，现在风水观对我们还有不少的启示，它其实表达的是一种人类要努力和自然融为一体的思想。客家人的风水观不完全是迷信的，它其实是早期人们科学思想的一种朴素体现。[①]"由此可以说，风水文化进驻福建客家土楼建筑，实质是客家民系基于山地环境的感应和对中原传统风水文化的地方性应用。

福建客家土楼蕴含着"阴阳五行"的思想，有很多的土楼是按照"五行"当中的八卦图设计的。客家人传统上认为，山墙代表着五行金、木、水、火、土的构成，山墙有红色、蓝色、黑色、灰色、白色等五种颜色，代表五行中的五种基本元素。而这五种基本元素象征着家庭幸福安宁，护佑家庭平安幸福。除了山墙的五行意蕴，土楼在天井中间用圆石头铺成大圆圈，再分为等距的五个部分，也用以表示五行中"金、木、水、火、土"，最为

---

① 曾祥裕.试论客家人的地理文化观［J］.杨公文化，2016（3）：5-9.

典型的例子是位于龙岩永定区湖坑镇洪坑村的振成楼。振成楼分为内、外两圈，即双环楼，形成了楼中楼的格局。振成楼的前门是"巽卦"，后门是"乾卦"，外楼一共4层，每层有48间屋子，按照八卦图的格局，每卦设6间房，且每卦设一道楼梯，更为巧妙的是卦与卦之间是可以相通的，以拱门对接起来。振成楼里面设置的一厅、二井暗合了八卦中的阴阳两极，正大门和两头的边门，则与八卦中的天、地、人意合。卦与卦之间是一道隔火墙，如果一卦失火，也不会殃及全楼的安全，这里也体现了土楼的防火功能。卦与卦之间还设置了卦门，卦门如果关闭起来，可自成一方；如果开启，则各方向都是可以互通的。如果有盗贼入屋，只要卦门一关，就可捉贼了。这种构造既有独立空间，又能形成团结的气势，另外在防御外人上也有非常好的效果。

土楼天井中间的大圆圈也体现了"天圆地方"思想。从中国哲学观上来看，"天圆地方"是传统宇宙观的集中体现，"圆"是一种理想状态，"方"是一种实际状态。福建土楼中的圆楼承接天地灵气，方楼体现社会秩序，所以福建土楼也引发了人们对于审美的深入体验。

总之，福建土楼运用阴阳五行的思想，追求建筑物与大自然和谐统一的"天人合一"的哲学理念，是客家人与自然界长期共存中，经历了无数的成功与失败之后，积累而成的经验。对客家民居风水五行文化的研究，对现代建筑学领域具有很好的启示意义。

第三节　客家围龙屋的建造特色

客家围龙屋以其独特形式与风格独放异彩。它是中国客家文化中特色鲜明的民居建筑，结合了客家的古朴遗风以及南方文化的地域特色，与北京四合院、陕西窑洞、广西"杆栏式"和云南"一颗印"合称为"中国五大特色传统民居"。只要在客家人聚居之处，都能见到客家围龙屋的踪迹。那些散落在客家地区的围龙屋，是客家人历史人文的凝结，蕴含着深刻的客家民系思想和智慧，是客家人在迁徙中坚持传承发扬中原汉族文明的高度体现，具有鲜明的建造特色。

随着时代的发展，一度辉煌的客家传统民居如今已黯然失色，作为整体建筑技术之一的墙体建筑技艺也逐渐被人们忽视、遗弃。为了对历史和文化遗产负责，就必须挖掘、抢救这一传统建造技艺，这也是研究客家文化与对外传播的必要途径和方式。

一、客家围龙屋的整体布局和建造设计

客家围龙屋又称"客家围屋""围屋""客家围""转龙屋"等，始建于唐宋，兴盛于明清。建好一座完整的围龙屋往往需要 5—10 年，甚至有些需要几十年。一间围龙屋就是一座客家人的巨大堡垒，形成一个自给自足、自得其乐的社会小群体。

围龙屋的外观主要有圆形围、半圆形围和方形围三种形式，其中前两者比较常见。围龙屋的主体是堂屋，在堂屋的后面建造半月形的围屋，与两边横屋的顶端相接，将正屋围在中间，有两堂二横一围龙、三堂二横一围龙、四横一围龙与双围龙、六横三围龙，有的多至五围龙。因为依山而建，运用了风水建造中的依山傍水格局，整座屋宇跨在山坡与平地之间，形成前低后高、两边低中间高的双拱曲线。屋宇层层叠叠，从屋后最高处向前看，是一片开阔的前景。从高处向下看，前面是半月形池塘，后面是围龙屋，两个半圆相合，包围了正屋，形成一个圆形的整体。

中轴线房间为龙厅，正对上堂祖龛，是存放公共物品的保管厅。在围屋

与正堂之间有一块半月形空地，用作种植花木或用碎石、鹅卵石铺砌。在空地与正屋之间，开一深沟，作为围屋与正屋的分界，其主要作用在于有利排水，以免正屋潮湿。在中轴线上是上、中、下三堂，上堂主要为祭祀场所；中堂为议事、宴会场所；下堂为婚丧礼仪时乐坛和轿夫席位。上堂与中堂、中堂与下堂之间左右两厅，为南北厅，是公共会客厅。在上、中、下三堂两侧并排的房间为正房，中堂与下三堂两侧的房间为正房，中堂与下堂先靠横屋的正房为花厅，是本族子弟读书场所，内设小天井、假山、花圃等。围屋前面与池塘之间为晒谷场地，在池塘前进入门坪的地方。

围龙屋前半部为半月形池塘，后半部为半月形的房舍建造。两个半部的接合部位由一长方形空地隔开，空地用"三合土"夯实铺平，是居民活动或晾晒的场所。空地与池塘的连接处，用石灰、小石砌起一堵或高或矮的石墙。半月形的池塘主要用来放养鱼虾、浇灌菜地和蓄水防旱、防火，它既是天然的肥料仓库，也是污水自然净化池。围龙屋后半部为房舍建造，正中为方形主体建造，即正屋，最小的建造面积在上千平方米，大的则在上万平方米。围龙屋正屋外层便是半月形一围或二围的弧形围屋层，拱卫着正屋，形成一道防御屏障。所有围屋层的窗户一般都不大，是天然的瞭望孔、射击孔，便于用弓箭、土枪、土炮等武器抗击来攻之敌。

围龙屋的整体布局和建造设计，巧妙地解决了通风、采光、排污和美化环境的问题，非常适合多户人家合居的需要。其特征主要体现在以下几个方面。

第一，中轴对称，主次有序，以厅堂为中心组织院落。同时，屋前必有半月形池塘，屋后必有半月形化胎，两个半圆相合，形同阴阳两仪的太极图式。两个半圆围绕着方正的堂屋，体现了"天圆地方"的阴阳学说和"天人合一"的哲学思想。

第二，重视功能。客家围龙屋在空间布局上注重实用功能，多个建筑环绕一个中庭，而居住空间位于里侧。这种布局使各空间功能得以充分发挥，体现了客家人实用的设计思维。

第三，封闭性以及合族聚居性是围龙屋突出的特点。客家民居不论是围龙屋还是土楼、四角楼，里面的每一个房间、厅堂、天井、都以走廊、巷道、楼梯相通，住户生活方便，但对外则是全封闭的。土楼一般只开一个正门一个后门，或一个正门两个侧门，万一有盗匪打劫，只要把门一关，便被封闭得严严实实。祖宗宗祠是客家人族长聚集各户家长议事的地方，也是逢年过节、男儿娶亲、闺女出嫁、老人谢世的活动场所，以至于一座宗祠将全部族人融洽地凝聚在一起，共享天伦之乐。

第四，富于象征。客家围龙屋在建筑细部如斗拱、瓦当和门楣等处常运用到吉祥的装饰符号。这些装饰符号不仅增加了建筑的艺术效果，也体现了客家人对美好生活的向往。

第五，和谐统一。围龙屋的多个建筑体在高低进退之间形成了和谐的空间效果，而又体现出整体上的空间统一性。这展示了客家人在追求个性化的同时不忘整体和谐的设计理念，使建筑产生动人的美感。

二、客家围龙屋及其客家文化思想

客家围龙屋是建筑界用来指代它的特有名称，这个名字及其内在哲理含义诠释了客家文化的特色本质，是中原汉族儒、道哲学思想的体现，更有客家风水文化的内涵，综合体现了客家民系在历史、文化、民族等方面的特色。

围龙屋的名字来源于其建筑形态。它由多个建筑体环绕一个中庭而建，因此得名"围龙屋"。这个名字蕴涵了以下的象征寓意。"围"字本身也具有防御和聚居的含义，体现了人们追求安全与共居的愿望。围龙屋多个建筑体的"围"字形结合，也象征着人与人之间的团结互助、生活的和谐统一等理念。"龙"在中国传统文化中象征着权威、气势和财富等。围龙屋的建筑布局可以用"龙"字来形容，象征建筑体采用类似龙字形环绕中庭的布局方式，体现了对居住环境的美好祝愿。

"围龙屋"这个名字不仅形象生动地描述了这种建筑的空间特征，也蕴涵着丰富的象征寓意，成为体现客家建筑文化精髓的重要符号。研究这个名字的来源与寓意，有助于理解客家人的生活智慧、审美情趣与精神追求。围龙屋所蕴含的象征寓意，充分体现了以下的客家文化思想。

第一，客家围龙屋反映了客家人团结互助、敬老尊贤、礼貌文明、知书达理的传统美德。一般来说，一座围龙屋聚居着一个近亲家庭，相互之间和睦共处、尊老爱幼。逢年过节，男女老少齐集正屋上厅祭拜祖宗，在正中大门前的禾坪上舞龙舞狮、敲锣打鼓，尽情欢乐，呈现出一派喜悦祥和的景象。

第二，客家围龙屋的建筑特色也是古代阴阳思想和风水理论的投射，集中体现在讲求建筑物体与天然地形的协调统一，而符合"天人合一"的哲学道理。围龙屋选址极注重风水，追求"天人合一"。客家先民南徙定居之初，他们渴望安居乐业，每建新居无不借助风水理论进行相地、择基选址和决定建筑物的结构布局，因而留下风水学的痕迹。因地处山区，客家人看好的地址一般北有连绵高山屏障，南有远山近丘呼应，左右两侧有低岭围护，场内有千顷良田，屋前流水婉转有情。以赣南明远第围为例，其选址、朝向遵循风水理论，围屋坐西朝东，背靠青山龙脉，左右砂山屏立周密，夏避西晒，冬挡西北寒风。大门朝向开阔广远，门前正对一池塘，近有溪水环绕、良田百亩，远为朝山、笔架山，体现了围屋主人重文求贵、丰财兴丁的美好祈愿。

第三，客家围龙屋体现了"聚族而居"的客家传统文化思想。围龙屋以祖堂为居住核心，敬祖穆宗、慎终追远。围龙屋内必备私塾，设有各种楹联和牌匾，注重宣传崇文重教的思想；屋外石笔宣传积极争取功名入世，砥砺子弟通过读书来光宗耀祖，并注重忠孝节义。围龙屋内部在设计上体现了长幼秩序的思想，同一祖宗的后代，增建新围或者扩建老围，皆本着"聚族而居"的需要。子弟教育、红白喜事，必拜祖堂。

三、"客家五州"围龙屋建造特色

客家围龙屋主要分布在广东省、福建省和江西省，在香港特区、台湾地区等地也能见到围龙屋。其中最有特色与代表性的要数"客家五州"[①]的围龙屋。位于"客家五州"的客家围龙屋独树一帜，具有自己的地方特色，是研究客家文化与对外传播的重要样本。

（一）惠州围龙屋建造特色

惠州素有"客家侨都"之称，这里的客家风格建筑比比皆是。惠州客家围龙屋中最具代表性的是崇林世居。崇林世居又称"崇林围"，位于惠阳区镇隆镇大光村。崇林世居通面阔128米，总进深约130米，占地16640平方米。是清嘉庆三年（1798年）叶文昭所建的，至清光绪二十三年（1897年）叶氏子孙们又在半月形的后围建了一座完整宏大的望楼，至今屹立于大岭头山下。此建筑历经200多年的风雨依然保存完好，现为惠州市文物保护单位。

崇林世居坐西南朝东北，后靠大岭头山，前低后高。由前至后依次由池塘、禾场、首围、宗祠、望楼5部分组成。围屋正面开3个大门，门框都是花岗石。四周有高9米的围墙，下半部分为灰沙墙，上部为砖砌墙，围墙内上部设有走马道，联接4个角楼以作防御联络通信之用。角楼与走马道上部围墙均设有射击孔。围墙内有住房262间，格局为九厅十八井。首围、宗祠、

---

① "客家五州"即广东惠州、梅州、韶州、福建汀州、江西赣州。

望楼是围屋的主体建筑。望楼位于内围中间部分，是高 20 米的重檐歇山式的三层建筑，站在楼顶可眺望整座围层，是崇林世居的灵魂所在。

崇林世居围屋内建筑用料考究，做工精细，到处有雕琢精美的装饰物，有色泽艳丽的廊图壁画，显示出客家人高超的建筑工艺，洋溢着浓郁的客家文化韵味，建筑风格独特，通风、采光、排水、卫生规划得体，建筑蕴含着深厚的人文美。

崇林世居秉承着客家人的优秀传统，重视传统文化教育，重视自己的根，围内大量的石刻、木刻联语匾额，正是传统文化的反映。据《惠州风物拾遗》一书中描述：围屋正大门上镶有"崇林世居"的匾额，门两侧镶有"南阳绵世泽，东粤绍家声"石刻联，以示不忘叶氏开基祖、广东开基始祖及崇林围开基始祖。左侧门两边镶有"乾元用九，巽命锡三"石刻联，以示祈望天下太平、安居乐业、多福多寿多儿孙；右侧门镶有"厚德载福，和气致祥"，劝导族人要和气团结、做善事、积阴德。牌楼上镶有"树德务滋"和"为善最乐"石匾，开基祖叶文昭教育族人近善远恶，以善树人，这是叶氏家族的育人之本。宗祠大门两边镶有"龙缠肇岁，凤纪书元"石刻联。入宗祠由前至后依次悬挂着"文魁""亚魁"等数块木匾。每逢节庆之日或祭祖之时，围屋宗祠内还悬挂或张贴其他有关纪念先人或教育族人的堂联——学东平王格言为善最乐；遵司马公遗训种德为先。所学诗书绵世泽；还期孝友振家声。念前人创业维艰克勤克俭博学笃志修身齐家平天下；敦后世守成不易毋怠毋荒千锤百炼兄友弟恭盛千秋。源肇大宗任八闽制使，经国济民万载甘棠留福海；派衍盛明为百花处士，筑城立屯千秋俎豆耀程山。天延期颐寿；日捧遐觞樽。祖德源流千载盛；宗枝奕叶万年兴。[①]

崇林世居是惠州市现存规模较大、保存较完整的一座客家围屋，为研究

---

① 王宏宇 . 惠州风物拾遗［M］. 北京：中国言实出版社，2015：27-30.

清代客家围屋建筑形制提供了宝贵的实物资料。

（二）梅州围龙屋建造特色

梅州有"世界客都"之称，这里的客家围龙屋始于唐宋，盛行于明清。梅州围龙屋多选择丘陵地带或斜坡地段建造，整座屋宇跨在山坡与平地之间，形成前低后高、两边低中间高的双拱曲线。

梅州围龙屋主要是土木结构。一开始，梅州客家人多用泥土夯筑或用泥砖砌起厚 1 米、高 15 米以上的墙体。后来，梅州客家人在泥土中掺入了灰沙、碎石、稻秆、竹枝，用这种经过特殊处理的泥土筑起的墙体更加坚固耐久。墙体筑好并干固后，工匠们还会在它的外面刷上一层石灰泥，以求美观。而屋顶则用小青瓦覆盖，和白墙形成强烈对比，也使得整座建筑更加雅致。梅州围龙屋内装饰着假山、盆景，反映了梅州客家人恬静自得的生活情调。

梅州围龙屋的规模极大，最小的建筑面积也在上千平方米，较大的则可达上万平方米，这样的大围龙屋可住下上百户人家，几百口人。千百年来，梅州客家人就在这样一座座巨大的城堡内，世代聚族而居，繁衍生息。逢年过节，梅州客家人常常聚在一起，几代同堂，共享天伦之乐。梅州围龙屋从建筑的布局到房间的分配，也充分体现了强烈的宗族观念，体现了长幼有序、尊卑有别等的传统伦理观念。

总体来说，梅州围龙屋的营建遵循了中轴对称、主次有序的原则来进行整体的规划和布局，而屋前半月形池塘和屋后半月形"花头"形同太极，寓意"天人合一"的哲学思想，这也是这种民居建筑的一大特色，为围龙屋赋予了浓厚的文化内涵。

（三）赣州围龙屋建造特色

赣州被人们称为"客家摇篮"，有着众多的客家民居，其中以关西新围最为著名。该建筑位于龙南市关西镇，它不仅规模庞大，时至今日也保存完整，且围屋的功能非常齐全，不仅是国家 4A 级旅游景区，还是全国重点文物保护单位。关西新围始建于清嘉庆年间，为当地的名绅徐名钧所建。关西新围的建造共耗时 29 年、耗资百万，因围屋毗邻古老的西昌围而被称为"新围"。

关西新围占地总面积 7426 平方米，整体呈长方形，围墙高约 9 米，其墙体最厚处达到了 2 米，足可见其坚固程度。内部建筑共三层高，每层有围屋 79 间，房屋数量多且功能明确。核心是宗祠，处于整座建筑群的中轴线上，是徐氏家族举行重要活动的地方，也是围屋内建筑规制最高、装饰最奢华的地方。关西新围正厅大门前有一对石狮，左边的公狮昂首张口凶猛威武，右边的母狮雍容大度端庄肃穆；大门框上八卦中乾、坤两卦的圆柱形石雕，厅内十多根大木柱下的石墩上都雕刻着各种各样的图案或文字。厅堂偏院以及厢房都镶嵌有许多龙、虎、麒麟、凤凰等动物木雕。①

值得注意的是，赣南围屋又称"土围子""水围"，其建造工艺与闽粤围楼有着区别，建造方法有三大特点。一是砖石包土砌筑，即三分之一厚的外皮墙体，用砖或石砌，三分之二厚的内墙体，用土坯或夯土垒筑。二是河卵石石灰砌筑，就地取材用河中均匀、质地较硬的河卵石拌以石灰浆砌筑。三是"三合土"砌筑，即传统的"干打垒""夯土"筑墙办法，用石灰、黄泥、沙石"三合土"夹鸡蛋大小的卵石，一版一版，版筑而成，为加强"三合土"的硬度还得用熬制后的桐油漆刷。"干打垒""夯土"是客家地区许多建筑的创造性建造工艺。

---

① 李艳. 赣南客家民居建筑装饰艺术论［J］. 艺术科技，2012(6)：3.

（四）汀州围龙屋建造特色

汀州是客家民系形成的中心地域，被称为"客家祖地"。汀州的珊瑚围龙屋在建造方面独具特色，其坐落在上杭县珊瑚乡下珊瑚村，为陈姓上祖所建，距今已有130多年的历史，占地面积为1.2万平方米，以平房为主，后栋两层，以生土夯筑而成，可见当时并非大户人家独建，是由同族各户商议统一规划共建而成的，反映客家人群体聚居的生活方式。

珊瑚围龙屋采取抬梁式和穿斗式相结合的方式，按"一进二厢三厅一围"结构设计建成。大门之内分上、中、下三个大厅，左右分两厢房，从两厢房向后伸延，形成马蹄形后围。屋内厅堂宽敞，天井明亮，有"十厅九井百间"之说。屋的后堂尚存古老的磨盘、风车、石、砻等农家用具。屋前是碎石铺成的晒谷坪，之外为半月形池塘，旁存两口水井，可灌溉、可防火，周边都是广阔的稻田。该屋以南北子午线为中轴，左右对称，以屋前面的半月形池塘和正堂后的围龙屋结合成一个太极形整体，内有多套生活单元，适合上百人的大家族居住。

（五）韶州围龙屋建造特色

韶州是客家民系大本营之一，也是"客家五州"之一。高山门围屋和新钟围屋是韶州非常有代表性的客家围屋。高山门围屋，位于韶关市曲江区乌石镇濛浬村，是一座坐东南向西北的清代建筑，它是曲江区两座马蹄形的客家围屋之一。高山门围屋的墙体由沙灰混鹅卵石夯实而成，外围是马蹄形，为五开间，三进，中间是宗祠，总体布局尚算完整，围屋前低后高。据《曲江县文物志》记载，整个围屋的面积为2027平方米，通面阔41.8米，通进深

48.5 米。①2012 年，高山门围屋被列入曲江区第三次全国文物普查"不可移动文物"名录。

新钟围屋位于韶关市曲江区樟市镇樟市村委会新钟村，是清代建筑，总体布局保留较为完整，有鲜明的客家围龙屋风格，是曲江区现存不多的半圆形围龙之一。据《曲江县文物志》记载，围屋的外墙是沙灰夯墙至 1.9 米，以上用土坯砖砌，檐街用鹅卵石铺砌。它坐西向东，整体为砖木结构，中间为宗祠，中路两侧纵向各有一栋房屋与中路第二进相连形成小院。面积为 3469平方米，通面阔 55.5 米，通进深 62.5 米。②2012 年，新钟围屋被列入曲江区第三次全国文物普查"不可移动文物"名录。

第四节　客家村落民居与传统文化

村落民居是客家人生存的基础，也是客家人精神、文化、思想的载体。每一个古村落，都能真切反映客家人的人文生活空间，展现出客家人繁衍生息的历史画卷。客家民居形态各异、历史悠久，集中华文化"天人合一""耕读传家"之精髓，具有丰富的传统文化内涵，充分说明了客家村落民居与中华传统文化具有很深的渊源关系。

一、客家村落民居"天人合一"的建筑布局

"天人合一"是中华哲学思想，儒道释等诸家各有阐述，强调人与自然和谐相处。后来，"天人合一""人与自然共处的居住环境风水论"成为客家村落民居与民俗的一大特色，表现出古代客家人在与自然环境相处中，崇尚

---

① 曲江县文物志编纂委员会.曲江县文物志［M］.广州：广东人民出版社，1998：103.

② 曲江县文物志编纂委员会.曲江县文物志［M］.广州：广东人民出版社，1998：106.

"天人合一"的朴素思想。

客家"天人合一"理念集中体现在建筑方面。客家围龙屋讲求建筑物体与天然地形的协调统一，立足于客家人生存本身，选址讲究地理生态，结构布局注重"天人合一"，房屋功能表达出伦理观念，符合"天人合一"的哲学道理，从而对于形成客家人的精神世界发挥了独特的作用。

客家村落民居的"天人合一"布局，比较典型的例子是位于湖南省郴州市桂阳县正和乡境内的阳山村，阳山村以其古朴的民居建筑与和谐淳朴的民俗民风闻名。该村青山环绕，秀水萦回，远方是巍峨连绵的骑田岭，近处是开阔的田洞，小河奔腾而来在村前折向西北绕个大弯汇入下游。村里的民居清一色坐北朝南，依山造屋，傍水结村，小溪流贯全村，在布局上，阳山村讲究"天地人合"，结构上，体现儒家"中和"思想，是民俗文化与建筑的完美结合。自古以来阳山村人崇文尚武，重论理，求和睦，明礼义，事农桑，涌现进士、举人十余人，官至将军，翰林者多人，不以望族自居，助弱扶贫，形成了"宽容诚厚重、和气致祯祥"的百年家风，是我国古民俗风情的"活化石"。[①]

类似于阳山村的客家村落民居，在客家地区比比皆是，体现出中原风水理论的发展与应用，并最终形成了"客家围龙屋""客家排屋""客家土楼"等经典客家建筑样式，其中有许多客家民居建筑列入"中国传统村落""历史文化名村""世界遗产"等名录。

---

① 程昌文，向正君，王小凡.古村落的开发与保护浅析——以郴州阳山村为例［J］.建筑与设备，2010(5)：22-28.

二、耕读传家与中原传统文化一脉相承

客家人是一个重视教育的民系，这一点在客家村落民居中表现得十分突出。在广大的客家村落中，每当风清月明之夜，常常有孩子们传诵着这样一首童谣："月光光，秀才郎，骑白马，过莲塘……放条鲤嬷八尺长。鲤嬷头上撑灯盏，鲤嬷肚堂。做个学堂四四方，兜张凳子写文章……"这首童谣在客家地区普遍流行，寄托着长辈们对子弟读书入仕的殷切期望，形象地体现了客家人"耕读传家"的文化传统。亦耕亦读，耕读传家，这是古时客家人的基本生产生活方式。

客家先民来自中原，多是世家贵胄，书香门第，有着较高的文化素养。他们带走的是中原文化的精髓，其中能使他们开拓创新、民系发达的就是重视教育、发展教育。客家先祖继承了中原人民"耕读传家"的传统，深知"耕可立身""书可荣身"的中华传统文化，犹存不忘儒家所谓的"万般皆下品，惟有读书高""书中自有黄金屋，书中自有颜如玉"等传统观念。据《江西通志·舆地略·风俗》中记载："自永嘉东迁，衣冠避地，风气渐开"，"衣冠所萃，文气儒术为盛，间阎力役，吟咏不辍。①"可见，客家地区父教子习、兄弟相长、崇文重教的风尚，与中原士族迁居带来的传统文化是一脉相承的。客家人将"耕读传家"作为博取功名、向外发展的一个出路，以至于靠读书谋发展的观念在很多的村落民居中形成了崇文重教的风气。

由于重视教育，基本上客家的每一幢大院必配书屋、书舍，有的还独立建设书院。例如，位于广东省梅州市梅城东山状元桥畔的东山书院，始建于清乾隆十一年（1746 年），为当时嘉应（今梅州）知州王者辅任内所建的清代梅州最高学府。东山书院孕育了一代又一代的英才，履行着每个时代赋予它

---

① 何国华 . 客家人的教育观初探［J］. 岭南文史，1992（2）：9-15.

不同的职责与使命，客家人崇文重教的优良传统在这里得到传承，走向未来。

"天行健，君子以自强不息"，其意是指天上的日月星辰是不分昼夜地永恒运动着，人应效法天，积极进取，永不停息。

从漫长的客家史中可以看到，客家人生性顽强，只知求出路，从不管前途的风浪如何。他们不怕没有路走，不怕山高路遥，逢山开路，遇水搭桥，对生死不会顾虑太多。正如客家俗语所说的那样，"情愿在外讨饭吃，也不愿在家掌灶炉"。客家人披荆斩棘，求生存、图发展，艰苦创业，靠的是勤劳俭朴的品格，走的是务实进取道路。客家人定居的村落一般多处于交通不便的偏僻山区，面对山多地少的情况，他们不辞辛苦，勤于耕作，为的就是让有限的土地生产出最大的效益。只有充满自信，并有自立、自强、自我奋斗的意识和能力，才能在颠沛流离中坚持下去，才能在严酷的环境中生存下去，才能开拓出一条美好光明的道路。这种"自强不息"的顽强意志成了客家人的精神支柱，并代代相传。

第三章　客家的习俗文化

——宗族与礼俗

客家的习俗与客家方言、客家民居一样，都是客家文化的重要组成部分。客家人以族群式迁徙，并在迁徙地聚族自保，使中原文化意识的承传因素一直在客家文化中起着主导作用，而客家的习俗则是迁徙聚居过程中客家文化的具体呈现，最为显著的当属宗族与礼俗。由于客家人口众多，居住地域广大，因此，客家习俗在传承和变异中是包罗万象的，作为客家习俗文化的客家宗族文化和客家礼俗文化，更显得多姿多彩，别样丰富。

第一节　传统宗族制度

宗族在不同时期、不同区域表现出来的特点和结构是有所不同的，因而存在着不同的类型。从古至今，宗族的形态、结构、功用等都发生了极大的变化。客家人的宗族观念很强，十分重视家族和家庭团体，这是客家地区的传统风尚，也是客家人的共同文化心理。这在客家宗族制度的建立过程中得到了集中体现，更为具体的表现则是族谱和宗祠，二者是客家宗族制度的两大基石。

一、客家宗族制度的建立与特点

宗族也称"家族"，按照父子相承的继嗣原则上溯下延，这是宗族的主线。在主线旁还有若干支线，支线排列的次序根据与主线之间的血缘关系的远近而决定。宗族制度源起于西周时期的宗法制，宗法制是按照血统远近来区别亲疏的制度。整体来说，即通过族谱、宗祠、族规等的有机结合，构成了一种完备的宗族制度，维系着一个宗族的存在和运转，使宗族发挥自己的功能，实现自身的目标。随着宗族制度的发展与不断完善，宋朝已经建立了较为严密的宗族制度。客家的宗族制度几乎是在同时期逐步形成的。据史料记载，至南宋末年，闽越的客家民系已正式形成，客家的宗族制度也由此建立。①

中原汉人第一次南迁时，就有一批人迁入了闽越地区，这些人的主体成了后来的客家民系。在向闽越地区迁徙过程中，客家先民一般都是有血缘关系的整个同姓家族一起行动，一起垦殖，艰苦创业，开基繁衍。由于客家先民迁入闽越几乎是举族而来，定居后又举族聚居占据一个地区，所以闽越乃至其他客家地区就出现了每个自然村落都有一个主要姓氏的状况。这就形成了以血缘为纽带，以地缘为依托，有着高度凝聚力的客家人的宗族制度。

客家的宗族制度，其主要形式是大家族聚族而居，也就是由众多有血缘关系的小家庭的聚族而居。各个小家庭是客家人的精神和生活的直接载体，对家庭的依赖作为他们共同的生存意识植入心中，并由此约束自己的行为，从而产生了忠于家庭、孝顺父母、团结兄弟、和睦邻里等具伦理性的行为规

---

① 李翔 . 浅析客家人的宗族认同心理［J］. 文艺生活·文艺理论，2010（7）：4.

范。由开基祖创立的家庭，正是在基于生存环境而建立的宗族制度的约束和护佑下，繁衍生息，最后逐渐发展成了一个大家族。

客家人对数世同堂十分崇尚并大力提倡，认为家族越大越光荣。唐朝人张公艺治家以"忍、孝"著称，唐高宗李治曾亲书"百忍义门"四个字来表彰他，并封其为"醉乡侯"，以彰显其睦族之道。当时著名的大书法家张旭也曾题诗说"张公书百忍，唐朝着勋名"。张公艺"忍、孝"治家，其家族人丁兴旺，达二三百人之多，数世同堂，为钟鸣鼎食之家。后世客家人一直极力歌颂张公艺，可见客家人对数世同堂的重视，全族共居一处，合伙共食。

客家人的这种宗族制度既保留了中原的特征，又在新的生存条件下形成了自己的特点。其特点主要有以下几点。

第一，尊祖敬亲。客家人注重尊祖，就算迁徙到别处开基，也要带上家谱家训，不断延续完善，并在当地建立宗祠，让子孙后代念祖追宗，不忘根本。客家人重本溯源的价值取向与浓厚的宗族观念相结合，形成了崇拜祖先、寻根报本的浓厚感情。客家人也注重敬亲，客家人的家规家训中有许多内容是与孝敬双亲有关的，如宋朝《刘氏家规》总则条目"孝父母"中说，作为一个孝子，就必须"居则致其敬、养则致其诚、病则致其忧、丧则致其哀、祭则致其严所以为尽子职也"，告诫晚辈在居、养、病、丧、祭等事务上尽到自己的责任，做一个真正的孝子。又如，清朝的《李氏家规》"敦孝悌"中说："父母之恩，天高地厚，恩情罔极人伦……为子女者即幸遇父母有寿，急急孝养，难报天恩。人生时日限也，万一错过，殁后即披麻戴孝，三牲五鼎，竟亦何裨？[①]"强调报父母生养之恩是人伦至极，尤其强调父母在世时就要及时行孝。

---

① 百度文库.李氏家训［EB/OL］.（2020-01-28）［2023-06-01］.https://wenku.baidu.com/view/7eb3 3656551252d380eb6294dd88d0d233d43cc6.html?_wkts_=1694852907002.

第二，宗族认同。客家人有很强的宗族认同心理。中国的传统社会，是一个宗法的宗族社会，传统家庭中的认同心理，是以对父系宗族的认同为基本特征的。对于客家人来说，一方面来自中原的他们有着独特的历史文化底蕴；另一方面，迁居后需要适应新环境也使他们必须团结起来，因而宗族认同心理几乎是所有客家村落普遍存在的一种社会心态，认同家庭、认同宗族、认同祖宗，以及特有的客家民俗等。比如，在民俗方面，客家人都使用富有特色的客家方言，都有"聚族而居"的居住习俗，尤其在祭祀方面，客家人将祭祀作为家族发展延续世系的重要信仰形式，祭祀时追思先人的业绩、激励后人建功立业、增强本族成员的向心力与凝聚力等，这些均是宗族认同心理的高度体现。

第三，崇文重教。客家先民来自中华文明的发祥地，远祖多系仕宦之家、书香门第，具有较高的文化素养，他们认为读书才能识理、明志，才能有出息。穷则思变，贫困、艰苦的生活环境激发了客家人勤奋好学、积极向上的品格。客家人历来就有"耕读传家、崇文重教"的优良传统，十分重视文化教育，采取了很多措施激励子弟立志勤学求取功名，造福桑梓，这是客家地区文化教育发达的原因。①

二、客家宗族制度两大基石：族谱和宗祠

研究客家宗族制度，就绕不开族谱、族规和宗祠。客家人编修族谱、修建宗祠以及订立族规，其最终的目的是团结联合具有共同血统的本宗族人，合力抵御风险，实现繁衍生息。这是客家宗族制在现实生活中的具体体现。

族谱是宗族制度的主要体现之一，它与宗祠一起形成了宗族制度的两大基石。族谱是中国特有的文化现象，既是姓氏文化也是血缘文化。客家人披

---

① 刘加洪.客家人"耕读传家、崇文重教"的优良传统［J］.教育评论，2009（1）：134-137.

荆斩棘的迁徙历史造就了客家人骨子里的"寻根"意识，而族谱为寻根提供了重要依据。对于单个家庭而言，客家族谱记载了先祖的来源、家训家风；对于整个客家民系来说，客家族谱记录着客家人的迁徙历史、文化根源。从内容上说，客家族谱记载了家族迁徙、家族人员、本族的家训家风，以及当地许多的重要事件。客家族谱中包含了弥足珍贵的历史文献与资料，是十分珍贵的客家文化精华，同时也是中华传统文化不可或缺的重要组成部分。从客家族谱出发，探寻客家村落与传统文化的源头，有助于客家族谱在新时代重新焕发生机。

客家人历来重视族谱的修缮和保存。家族以血缘为根本纂修族谱，在客家人中是最神圣的一件大事。在客家地区，几乎所有的姓氏都会通过编修族谱缅怀祖先，加深族人之间的联系，是整个客家民系形成和发展的一个缩影，是珍贵的文化遗产。一谱修成，或敬存于宗室宗祠，或保管在宗族长辈的手里，视如神圣，传之后代。

要强调指出的是，客家祖先深受中原传统文化的浸染，力求传统文化与自己的生活经验相结合，并将两者结合的结果浓缩为祖训写入族谱，作为后裔应当共同遵守的行为规则，世代相传。由于所处时代的限制，其间夹杂有某些封建思想糟粕，必须摒弃，但也有许多与当今时代所倡导的精神相吻合的内容，如爱国爱乡、敦宗睦族、遵纪守法、勤俭节约、廉洁奉公、扶贫济困、诚实守信等，这些是客家文化的精髓，不失为教育子孙后代的好教材，应得到继承和发扬。

宗祠是客家宗族制度进一步发展的标志。宗祠习惯上称为"祠堂"，另有"家庙""祖祠""祖庙"等称谓，是供奉祖先，并进行祭祀的活动场所，被视为宗族的象征。古人说："礼，莫大于宗庙。宗庙者，天下国家之本。"客家人将宗祠，视为一个氏族最厚重的根基，因此十分重视宗祠建设，凡大小姓氏莫不有祠。在客家地区，宗祠建筑可谓星罗棋布，至今仍保存完好的便达上万座，这在汉族其他民系之中极为罕见。同时，客家宗祠似乎是一面镜子，折射出宗族的兴衰。一般来说，宗祠规模宏大、建筑气派，说明该宗族兴旺发达；相反，宗祠简陋狭小，说明该族人丁不够兴盛、财力不够雄厚。而本来很气派的宗祠变得破旧不堪，则往往说明该宗族家道中落。

宗祠是客家人的精神家园，也是我们了解客家文化的重要窗口。客家宗祠的一个功能就是祭祖。客家人认为宗祠是一族祖先灵魂的栖息之所，是一个家族共同祭祀祖先的神圣地方。作为迁徙的民系，客家先民们对故土有着深深的眷恋，他们重视传统，崇尚祖制观念和孝道文化，同时艰苦的生活条件需要凝聚宗族信念来克服困难，因此，每一宗每一族的客家人，不管生活多么艰难，第一个要建的就是宗祠，有了宗祠，客家人才真正有了家，这里供奉着他们的先祖。此外，客家人崇文重教，十分重视本族子弟的教育，办学是客家宗祠的另一个重要功能。客家宗祠尤其总祠大都高大、宽敞、采光好、肃静，并且门厅和柱子上镌刻着许多文采飞扬的对联，这些对联大都是颂扬祖先功德、追溯家世渊源、叙述本家杰出人物的事迹或者是劝诫后代子孙的箴言，形成了激励上进的文化氛围。在这种文化氛围下，宗祠就成了本族子弟重要的教育场所。宗祠也是客家宗族成员议事、娱乐和举办婚丧大事等活动的场所。

除了族谱和宗祠，客家的族规和家训在宗法制度建设中也是十分重要的内容，在客家的宗法制度中发挥着极为重要的作用。它们对维系家族秩序，规范家庭生活，弘扬儒家伦理道德起到了基础性作用。特别是族规，它是宗法制度下家族的法规，是同姓家族制定的公约，用来约束本家族成员。族规一般由族长商议制定，并负责严格执行。如果有族人有嫖、赌、盗、抢等不轨行为，族长将严惩不贷。

客家的宗法制度以家族为基础，以家长为核心，以族规和家训为价值准则。客家的族规和家训涵盖生活的方方面面，规定了家庭关系，明确了各个家庭成员的职责和义务，界定了善恶荣辱，将儒家的伦理思想渗透到家庭关系的各个环节。它们同宗法结合，成为管理家庭、调节族人关系的重要法则，对维护家族秩序和传统文化发挥着关键作用。

客家的族规和家训是从小惯习而生的，代代相传，内化于每个家庭和个人的思想之中。族规和家训以简单易懂的形式，将道德规范和生活准则，传入族人心中，成为调控族人行为的隐性的内在法则。每位族人从小就深深浸润在这种文化氛围之中，自然就自觉遵守族规和家训，这是其深刻影响力的源泉所在。

客家人崇尚祖先，重视家族荣誉。族规和家训正是传承祖训，维护家族荣誉的重要载体。其中规定的各项制度和准则，都是为了巩固家庭，团结宗族，使之代代相传而设定的。所以，每位族人都视遵守族规家训为自己应尽的责任和义务，这也保障了族规和家训在客家社会的执行力和影响力。

客家的族规和家训是客家宗法制度的重要组成部分，它们规范了家庭伦理，传承了儒家思想，对维系家族稳定，弘扬传统文化起到了关键性作用。它们作为法律制度和道德规范的结合，深刻影响着每位客家人的思想和行为，是客家社会秩序得以延续的基石。

第二节　宗族功能变迁

中国传统的宗族具有组织、协调、教育和文化的功能。组织功能是指以血缘为纽带，以组织的形式在族内开展各种活动；协调功能是以族长等宗族权威为主体，来协调宗族内部关系，调解族内纠纷；教育功能是基于道德人伦的要求，以族规、族约、族训等形式，对族众进行教育；文化功能是传承传统礼俗，形式多样的宗族活动，唤起族众的历史感、道德感和归属感。客家人的宗族功能与中国传统的宗族功能有许多相似之处，只是在不同时期、不同地区，其功能不尽一致。随着历史的发展和社会的进步，客家宗族的功能也发生了变迁，向人们展示了客家人在新的历史时期不同以往的精神风貌。

一、从西周宗法制到客家宗族制

研究客家宗族功能的变迁，就必然要溯本求源，梳理其传统宗族形态。宗族现象作为中国农耕文化的一种现实体现，最早可以追溯到西周时期的宗法制度。西周的宗法制是基于血统远近而建立的制度，可见这种宗法制是将宗族当作社会基本单位来对待的，因为宗族恰恰是以血缘为纽带的群体。在历史长河中，宗族为调整社会生产关系发挥着重要作用，深刻影响了人们的生活。

客家人并没有因为数次南迁而失去与中原汉族文化的联系，恰恰相反，客家文化与中原文化是一脉相承的。最为典型的体现就是保持了中原的文化形态，其宗族现象在继承了中原宗族传统的基础上，又表现出了自己的鲜明特色。

客家地区的宗族形式主要是宗族制度，并在特殊环境中以聚族而居的方式维系生存和发展。事实上，正是这种聚族而居的家族制度形式，才使得客家人团结、宗族稳定，以至于成为延续宗族繁衍生息的精神力量和重要载体。毛泽东在《井冈山的斗争》中对当时井冈山地区纯客家宗族组织有过这样的描述："无论哪一县，封建的家族组织十分普遍，多是一姓一个村，或一姓几个村子，非有一个比较长的时间，村子内阶级分化不能完成，家族主义不能战胜。^①"这段话充分反映了这一点。

总的来说，客家宗族的外在形式延续了中原传统宗族组织的存在方式，客家宗族的内在依据继承了中原传统宗族组织固有功能。当然，这些正向作用并不能使客家宗族在现代社会中具有天然的合法性，形成于旧时的客家宗族，是有着血缘、聚落、习俗、农耕等条件的，这些条件在发达的现代社会中已经被部分或完全地消解了。因此，客家宗族及其功能正面临全新的时代变迁。

二、客家宗族的功能

客家宗族在继承中原传统的基础上，曾在旧时相对落后的南方迁徙地区，发挥了不可忽视的正向作用。就功能性来看，主要体现在组织、祭祀、协调与调停、兴教助学方面。

（一）组织功能

客家宗族的组织功能主要是以血缘为纽带，以组织的形式在族内开展各种活动。中国人皆重视家庭与血缘关系，又以客家人为甚，围龙屋的形成就是佐证。围龙屋一般都是由同出一脉的宗族聚居，在不同的岁月中形成了数代同堂。上百人所组成的大家庭，在结构上俨然是小型社会，对内形成井然有序的伦理关系，对外宣扬家声，共御外侮。而宗族制度的建立，则是来源于西周宗法制度的"家国同构"模式，更说明客家人注重以血缘宗亲关系来统领，使家庭、家族在组织结构方面与国家具有共同性，体现了血缘关系与政治关系的融合。

---

① 毛泽东.井冈山的斗争［EB/OL］.（2019-07-31）［2023-06-01］.http://www.qstheory.cn/books/2019-07/31/c_1119448591_4.htm.

除此之外，族谱的编修、宗祠的修建、族规家训等的制定，以及管理家族公产并实行救济等基层自治措施，也都是客家人注重家庭与血缘关系的方式，这些是客家宗族发挥组织功能的具体体现。

（二）祭祀功能

客家宗族的祭祀功能主要是主持宗族祭祀活动，一方面是为了表达崇祖敬宗之情，希望得到祖先庇佑；另一方面是希望通过祭祖联络族人感情，实现宗族内部团结。客家宗族都建有宗祠，规模大的客家宗族往往有不止一个宗祠。宗祠是客家人宗族集体意识最典型的体现，是客家人慎终追远、崇拜祖先的价值取向最具典型意义的表现形式，孕育着宗族血缘关系深挚的感情。客家人在宗祠进行的活动主要有祀奉先祖、祭祀、议事、举办大事、行族规、施教育、节日娱神等。

（三）协调与调停功能

客家宗族的协调与调停功能主要是协调宗族内部事务和调停宗族之间的纠纷。客家人非常重视宗族关系，如果宗族内部发生纠纷，通常由宗族的老年成员通过家规等方式维护宗族秩序，协调族人之间的关系，使得宗族内部能形成相对和谐的人际关系。所有重大家庭事务，由男性家庭成员在会议上解决；一旦与其他姓族群发生纠纷，就会动员所有男丁前往压阵解决，为的是避免吃亏。这种宗族集体观念与其他民族、民系相比显得特别突出。在日常生活中，客家人互相帮助，扶危济困，从来不计报酬。如有的客家村落成立了互助会，每年支付给每户一定数额的互助金，用于购买日常用品或以备不时之需。谁家的老人去世了，全村所有的客家人都会来帮忙，甚至送丧葬礼品，帮助主家办理丧事。千百年来，客家宗族的稳定秩序和团结友爱，除了血缘纽带的"自家人"情结，靠的就是宗族能够充分发挥协调与调停功能。

除了内部协调宗族内部事务，客家宗族也特别注意化解和调停各姓氏、族群之间的纠纷。客家宗族因姓氏不同而有不同的宗族，各宗族之间发生纠纷时，客家人常常利用家训、家规来解决矛盾，并教导双方不要忘记"天下客家是一家"的祖训。正所谓"一声乡音动客情"，宗族之间的许多纠纷因此得以化解。客家人南迁定居后，曾经与本地人进行过争夺土地的争斗和战乱，为了减少、化解仇恨，有时也会通过联姻的形式达到和解与融合的目的。

（四）兴教助学功能

客家宗族的功能主要是兴办族学，实施道德教化。世称犹太民族为"读书的民族"，因为他们重教化，重伦理，在千年迁徙中顽强守住自己的文化品位。在这一点上，客家人可以说是毫不逊色。在客家社会里，崇尚文化，重视教育，将兴办族学作为实施文化教育的重要手段。许多客家宗族置有专供族学费用的学田、学谷或族里的赏田，尽可能聘请学问好、水平高的老师，培养宗族子弟，利用其宗祠的场所和资产，开展办学、奖学和助学等活动。族学主要指小学阶段的教育，它除了教授文字、经书外，还要传授礼仪，学习客家生活中方方面面礼仪活动的仪式程序，堂联、祭文的撰写等。学生还要跟随老师参加宗族的婚丧嫁娶，充当礼生。这些都显示出了客家人历来注重教育，也使宗族在一定程度上承担起教育的社会功能。

客家宗族通过兴办族学，一方面对家族中大部分子弟进行启蒙教育，提高了他们的社会适应力；另一方面则培养出了一部分支撑宗族社会地位的士绅学子，来维护宗族的发展。在特定的历史条件下，兴办族学在提高客家人的人文素质、造就人才方面所起的作用是不可忽视的。事实上，在客家民系形成后的各个时期，无论政界、军界、商界、科技界等，都涌现出了不少声望显赫的客家人物，对弘扬中华民族的进取精神，起了巨大的作用。

（五）文化功能

客家宗族的兴教助学还体现在阐扬本族的优良传统，并告诫族人要孝父母、睦宗族、重教养、知廉耻、尚勤俭、守诚信，训诫本族子弟要戒懒、戒赌、禁偷窃、戒烟、戒斗殴、戒兴讼、戒欺弱、戒凌尊、戒淫行等。宗族也保存着许多家谱、房产证等文物，这使其在一定程度上发挥着文化传承与保护的作用。此外，客家宗族还举办年节娱乐活动，以丰富族人的生活。

三、客家宗族功能的历史变迁

客家宗族自宋末元初萌芽，明中叶后进入发展、兴盛期，清末至20世纪30年代初达到全盛。其后，战乱频繁、社会动荡，客家地区宗族制度遭到前所未有的冲击，逐渐衰弱直至彻底解体。随着客家宗族制度的解体，客家宗族的功能也发生了历史性变迁，除了祭祖外，更多的活动是教书育人、敬老、助学、联谊等。

宗族是以血缘关系、地缘关系为依托而组建的社会组织。纵观我国古代宗族组织的发展，宗族的活动主要有祭祀、教育教化等。而现在的客家宗族活动中添加了一些现代元素，如每年除了修撰族谱、春秋两季祭祀活动外，还会举办展现崇文尚武的传统、给优秀学子颁奖等文化节之类的活动，这些都与以前的宗族活动有所不同。以族谱为例，很多客家宗族在修族谱进度上因各种各样的原因几乎是停滞的，到了中华人民共和国成立后又开始修撰族谱。而中华人民共和国成立后修撰族谱已不是为了之前的宗族进行人口户籍管理等，更多地是为了能够起到联络族内关系、发扬本族文化的作用。

而客家宗祠现在承载的更多的是现代功能，如村史教育基地、科学知识传播阵地、文化活动中心、村民的公共论坛。这些功能很大程度上再造了农村公共空间，为农村社会注入了新的活力。宗族通过在宗祠内举办一系列有益的传统活动，来调动族人广泛参与的积极性，达到增强凝聚力，促进交流的目的，以此实现互帮互敬、团结友爱、共同进步、共同发展的目标。而现在的客家人则通过了解本族的宗祠建筑风格，以及族谱、族规、族训的文化渊源，先祖的开拓创业精神等，来了解本族的家族传承及变迁的来龙去脉；同时，通过在宗祠举办活动来影响并教育同族人。特别是年轻的一代，鼓励他们要承前启后、与时俱进、不断进取，为家族、为社会、为国家多做贡献，使家族、社会、国家更加兴旺昌盛。

总的来说，客家宗族功能中的宗族活动是弃旧革新的，有了新的活动形式和活动内容。宗族活动的仪式便逐渐走向世俗，在延续着凝聚人心、强化宗族观念的同时，更成为组建客家宗亲关系网络的纽带。

客家宗族功能变迁还表现在族长身份的变化上。族长变成了宗族优良传统的守护者，在传统与现代中坚守着客家宗族文化中的优秀文化。在传统社会中，宗族的管理权掌控在族长手中。族长对外代表宗族，出面处理和政府官员、外族群体打交道的事务；对内负责召集族人商议本族事务，对族人行使训诫及奖惩权，并主持祭祀活动。现今，族长更多地是进行创建宗亲联谊会、清明祭祖、修建宗祠等活动。

在现代社会中，客家宗族功能呈现出新的特点。首先，客家宗族的宗法功能和经济功能已大幅减弱。现代社会的法治制度和市场经济体系已然取代了宗族在这些方面的功能。宗族不再像过去那样严密规范族人的日常生活和经济活动。与此相比，客家宗族的文化功能则变得更加凸显。在现代社会，宗族成为客家文化和客家语言传承的主要载体，客家人重视参加宗族组织活动以象征和弘扬自己的文化认同。对许多客家人来说，宗族聚会和宗祠活动已成了学习和体验传统文化的重要场域。其次，客家宗族也发挥着维系族群凝聚力的作用。在现代社会的大熔炉中，宗族及其文化为人们提供了一种稳定的认同感和安全感，使他们在社会关系中找到精神寄托。参加宗族活动和聚会，能使人们重拾亲密感和归属感，这也是现代人追求的重要需求。

现代社会中客家宗族功能集中体现在文化和认同两个方面。客家宗族成为族人联络感情、学习文化、构建认同的重要平台，其社会功能由制度性和经济性转向文化性和认同性，这是宗族功能转型的重要标志。客家宗族在这一转型中才得以在现代社会里继续发挥其重要作用。

第三节　岁时节日

"岁时节日"既是民俗学中的一个重要概念，也是中国人专门针对每年时间节点的一个传统概念。主要是指人们在社会生活中建立的一个特定的时间日，有一定的习俗和活动来适应它的周期性变化。"岁时"与"节日"连称，是同义词叠用，如果分开来使用，二者在时间节点上则分属不同的历史阶段，"岁时"是早期的以自然时序为核心的，"节日"则是后来的以人文时序为核心的。

客家有独特的迁徙历史，又有不同于中原汉民的政治、经济、社会生活背景，所以今天的岁时节日又有别于中原文化，有自己独特的内容。本节从客家岁时节日习俗这一侧面揭示客家文化与中原文化的渊源和差异，以及客家民系的一些来源。

一、客家主要岁时节日风俗

客家民间岁时节日，均以农历计时。客家每年重要的传统节日有春节、元宵节、清明节、端午节、中元节、中秋节、重阳节等这些全国性的传统岁序节俗，其中有的节日兼具自然与人文两大内涵，既是自然节气点也是传统节日，如清明、冬至等。透过这些民间习俗，可以揭示客家文化与中原文化的渊源和差异。

（一）春节

春节的时间指的是农历正月初一，在公历 1 月 21 日至 2 月 21 日之间。俗话说"百节年为首"，春节一直是中国民间最隆重的传统节日，而崇尚传统的客家人，过年更有着一番浓郁的亲情。客家人过年大致可以分为三个阶段：从入年界到除夕为准备阶段；年初一到年初五为过年阶段；年初六到元宵节为余兴阶段。客家人过春节较特别的活动有敬祖先送年、打弹煤、蒸岁饭、食年酒、守岁、开大门、拜年和游乐活动等。

（二）元宵节

元宵节又称"上元节""小正月""元夕""灯节"，时间为每年的农历正月十五。元宵节和除夕不同，除夕安静守岁，元宵节则突出一个"闹"字。元宵节是中国人的传统节日，对客家人来说元宵节是很有仪式感的一天，因为有很多好看好玩的习俗，包括吃汤圆、赏灯、看花灯、舞狮龙、猜灯谜和吃汤圆等。

（三）清明节

清明节是我国的传统节日，也是二十四节气之一。在客家地区，清明节的习俗除了制作品尝清明粄，还有许多流传已久的习俗，其中最隆重的是祭祖扫墓。随着社会的进步和文明程度的提高，越来越多的客家人开始以鲜花祭扫、网上祭奠等低碳、文明祭拜的方式，寄托哀思、传递亲情、传承文化。除了祭祖扫墓、吃清明粄，客家地区还有踏青、荡秋千、插柳等一系列风俗活动。相传这是因为清明节要吃寒食、禁生火，为了防止吃寒食冷餐伤身，所以大家要来参加一些体育活动，以锻炼身体。

（四）端午节

端午节是中华民族的传统节日，时间为每年的农历五月初五。端午节是客家人一年一度的"粽子节""五月节"，几乎家家户户都洒扫庭除，以葛藤、菖蒲、艾叶插于门楣，悬于堂中，以避邪避祸。除了包粽子、赛龙舟等传统习俗之外，客家地区还有一些有当地特色的民俗。客家地区的端午节俗，主要流行各种避邪去病之俗，包括门悬菖蒲、艾虎，与佩戴各种护身符。艾与菖蒲均为仲夏时品，具有药用价值。旧时，客家地区是家家悬挂，无一例外。客家地区端午节的中午，人们多以菖蒲、香草及百草类煮水以浴，相传可"祛百病""辟恶气"。因为客家人居住的地方大多为南方或水草充沛之地，仲夏时节，各种药草药性强旺，正是采药佳时。在端午节吃粽子和饮食方面，客家人比之全国其他各地也稍显不同。粽子，客家人称其"角黍"。道光《永安县志·地理·风俗》卷一记载："端午，以角黍、菖蒲、艾招福。"《石窟一征·礼俗》卷四载："俗除夕家祭鸡，端节家祭多用鸭，以尔时鸭盛也。"到了端午节这一天，客家人不仅吃粽子，还会吃鸭子。除了上述客家人会在端午节这一天举行的这些重要节俗外，还有一些比如"嫁女归宁"与"酿苦瓜"的节俗。因端午节是传统的重要节日，在节日期间，出嫁的客家女子均需回娘家省亲。客家地区多为五月初六，如同正月初二"回娘家"一样，素有"年初二节初六"之说。"酿苦瓜"，即代表客家人会在端午节这一天吃酿苦瓜的习惯。①

（五）七夕节

七夕节又称"七巧节""七姐节""女儿节""乞巧节""七娘会""七夕祭""牛公牛婆日""巧夕"等，是中国民间的传统节日，时间为每年的农历七月初七。对于客家人而言，七月初七是一个"比巧"的节日。这一天，待字闺中的女孩子和年轻媳妇都会买来七色彩丝，用传统手工编织成七色带，而且还要摘一些新鲜的豆角、黄瓜、苦瓜、辣椒叶、茄子叶、南瓜叶、蕃茨叶七种青菜煮成一道名谓"七姐妹"的菜。除了"比巧"，客家人有在这一天正午取井水、山泉水的习俗，而在这一刻取出的水叫作"七月七水"。这一口口甘甜清冽的水，承载了客家人对和谐平安的美好祈愿。

（六）中元节

"中元节"是道教名称，民间俗称为"七月半"，佛教则称为"盂兰盆节""盂兰盆会"，时间是每年的农历七月十五。客家地区，将中元节看得比较重要，影响范围也比较广泛，祭祀仪式也相对隆重。在客家地区，过中元节流传着一个重要的习俗——吃鸭肉。到了七月十四这天，客家地区的人们会举行各种活动，准备丰富的美食，隆重庆祝这个即将迎来丰收的日子；并要祭祀先人，向先人汇报这一年的收成，祈求祖先保佑来年大丰收。客家人中元节祭拜祖先的祭品中必须选用鸭子代替鸡作贡品，客家人认为鸡的爪子

---

① 吴永章. 客家传统文化概说 [M].南宁：广西教育出版社，2000：195.

往后刨，会把给祖先送去的钱物都给刨出来，如此，后辈的心意就传不到祖先那里，所以就派鸭子作为祭祀的使者。祭祀仪式完毕后，剩下的鸭子，人们就会将其"散福"（即食用），据传食用鸭肉还能驱魔辟邪，所以便流传了在中元节吃鸭肉的习俗。部分客家地区还流传在中元节放河灯的习俗。河灯是用上过蜡的红纸剪成荷花、鱼、船等形状，里面安上一根纸捻，入夜由僧人带至船上。僧人在船上设坛诵经念佛，祈求消灾降福。烧过祭文后，僧人在河灯里注入灯油，点亮放入江中。客家先民经连年的战乱长途的跋涉来到南方地区定居后，为了追思因战乱和迁徙中故去的亲朋好友，每逢中元节便邀请僧人超渡亡灵，由飘飘悠悠的河灯带去人们对亲人的思念。

（七）中秋节

客家人过中秋吃月饼、赏月等习俗与全国其他地方大致相同。客家人又将中秋节称为"八月节""八月半"。客家先民们把中原中秋民俗与迁徙地原住民文化不断融汇磨合，形成颇具特色的中秋佳节的习俗活动。客家地区过中秋节有着烧宝塔的习俗，相传这一活动是以汉人反抗元朝的统治有关，为此，人们借助月饼内传递信息，相约八月十五举火为号，同时起义，后演变成今天的烧塔的习俗。在江西赣南，粤北、桂东北地区的客家人，有一种有趣的玩花灯或曰"竖中秋"习俗。在中秋节以前挨家挨户用竹条和彩纸扎成各种各样的花灯，排成"花好月圆"的字样。在八月十五晚家家户户把扎好的灯笼系在竹竿上，然后将竹竿插在瓦檐上，放在高树上点着灯火，这时彩光闪耀。旧时在梅城树湖坪等街区，还流传着一种中秋夺"状元饼"的习俗。状元饼大大小小共六十三块，每套月饼里有状元饼、榜眼饼、探花饼各一块、进士饼八块、举人饼十六块、秀才饼三十二块，另外还有若干块贡生饼、童生和白丁饼。①

（八）重阳节

重阳节是中国民间传统节日，时间为每年的农历九月初九。客家人南迁后也将此民俗节日带到新迁之地，常称为"九月节"，又名"兜尾节"，认为它是一年中最后一个重要节日，素有"过了重阳无大节"之说。所以，客家人过"九月节"特别隆重。忙时各顾生活，闲时相互串门。在重阳佳节之际，恰逢秋收农闲，更是探亲访友的良好时机，亲人团聚、族人联谊，互赠佳品，交流谋生心得。客家人过重阳节最为普遍的活动是插茱萸、饮菊花酒、放风筝、登山游玩。重阳节的风俗，以闽西客家最为别致，重阳节时要吃芋包。客家人俗称"芋"为"芋卵"，将"芋包"称为"肉丸子"。因此闽西客家人又把重阳节俗称为芋卵节或肉丸子节。

（九）冬至

冬至又称"南至""冬节""亚岁"等，兼具自然与人文两大内涵，既是二十四节气中的一个重要的节气，也是中国民间的传统祭祖节日。客家人将冬至节称为"过冬年"，过冬至节有吃猪牛羊肉、酿酒、做米果、煮汤丸、祭祖的习俗，有钱人要吃鹿茸、人参"补冬"。在冬至时，吃对客家人来说尤为重要。冬至前后，客家人都喜欢吃羊肉。广东三大民系中，唯有客家人有冬至吃羊肉的习俗。这是客家人对中原饮食习俗的"保留"，同时也突出体现了客家人注重"食疗"的观念，羊肉比较燥热，但经过烹饪处理，在寒冬常吃羊肉，可益气补虚，促进血液循环，增强御寒能力，强身健体。客家人到了冬至几乎都要做"焖饭"，这是一种最简单的食补法。用白糯米加上三层

---

① 这里是客家.客家特色的中秋习俗，你了解多少？［EB/OL］.（2022-09-09）［2023-06-01］. https://mp.weixin.qq.com/s/RZ-PRwZccihralYgRAY91g.

猪肉，在锅里炆熟后，加上味料、蒜苗或葱花，即做成了美味可口的糯米饭。客家人认为冬至吃糯米饭也对身体有益，也可强身健体。客家人在冬至时还有吃"挪圆"的习俗，客家人旧时有一种说法是："冬至挪圆，夏至捡田。"意思是说，冬至吃了用糯米做的汤圆之后，对身体很有益，明年生产劳动的劲头更大，可得到更多更大的经济收入，用劳动所得的钱来买田地。

以上所述，有些涉及封建迷信的，已经逐渐消失；有些好的传统，经过演变又有了新内涵。

二、各地客家人的春节习俗

春节是我国最隆重的传统节日，有贴春联、守岁、吃团年饭、拜年等风俗，虽然各地都有之，但因风土人情的不同，细微处又各有其特色。笔者对不同地区客家人过春节的习俗进行了梳理，并列举出几个有特色的客家春节习俗。

（一）中国台湾客家人的春节团圆饭

客家人是现居中国台湾地区的第二大族群，客家话更是中国台湾地区地铁播报站名的四种语言之一，另外三种语言分别是普通话、英语和闽南话。可见客家人在中国台湾地区的影响力举足轻重。数字是最有说服力的。根据第七次全国人口普查结果显示，2020年台湾地区总人口为2356万人，其中汉族民众可分成从福建省南部沿海地区迁移、占人口约70%的闽南人，以及从广东省东部地区迁移、占人口约14%的客家人。[①] 由此可见，中国台湾地区诸多客家人祖籍地主要集中于福建和广东。

---

① 中经百科.台湾的人口和族群结构 [EB/OL].（2021-05-11）[2023-06-01].http://www.cctv-cmpany.net/channel39/80218.html.

除夕之夜，中国台湾地区客家人要一家老少团团围坐在火炉或火锅旁吃年夜饭，中国台湾客家人将这种欢聚称为"打边炉"。吃年夜饭时，除了要吃象征全家团圆的鱼丸、肉丸和寓有"食鸡起家"之意的全鸡，以及表示"年寿长久"的韭菜，还有极富地方风味的油炸食品——年糕。这是一种用刻有乌龟形状的木模压制而成、内包豆沙馅的年糕，叫作乌龟豆沙年糕，吃这种年糕有延年益寿之意；还有一种咸味萝卜年糕，食用时需经火烤热后再用紫菜包起来吃，它除了具有解荤腥、调口味之作用外，又含有来年要有好彩头的祝愿（台湾地区称萝卜为"菜头"，与彩头谐音）。吃过年夜饭之后，便是长辈给子孙赠送压岁钱的环节，其给法也颇具特色：给幼年孩子的压岁钱，是大人们事先用红线绳缠好并系成一个小套环，套在他们颈项上的，而给年龄较大孩子的压岁钱，则是用红纸预先包好递到他们手里的。

（二）闽西客家人大年三十吃"腕子筒""长命菜"

闽西客家人在大年三十这一天，主要事情是"上红"，就是贴春联和红纸，表示红红火火。之后是贴门神、祭祀祖先、准备年夜饭、守岁等。年夜饭中，"腕子筒""长命菜"是闽西客家人少不了的菜。"腕子筒"就是红烧猪蹄，这种红烧猪蹄很有特色，不仅肉烂，更香浓可口，里面的配料包含当地的植物根茎，因此形成的香味独特。"长命菜"是整只的鸡或整块的猪肉放进锅中烹煮，再将整个大萝卜和整棵的芥菜加进去，这里面的含义很深刻。用带有浓浓乡土气息的芥菜烹制而成的"长命菜"，不仅是一道味道鲜美、营养丰富的节日美食，而且是具有药用功效的绿色食品，"长命菜"不仅蕴涵了延年益寿的科学道理，而且还折射出勤劳朴实的客家人热爱生活，渴望健康长寿的美好愿望。

（三）广西陆川县客家人"无鹅不像年"

广西陆川县客家人主要是从福建省上杭县和韶关市珠玑巷迁徙而来，约有 50 多万人，和邻县博白县均为客家人的主要聚居地。

陆川客家人喜欢吃鹅肉，有"无鹅不像年"之说。从前客家人颠沛流离，生活比较贫困，而鹅个头大，生长速度快，耐饥少病，没有饲料时还可用青草喂养，非常适合客家人迁徙时带在身边。而且鹅大肉多，可以大块吃肉，体现了客家人豪爽的性格，走亲戚时带上一大块肉也有面子。陆川客家人基本家家户户都养鹅，少的几只，多的十几只，一到这里鹅的叫声此起彼伏，未见人影，先听鹅声，饶有情趣。

（四）三明市客家人大年初一吃"甜头""考头水"

三明市不仅是福建省和内地联系的主要通道，而且是历史上"衣冠南渡、八姓入闽"的桥头堡、聚集地和扩散地之一。

大年初一，三明市尤溪县客家人在早餐前要煮生姜红糖茶先吃"甜头"。尤溪县客家人早餐皆为素食，或线面、或汤丸，象征长寿、团圆；沙县客家人早餐必有大蒜、豆腐、红头菜（菠菜）等，寓新年诸事合算、富足、开门见红之意。三明市部分客家人还有在初一上午到水井、溪边争挑第一担水的习俗，叫"考头水"，寓新年事事争第一。

（五）广西浦北县客家人年初一"偷青"

广西浦北县客家人主要分布在石埇、张黄、安石、大成、樟家等 14 个乡镇，在漫长的历史长河中，勤劳勇敢的浦北客家人，还保留着许多传统习俗。

浦北客家人在初一这天，不杀生，不吃荤，不搞生产。早饭后，村里的青壮年舞龙舞狮，到圩镇或邻村拜年，主人出门燃放鞭炮、派送红包。这天，浦北客家人还有"偷青"的习惯，就是采摘地里少许的菜花、生菜、葱、蒜等。因菜与当地客家话的"娶""财"字谐音，分别寓意娶花、生财、聪明、有得算，寓意喜事临门、万事吉祥，表达的是客家人对幸福生活的无限向往。

（六）川籍客家人舞鸡、舞春牛

在一些地区的川籍客家人中，世代流传的舞鸡、舞春牛活动，都增添了春节的喜庆气氛。舞鸡的年轻人提着用木头、木瓜做成的两只"斗鸡"，敲着锣到村中各家各户去贺年。舞鸡歌吉庆幽默，使主家喜笑颜开。送给贺年的舞鸡者红包，从"斗鸡"身上拔几根鸡毛插在自家的鸡笼上，以祈求六畜兴旺。舞春牛更为有趣。"春牛"是用竹片巧妙编织而成的，牛头、牛角糊上绵纸，画上牛眼，牛身是一块黑布或灰布。舞牛人敲锣打鼓在村中表演，钻进布底的两个人，一个人在前撑牛头，一个人在后弯腰拱背甩尾巴，后面跟着的是一个手拿犁架的汉子。此外，还有敲锣打鼓的，领唱春牛歌的，他们走到哪里，哪里就有歌声、笑声。舞罢上村又到下村去，从初一闹到元宵节。舞春牛的人们为农家带来了节日的欢乐，同时，也寄托着对农家丰收、祥和的祝愿。

第四节　生命礼俗

关于生命的诞生、成长、存在和消亡，客家人有自己的理解和做法，反映了他们的生命观。客家人的生命礼俗体现了他们的某种生命观，主要包括出生礼俗、婚姻礼俗和丧葬礼俗，展现了客家人追求的是生命的生生不息，是对生命的颂歌，对生命延续的庆贺，也是对生命的感恩，对生命的敬畏和对美好生活的祈福。

一、客家出生礼俗

出生礼俗是人生中的开端礼仪。孩子的出生不仅意味着新生命的降临，同时还标志着家族血脉的延续。客家出生礼俗是很有趣的，有"催生""洗三朝""送半月""做满月""百日庆""做周"等。

"催生"是客家人在出嫁的女儿怀孕快分娩时，一般婴儿出生前一二十天，娘家母亲要带着鸡、鸡蛋、面条、粉干等来到女儿家"催生"，有预祝婴儿平安出生之意。如母亲已不在，则由嫂子去催生，中午要设宴招待。小孩出生后，女婿要带着鸡、蛋、米酒到岳父家去报喜，外婆家要请客，至亲好友都会来赴宴，以表示祝贺。外公、外婆会回赠鸡和红蛋 ①。

"洗三朝"是孩子出生三天时的礼俗，给小孩洗澡，请接生婆吃饭。外婆会送来大公鸡、鸡蛋、面条、糯米粉等。要做"三朝酒"，宴请外婆及亲房。有些地方还要给至亲亲友送红蛋，亲友在满月前会回送鸡、鸡蛋、面条等物。目前，"洗三朝"一俗已被客家人弃用。

"送半月"是娘家父母给怀孕的女儿礼物。家中添丁添口，是值得高兴的大事情。娘家父母看到女儿怀孕，也自然高兴并为此操心，同时准备着养几只鸡，等女儿产期到了，鸡也就养大了。小孩出生十几天后，便安排人将养大的鸡送到女儿家去，这一做法称"送半月"。叔伯家也会送来一只鸡，一并送过去。娘家除了送公鸡外，还会带去一些鸡蛋、灰鸭蛋、糯米之类产妇可吃的食物。"送半月"一般要去两个人，母亲是一定要去的，另一位可以是嫂子去。鸡用竹笼笼着，竹笼上要贴一小张红纸，再在上面放些杉树枝，含义是用喜庆火辣的红纸和带尖刺的杉树枝避开路上的"邪气"，别让"邪气"带到产妇家，以免对新生儿不利。到女儿家后，母亲会受到热情接待，路途

---

① 红蛋指喜蛋，是一种染色的鸡蛋。

远的还会留住一宿。第二天回去时，女儿的家公、家婆会将煎好的米粄作为"等路"也就是回礼带回去。若娘家还有祖辈健在，则还会送一只鸡回敬老人。"送半月"的习俗目前还在客家乡间传承。

"做满月"是孩子出生一个月时的礼俗。这一天，外婆会送来大公鸡、鸡蛋，还会送来婴儿穿用的衣服、小被子、帽子、银手镯和背带等，舅舅、舅母、姨姨等女家亲戚，一般都送小母鸡、鸡蛋、衣服、布料等，姑姑、叔伯等男家亲房也会来庆贺。

"百日庆贺"是孩子出生一百天举办的庆贺活动。这一天，外公和女家的伯叔会拿公鸡来庆贺，其他亲属一般都要给婴孩送红包。

"做周"是孩子出生一个周岁时的礼俗，庆贺孩子"得周"。孩子年满一周岁，父母要为孩子举行一场周岁礼。周岁礼当天，主人邀请亲朋好友来家中，并在厅堂中间的地上，放置一个大簸篮，簸篮内摆满印章、经书、钱币、首饰、花朵、毛笔、勺子、尺子、算盘、剪刀等。孩子换上新衣、新帽，脚穿虎头鞋，身挂长命锁，由父亲抱着，先在坛前焚香敬神，再让他在簸篮内任意抓取物件，以测试他未来的兴趣爱好，俗称"抓周"，又叫"试儿"，是预测小孩的志趣、前途和将来的职业的。这大概是因为孩子的周岁是寄予梦想、表达梦想、确认梦想的最佳时机了。其核心是对生命延续、顺利和兴旺的祝愿，反映了父母对子女的舐犊之情，具有家庭游戏性质，是一种具有人伦味、以育儿为追求的信仰风俗。这种风俗，在客家地区的民间流传已久，在孩子的农历生日当天进行。

二、客家婚姻礼俗

客家婚姻礼俗出自中原地区，成形于宋代闽粤赣。客家婚姻礼俗可以说是颇具特色的，如今的客家人的婚礼还保留着传统的礼俗，充满了浓郁的中国古风味道。

在客家土楼有这样一首民谣："串串鞭炮响声大，大红灯笼高高挂。谁家妹子要出嫁？谁家团仔已长大？土楼孩子茶箩挎，说的全都是好话。蚊帐掀开看床榻，明年就做妈和爸，笑得大家乐开花！"这首民谣形象而有趣地反映了客家的婚嫁礼俗的特征。

从订婚到结婚的整个过程来说，客家的婚嫁礼俗包括说亲、定情、定亲、迎亲、哭嫁、结婚、闹洞房、拜神、回门、请烟等环节。有的客家地区还有一些其他环节在里面，虽然各个环节中包含若干特定仪式，但其实并不繁杂。因为客家人不为聘金与排场而互相攀比，恪守客家人勤俭节约之美德，讲究长长久久的婚姻，一世恩爱情长。这一点是非常令人赞赏的。作为中国古文化的留存再现，客家传统婚俗为研究民俗文化提供了珍贵的资料。

总的来说，客家人隆重而有序的婚嫁过程，反映了客家人严谨的婚姻观和对美好生活的追求。不管是哪个地方的客家人，他们对待婚礼都是非常认真的。近年来，随着人们生活水平和认知水平的提高，旧礼俗中的一些烦琐的细节已经慢慢消失了，代之的是简单、实用的新风尚。

三、客家丧葬礼俗

丧葬之礼是否用心，某种意义上说是对已逝之人是否尊重。客家人之所以丧葬之礼特别重视，是表示对死者的情谊，维系生命得以源远流长，家族得以繁衍，人生得以有所归宿。因此对于慎终追远的丧葬之礼做得十分周到，哀戚严肃，长期以来一直遵守古礼，很少变动。

客家丧葬礼俗有一些特殊的名词，"先生"是主持丧事的人，包括写挽联、写神主牌、报单、主持祭奠仪式等。"理事"是主持丧礼日常事务的人，一般是宗亲担任，主家不理事。"八仙"指的是抬棺材及埋葬先人的八个人。

"报单"是通知出嫁女的一种文书，接单者是先人晚辈要跪着接，接后把报单烧了，再哭喊着进入大厅。"打火把"是女儿或者媳妇带头领着几个人，在棺材上路前举着大香先出发到埋葬地点的一种形式。

从整个葬礼过程来说，大体包括给逝者梳洗、穿衣、守灵、入灵、转棺、小殓、祭容、盖棺、出殡、家祭、上杠、路祭、打火、上路、化灵及酬宾等环节。这些环节在不同的客家地区也有一些区别。

客家丧葬礼俗是依托生存自然环境或族群共同心理观念，基于人类对自身生命的尊重，围绕生命终结而建立和运用的文化，是族群文化意识的重要外在表现。客家丧葬礼俗是对生死观念和丧葬习俗本质含义的完整表现。从客家丧葬礼俗可以看出，客家文化带有深深的中原印记，比较完整地保存了中原文化元素。

第四章　海上丝绸之路重要的参与者和建设者

——客家华侨

客家华侨自古以来就是海上丝绸之路的重要参与者和建设者。查阅地方史志，最早飘流南洋的客家人是梅县松口镇的卓谋，时间大约在十三世纪八十年代的宋元年间。其时蒙古军大举南侵，赣南客家人、南宋丞相文天祥组织义军辗转闽粤赣山区，梅州松口卓氏八百壮丁响应号召从军，兵败涯山（广东新会），卓谋滔海九死一生，飘泊到婆罗州（今加里曼丹岛），这是客家人去南洋的开始。[①]由于客家人具有极强的适应能力，不论走到哪里，都能开垦出一片天地，因而涌现了张振勋、曾宪梓等许多客家华侨先驱，为海上丝绸之路的发展做出了重要贡献。今天，从这条海上丝绸之路下南洋并取得成就的客家华侨，是中国建设"海上丝绸之路"倡议的坚实后盾。

---

① 林文映.百师讲客：客家人下南洋始末［EB/OL］.（2020-08-09）［2023-06-01］.https://static. nfapp.southcn.com/content/202008/09/c3875673.html.

第一节　客家华侨的形成背景

首先明确几个概念。所谓"客家华侨",其中的"客家"是"华侨"身份的前提,长期居住于海外但仍然拥有中国国籍的人称为"华侨",至于"华人",则指的是拥有中国血统但不具备中国国籍的人,因此可以将华人称之为"外国人"。一般来讲,至少是父系血统为中国人的才是华人,母亲是中国人而父亲不是的则不是华人。

客家人经过数次迁徙,很多人并没有在南方迁徙地久居下来,而是继续向其他地区扩散,通过海上丝绸之路最后到了东南亚、澳洲、非洲、美洲、欧洲。这些人最早是为了讨生活、躲避战乱与饥荒,后来经过打拼成为当地社会的中坚力量。扩散世界各地的客家人是客家华侨的源流。研究客家华侨的形成与演变,为我们探讨近代中国对外关系提供了重要的历史视角,更好地理解中国近代史,也能更全面地了解客家人在全球范围内的分布与定居情况。这是客家学研究的一个重要课题,值得深入探讨。

一、客家华侨形成的历史背景

客家华侨的形成是多重因素叠加的结果,是地理环境、人口压力、经济动机、政治因素、族群联系、历史事件等因素共同推动了客家人大规模的海外迁徙活动,最终形成了具有客家文化特征的华侨族群。这是客家人发展史上重要的历史变迁。

从地理环境来看,部分客家地区位于中国东南沿海,与东南亚国家海上联系紧密,这为客家人的海外迁徙提供了便利的地理条件。尤其海上丝绸之路的开通，从南方主要港口包括广州港、泉州港、宁波港和松口港、徐闻港等港口外出的客家人数量甚众。

从人口压力来看，明清时期，客家地区人口数量激增。而土地资源相对固定，导致客家人生存环境压力剧增，这推动了大规模的客家人外迁活动。

从经济动机来看，明清时期的客家地区经济较为发达，海上贸易频繁，这激发了客家人出国经商和谋生的经济动机。

从族群联系来看，部分客家华侨是随同广东或福建的其他民系华人华侨一同迁徙海外的，后逐渐形成自己的族群认同。这体现了族群间的相互影响。

从历史事件的因素来看，如鸦片战争清政府战败后与外国签订的一系列不平等条约，使东南沿海港口开放，大批客家商人到广州、厦门等地经商。他们随后将家眷也迁移至当地，形成了早期客家侨民社区。另外，"太平天国运动"期间，为了躲避战乱，部分客家人选择出洋谋生，成了东南亚华工与侨民，在当地定居，推动了早期海外客家社群的形成；19 世纪末，中国社会环境动荡，更多客家人出洋谋生，增加了海外客家人的数量。中华人民共和国成立后，部分客家人选择移居海外。改革开放以来，中国与东南亚国家交流机会增加，推动了新一代客家人出国学习、经商和移民。这批新移民使海外客家群体呈现年轻化，更加活跃。

总之，海外客家华侨的形成与中国近代历史的进程息息相关。从早期的华商与华工，到新一代的学生与移民，海外客家华侨得到了持续地扩充，成了客家人全球流动的重要部分。

二、海上丝绸之路对于客家华侨形成的作用

海上丝绸之路是一条重要的海上贸易大通道，至今仍发挥着不可替代的重要作用。在唐朝中期以前，中国对外交流的主通道是陆上丝绸之路，之后

由于战乱及经济重心转移等原因，海上丝绸之路取代陆路成为中外贸易交流的主通道。中国境内海上丝绸之路主要由广州港、泉州港、宁波港三个主港以及松口港、徐闻港等其他支线港组成，通过这些港口，从中国东南沿海出发，经中南半岛和南海诸国，穿过印度洋，进入红海，可以抵达东非和欧洲。勇闯天下的客家人就是通过加入海上丝绸之路行列，进而走向世界各地的。

进入南洋的客家人最早始于宋元时期。查阅地方史志，最早漂流南洋的客家人是梅县松口镇的卓谋。当时蒙古军大举南侵，南宋丞相、赣南客家人文天祥组织义军辗转闽粤赣山区，梅州松口的客家人卓谋等多人响应号召从军，后来文天祥兵败被俘，卓谋等十多名青年从海上漂流到今天印度尼西亚的加里曼丹岛定居，这是客家人去南洋的开始。松口港是海上丝绸之路的一个非常重要的支线港，是世界客侨海上丝绸之路的始发地，它是梅州乃至整个闽粤赣地区客家人向海外迁徙的重要驿站，堪称客家人"印度洋之路"第一港。

明朝的郑和船队远航深入印度洋至非洲东海岸，客观上推动了中国人对海外的认知和迁移，其中就有一些客家人随郑和船队出海。明朝年间，噶罗巴（雅加达）、吕宋（菲律宾）各有华工数万人[1]。据说客家先民加入郑和的船队，随同出访，到过南非，有一些人选择留在南非。[2]

晚清时期，政府孱弱，国门洞开，以华人劳工为主体的海外移民潮开始涌现，加入海上丝绸之路的客家人越来越多。当时的各国洋行、公所通过中

---

① 林文映.百师讲客：客家人下南洋始末［EB/OL］.（2020-08-09）［2023-06-01］.https://static. nfapp.southcn.com/content/202008/09/c3875673.html.

② 邓锐.彩虹之国 南非客家人［EB/OL］.（2015-06-13）［2023-06-01］.https://wap.kejiatong.com/ funny/2017-05-12/867.html.

介将包括客家人在内的中国贫民诱至"猪仔馆"①签订契约，以出国后的工资为抵押，换取出洋旅费，其中的欺骗、绑架事件时有发生。据文献记载，几十年间，仅东南亚就聚集了约 200 万华工，在锡矿、金矿及橡胶种植园劳动。1912 年，中华民国临时政府颁布禁止贩运"猪仔"与保护华侨的法令，这种苦力贸易才算终结。②但从 20 世纪 20—50 年代初开始，以自愿自主为主要形式的"下南洋"进入另一个高峰时期，通过海上丝绸之路移居南洋的华人大约有 500 万。目前旅居海外的华侨华人，以东南亚的印度尼西亚、马来西亚、新加坡为最大的群体。

海上丝绸之路是客家人中原避乱南迁后二次迁移的重要水路，也是客家人走向世界的一个起点。在客家华侨形成的过程中，海上丝绸之路发挥了以下重要作用。

第一，丝绸之路的开通打通了东西方的海上交通，这使得客家人有机会通过海上迁徙的方式离开内陆地区，形成跨地域的移民群体，这是客家华侨形成的重要前提。

第二，海上丝绸之路带来的海上贸易推动了广东经济的繁荣，这使得一大批客家人有机会从事与海洋相关的职业，如水手、船工、港口装卸工人等。这些人随着商船来往东南亚各港，部分人最终定居东南亚，这为客家华侨的形成奠定了人员基础。

第三，海上丝绸之路上的贸易活动促进了人员、物资和思想的流动交流。这使得一部分客家人在东南亚各地落地生根，并在当地形成较大的移民社群。这些社群在东南亚地区得以持续发展，最终形成跨地域的华人群体，这是客

---

① 猪仔馆，又称"巴拉坑""招工局""力庐""客馆"等，是监牢式的新客或苦力宿舍。专门用来住"猪仔"（苦力）的宿舍。"猪仔"即对受害人的蔑称。

② 林文映.百师讲客：客家人下南洋始末［EB/OL］.（2020-08-09）［2023-06-01］.https://static.nfapp.southcn.com/content/202008/09/c3875673.html.

家华侨形成的关键因素。

第四，海上丝绸之路加强了中国各地区与东南亚各国之间的联系，这使得迁往东南亚的客家人能够与家乡保持密切关联。这种关联感影响了他们的族群认同，使其虽身在异国但仍视自己为客家的一员。

三、世界各地客家华人华侨的来源

（一）东南亚客家华人华侨的来源

东南亚即人们口中的"南洋"，是华人华侨在海外分布最多、占当地人口比例最高的地区。在东南亚地区，客家华人华侨带去了中国先进的农业和手工业技术，通过辛勤劳动，经过几十年甚至几代人的努力，在先辈的基业上逐渐发展壮大。

新加坡的客家人大体上分为两批到达，第一批客家人是在明末清初为了躲避战乱，从福建和广东漂洋过海而去的，到那里以后多以捕鱼为生，但是因为明清两代实行海禁，在这一时期能出海的客家人并不多。到了1819年，英国人莱佛士要把新加坡建立成英国在远东的商港，所以大量招募华工，这促使了第二批客家人大规模来到新加坡。此后，客家人就在新加坡这片土地上繁衍生息。

泰国的客家人最早是在明朝时迁来的，据文字记载，明朝闽西汀州客家商人谢文彬因贩盐下海遇大风漂至泰国后便定居下来，并发展出较大的产业。如今曼谷的客家人大多是在140年前左右迁徙而来，因为梅县山多田少，人民生活很困难，所以部分客家人到汕头乘船到了泰国曼谷。汕头是海上丝绸之路的一个支线港，是这条水路上的重要节点之一。客家人大量移民泰国是在清朝初年，当时泰国向清政府出口大米，在这种贸易往来中，许多客家人去到泰国发展。另外，鸦片战争爆发之后，清政府被迫开放上海、厦门、汕头等沿海口岸，打破了原来清政府闭关锁国的政策，因此越来越多的客家人离开家园，从广东、福建、广西一带迁徙到泰国去开创新生活。

印度尼西亚是海外客家人最大的聚居地，是除了中国之外拥有客家人最多的国家。据史料记载，南宋末年，右丞相文天祥曾在赣州、梅州招募义军起兵勤王，梅县松口有卓谋等多人从军。后来文天祥兵败被俘，当时有十多位青年从海上漂流到今天印度尼西亚的加里曼丹岛定居，成了最早到达印度尼西亚的客家人。到了清乾隆年间，广东梅县的罗芳伯于1772年到达印度尼西亚，从事金矿开采工作并建立了"兰芳大统制共和国"①，成了第一个在海外建立独立国家的客家人。客家人大规模涌入印度尼西亚是在19世纪末期，当时的殖民统治者通过非法手段大量掠夺"契约华工"，从1888年到1931年大约有35万契约华工被运到印度尼西亚的棉兰市②。

在马来西亚，最早到达其首都吉隆坡的客家人是在18世纪末期，当时广东、福建一带的客家人首先到达槟城又从槟城辗转到了吉隆坡，他们到了吉隆坡后，一般从事采矿、种植等工作。槟城是客家人大规模迁徙至马来西亚的第一站。客家人大规模迁入马来西亚是在1786年，当时入侵马来西亚的英国殖民者对华工打开了大门，广东和福建等地的客家人就到了这里。

（二）澳洲客家华人华侨的来源

1840年，英国殖民统治者在殖民地澳大利亚发现了金矿。当局认为开采

---

① 1886年，"兰芳大统制共和国"遭到荷兰殖民主义侵略军的猛烈进攻，全国民众进行了顽强抵抗，终因武器太差而失败，这个华人国家也不幸灭亡。兰芳共和国共存在了110年。参见：高荣伟.下南洋：历史上持续时间最长的一次人口大迁徙［J］.云南档案,2016（9）：30-32.

② 赵天道.客从中原来之天下客家［EB/OL］.（2022-01-17）［2023-06-01］.https://rank.chinaz.comwww.kejiatong.com/funny/2022-01-17/11620.html.

的劳动力越多越好，但是澳大利亚地广人稀，于是英国殖民者在本土、欧洲、中国等地放风宣传：谁去澳大利亚谁就会发大财。这时，福建、广东的客家人一听说有个地方有金子，尽管半信半疑，却也有为数不少的人甘愿去冒险碰运气。多数客家人并不知道澳洲有多远，他们毅然坐上英国船，离开了祖国。从 1854 年起，他们一批批乘着小船，在波浪中飘过南太平洋，到达墨尔本，徒步到 93 英里外的桑德赫斯特索沙丘 (1891 年，这个华人聚居地改名本迪戈)。开始时，他们挤在简易的工棚里，淘金全部用手工，生活的艰辛可想而知。1857 年，全矿的华工有 35000 人，是金矿工人总数约四分之一。客家人以百倍的毅力艰苦奋斗。他们在本迪戈这个原为沙丘的不毛之地注入了辛勤的汗水建造房屋，开垦土地，传播农业耕作技术，推广中国带来的农作物，还教当地人烹调和陶瓷工艺，同时也把民俗文化活动和寺庙建筑艺术带到了异国他乡，他们不忘祖宗，在共同建造的寺庙中，一祀孔子，二祀关公，三祀老子，四祀各姓祖宗，并定期举行庙会。①

（三）非洲的客家华人华侨的来源

据史料记载，早在 1870 年，就有少数客家人以经商的身份到了南非东南部的港口城市伊丽莎白港。客家人到这里的高峰期是从 1909 年开始到 1919 年的十年间，由于中国连年战乱，为了求生存，很多沿海一带的客家人来到南非。约翰内斯堡的客家人，是因为 19 世纪 70 年代在这里发现了第一座金矿，客家人就以"契约华工"的身份到了这里。

最早来到毛里求斯的客家人以契约华工的身份在甘蔗园劳动。据史料记载，早在 1783 年就有 3000 多名中国人的客船从广州港出发到了这里，这些

---

① 蓝田书院. 客家人的拓荒之路——澳大利亚的客家人［EB/OL］.（2016-08-28）［2023-06-01］. http://www.360doc.com/content/16/0828/16/13888283_586553596.shtml.

中国人里面有很多是祖籍广东和福建的客家人。[①]19 世纪 50 年代，大批客家人开始到毛里求斯，当时中国刚刚经历了鸦片战争，沿海一带又兴起了太平天国运动，很多客家人为了躲避战乱，远赴重洋到这里投亲靠友。

（四）美洲的客家华人华侨的来源

旧金山是客家人在美国迁徙的起点。在 19 世纪 40 年代旧金山发现了金矿，最早到达旧金山的客家人是从中国广东沿海一带以淘金为目地乘船而来的。

洛杉矶于 1872 年兴建太平洋铁路，从广东一带招募了大量的华工，最早的客家人也是在那个时候迁入洛杉矶的。客家人迁入洛杉矶的时间跨度很大，从 19 世纪末期一直到今天，除了早期因为修建太平洋铁路从中国迁居过来的客家人之外，还有很多客家人是从东南亚、非洲等地区辗转迁徙的。

最早到达纽约的客家人也是为了修建太平洋铁路而来。客家人当时从中国广东梅州、惠州等地迁徙到旧金山，后来又从旧金山辗转迁徙到了纽约。

加拿大温哥华是客家人进入加拿大的第一站。加拿大从 1881 年开始修建太平洋铁路，曾从中国广东沿海一带招募了大量华工，其中很多都是客家人。

（五）欧洲的客家华侨华人的来源

荷兰客家华侨华人主要分布在海牙、阿姆斯特丹、鹿特丹、阿纳姆等地。据史料记载，最早的华人是在 1911 年到达荷兰，当时荷兰的海员正在闹罢工，船务公司从伦敦聘用华人做海员以对付荷兰本土海员的罢工行动。当时过来的华人当中就有很多客家人。后来因为荷兰的殖民地印度尼西亚和苏里

---

① 赵天道. 客从中原来之天下客家［EB/OL］.（2022-01-17）［2023-06-01］.https://rank.chinaz.comwww.kejiatong.com/funny/2022-01-17/11620.html.

南相继独立，许多当地客家人便来到了荷兰。

英国客家人最早是19世纪50年代被英国轮船公司招募为水手后，乘船到了英国的利物浦。大批客家人去英国是在第二次世界大战期间，当时由于连年战乱，大批广东惠州、东莞、深圳的客家人进入了香港地区，迫于生计，他们又从香港地区移民去了英国。后来还有东南亚、印度、新加坡等地的客家人迁移至英国。经过100多年的变迁，如今在英国伦敦等城市都能看到客家人的身影。

第二节　客家华侨的分布

旧时广东梅州周边的华侨都由松口港中转出国，再通过海上丝绸之路到东南亚各国谋生。但是，客家华侨华人的数量一直以来没有明确的统计数据，有说1000万者，有说700万者，有说500万者。据1982年9月26日泰国《世界周报》报道："客家人居海外者达700万之众"。而1986年新加坡《客总会讯》第12期报道："客家人数为500多万"，这是目前较为流行的说法，也就是说在中国海外3000多万华侨华人中，每六个人中就有一个客家人。

一、客家华侨海外分布情况

客家华侨分布在世界各地，主要有东南亚、美洲、大洋洲、欧洲等几个地区。

东南亚国家，如马来西亚、新加坡、泰国、印度尼西亚等都有大量客家华侨定居，特别是马来西亚和新加坡的客家华侨较为集中，取得了比较繁荣的客家文化发展，成立有客家社团和客家文化中心，出版客家报刊，举办客家文化活动等。

美洲的美国和加拿大近代移民较多，定居的客家华侨也较多，主要集中在西海岸城市。美国有"美国海外客家文化交流协会"、加拿大有"全加客属联谊会"等全国性客家组织。

大洋洲的澳大利亚是客家华侨较多的国家，悉尼和墨尔本等城市的客家人较为集中，成立有"澳洲客属协会"等客家组织，也有客家报刊和电视台。

欧洲的英国、荷兰和法国都有一定数量的客家华侨定居，虽然人数较少，但也组建有客家社团，发展客家文化。英国伦敦和荷兰鹿特丹等城市的客家人较为集中。

客家华侨遍布全球范围，使得客家文化在海内外都得到了持续的传播与发展，客家学研究也应关注这一客家人全球流动的重要组成部分。

二、港澳台客家人的来源

香港特区的上水、元朗、大埔、沙田、西贡、荃湾等地，居民多数是客家人。300 多年前，香港就被人称为"客家村"。最早到达香港的客家人是在宋代为了躲避战乱迁徙而过来的。清康熙年间，粤东一带的客家人经沙头角到现在的九龙、荃湾一带垦荒，其中几个客籍家族，建立了大坪村、西村等，并以姓氏为名各建立了自己的屋村，如罗屋、成屋、陆屋和蓝屋等。19 世纪末期，粤东客家人因为家乡土地贫瘠，时局动荡，陆续来到香港谋生。采矿打石是这些客家人的传统手艺，所以他们来到香港大多从事建筑工作。位于沙田望夫石下的"曾大屋"，是粤东客家人当时大量涌入港九的里程碑。

澳门特区的客家先民是在客家第五次大迁徙时来到此地的，比较具体的时间是在清咸丰、同治年间，当时广东鹤山、开平、恩平、高要一带发生了土客大械斗事件，大量客家人开始逃亡，一部分客家人迁徙到了澳门居住。20 世纪 60、70 年代，东南亚个别国家发生排华潮，导致很多客家华侨来到澳门谋生。

中国台湾地区客家人的来源要追溯到约 400 年前。明末清初郑成功打败荷兰殖民者收复台湾后，大部分闽粤地区的客家人随之登陆台湾。如今在中国台湾的新竹、桃园、苗栗、高雄等地，都有大量客家人生活。

第三节　客家华侨名人与客家社团

客家华侨名人与客家社团在客家文化的海外传播中发挥了很重要的作用。客家华侨名人通过个人影响力，客家社团通过组织文化活动，共同在海外发挥推动作用，促进客家文化的传播与提高，这为客家文化的全球化发展奠定了社会基础。

一、海外客家华侨著名人物

海内外客家社会产生了许多有影响力的著名人物，涌现出了一大批政治、经济、文化、体育等领域的精英，诸如，孙中山、朱德、叶剑英、李光耀、李显龙等，他们都对客家文化的弘扬及促进客家凝聚力做出了重要贡献。

特别是海外客家名人的事迹和成就，激励着新一代客家人为民族做出贡献，也在主流社会中产生重要影响，有效地提高了客家文化的知名度与影响力。海外客家名人的角色在客家文化对外传播中发挥着关键作用，这值得客家社会进一步研究与运用。受限于篇幅，这里只简单列举一部分作为了解。

（一）工商界客家华人华侨部分名人

在工商界，客家人有"东方犹太人"之称。近百年来，客家人从广东梅州、惠州，福建汀州等地远渡重洋谋生，产生了一大批创业成功的客家商人。

他们大都是"布腰带出去金腰带归来",写下了一个个传奇故事。

张振勋,字弼士,是广东大埔县人,被美国人称作中国的"洛克菲勒",是著名的客属华侨实业家、爱国侨领、近代中国"实业兴邦"的先驱、张裕葡萄酒创始人,是早期客商的代表人物。他出生于 1841 年,18 岁时只身闯荡南洋,事业获得惊人的成功,成为南洋华人首富,资产高达 8000 万两白银,比当时清朝财政年收入 7000 万两还多 1000 万两[①]。

胡文虎是福建省龙岩市永定县人,南洋著名的华侨企业家、报业家和慈善家,曾经声名显赫的东亚首富,也是早期客商的代表人物,被称为"南洋华侨传奇人物"。他曾以一罐虎标万金油,撑起了一个报业集团。他也是著名的爱国侨领,曾为支援抗战大散家财,1931 年九一八事变后,多次捐款抗日。1937 年,卢沟桥事变后抗日战争全面爆发,胡文虎还直接回国率领救护队参加抢救伤兵工作。

曾宪梓是广东梅州客家人,香港金利来集团有限公司创办人、董事局原主席,被誉为"领带大王"。曾任全国工商联副主席,第八届、第九届、第十届全国人大常委、中华人民共和国香港特别行政区筹备委员会委员、香港中华总商会会长等职。20 世纪 70 年代末开始,捐资支持国家教育、航天、体育、科技、医疗与社会公益事业,历年捐资逾 1400 项次,累计金额超过 12 亿港元。1997 年获中华人民共和国香港特别行政区政府"大紫荆勋章";2015 年获"中华慈善奖";2018 年获改革先锋称号,颁授改革先锋奖章,并获评为"倾力支持国家改革开放的香港著名企业家"。编号第 3388 号小行星被命名为"曾宪梓星"。2019 年获世界客属第 30 届恳亲大会"全球客家事业杰出贡献奖"。

此外,还有名列"胡润全球富豪榜"的郭桂和,名列"福布斯全球亿万

---

① 中国新闻网. 著名侨领张弼士后裔返广东大埔寻根［EB/OL］.（2011-11-30）［2023-06-01］. https://www.chinanews.com.cn/zgqj/2011/11-30/3498276.shtml.

富豪榜"的傅志宽、陈锡森、汤新隆等工商界巨子。郭桂和，祖籍广东省大埔县，白手起家的第二代印度尼西亚华人，做烟草批发起家的郭桂和在印度尼西亚被称为"烟神"，一手打造了改变印度尼西亚旧有格局的阿尔法连锁超市和慈育教育体系。陈锡森祖籍广东梅州，印度尼西亚华裔富豪，在 2018 福布斯全球亿万富豪榜中以 12 亿美元财富值位列第 1867 名……等等。

多年的游子生活，也让客商对家乡、对祖国有种特别的眷恋。2009 年 10 月 13 日，首届"世界客商大会"在广东梅州举行。在大会上，海内外 1000 多名客商济济一堂，正式向世人宣告，客家商人将以一个群体名词"客商"打天下。目前，全球已有 400 多个客属商会与国内建立了紧密联系，为中国企业"走出去"提供了丰富的信息资源、人脉支撑。

（二）军政领域客家华人华侨名人

客家人人才辈出，从鸦片战争到解放战争的近代史上，就有无数客家人为之献出了智慧与身躯，也有在海外的不少客家先贤成为本地的开埠功臣和元首。

新加坡有李光耀、李显龙、李炯才、杨玉麟、杨邦孝、方水双、蔡杨素梅、侯永昌、胡赐道、韩瑞生、杨莉明、李奕贤、蓝彬明和黄锡义等客家名人。其中，李光耀，祖籍广东省梅州市大埔县，新加坡国父，新加坡首任总理；李显龙，祖籍广东省梅州市大埔县，新加坡总理；祖籍广东省惠州市的李炯才和祖籍广东省梅州市梅县的杨玉麟都是新加坡的开国元勋。

泰国有丘达新（他信）、丘永乐（英拉）、阿披实·威差奇瓦（袁氏华裔）、猜也实·西那瓦（丘氏华裔）、巴威·西那瓦（丘氏华裔）、乌泰·西那瓦（丘氏华裔）、波蒂蓬·兰三（伍氏华裔）、李品元、谢其昌等客家名人。其中，丘达新（他信），祖籍广东省梅州市丰顺县埔寨镇塔下村，前泰国总理；丘永乐（英拉），祖籍广东省梅州市丰顺县埔寨镇塔下村，前泰国总理。

在马来西亚的军政领域客家华人华侨名人中，有刘镇东、廖中莱、杨国斯、曹智雄、张盛闻、韩春锦、胡亚桥、何襄赞、谢宽泰、丘思东、曾敏兴、吴立洋、杨昆贤、魏家祥、郭素沁、王保尼、李莱生等。

在印度尼西亚的军政领域客家华人华侨名人中，有罗芳伯、吴元盛、钟万学、熊德怡、黄汉山、黄少凡、吴能彬等。

在南美洲的军政领域客家华人华侨名人中，有钟亚瑟、陈亚先、迈克·杨进华、张运华、张运发、何才、威廉巫等。其中，钟亚瑟，祖籍广东省梅州市大埔县，被誉为圭亚那"国父"，圭亚那共和国首任总统；陈亚先，祖籍广东省惠阳区，前苏里南总统兼总理，1980 年被推选为苏里南共和国首位总统。

在澳大利亚的军政领域客家华人华侨名人中，有沈慧霞、黄英贤、钟富喜、黄国鑫、曾筱龙、钟玉璇等。其中，沈慧霞，祖籍广东，香港新界人，澳洲华裔律师，1988 年纽省国会选举当选为参议员，她不仅是新州第一位华裔议员，还是全澳大利亚第一位女性华裔州议员。

在法国的军政领域的客家华人华侨名人中，有曾宪建、吴宙贤和李传豪等。曾宪建，祖籍广东省梅州市梅县，法国国会首位华人议员，曾任法国顶磅市市长。

在加拿大的军政领域的客家华人华侨名人中，有伍冰枝、陈圣源和李国贤等。伍冰枝，外文名为阿德里安娜·克拉克森（Adrienne Clarkson），祖籍广东省台山市，前任加拿大总督，她是加拿大首位华裔和第二位女性总督；陈圣源，祖籍广东省梅州市，加拿大国会议员；李国贤，祖籍广东省梅州市，加拿大万锦市区域议员。

在英国的军政领域客家名人中，有叶谋迪和邹一雪等。叶谋迪，祖籍广东省梅州市梅县，英国侨领，是英国伦敦西敏市华人保守党副主席、广东省侨联海外顾问、英国华商总会会长；邹一雪，祖籍广东省兴宁市，2010年，年仅11岁的邹一雪参加"英国青年国会"选举，破英国华人参政纪录，成为英国有史以来参与公职竞选最年轻的候选人，并成功当选为伦敦西部伊宁选区的青年议会议员。

在日本的军政领域客家华人华侨名人中，有何如璋、侯过和范光远等。何如璋，广东省梅州市大埔县人，我国早期杰出的外交家，中日两国正式邦交的开创者，为中国第一任驻日公使；侯过，广东省梅州市梅县人，是林学家、教育家、诗人、书法家，中国近代林业先驱，曾任日本广东同盟会支部长、旅日广东同乡会会长等职；范光远，中国台湾新竹客家人，是首位在日本当法官的中国人。

成绩斐然的客家华人华侨著名人物实在太多，以上所列挂一漏万，不再一一列举。

二、客家社团及其活动概况

客家人在漫长的奋斗过程中，形成了具有中华民族本色的政治和经济力量，即客家社团。据不完全统计，全球23个国家共有客属社团222个。[①] 客家社团的创立，从客家人自身需求来说，通过联谊抱团，能把怀有相同志向的客家人凝聚在一起，有助于发扬光大客家文化影响力和发扬客家精神。更重要的是通过成立客家社团，在新时代继续开拓进取，为自身的发展壮大、为祖国的经济发展及和平统一贡献力量；同时，通过客家社团这种形式做好民间交流和沟通，也有利于广泛团结海内外客家人，为复兴中华做出新的

---

① 赣州客家商会. 世界客属社团及其当代发展态势［EB/OL］.（2014-06-09）［2023-06-01］. http://www.gnhakka.com/n493/n534/c6117/content_3.html.

贡献。

客家社团的活动，无论是集政治、经济、文化功能于一体，还是功能单一的活动内容，都有效促进了侨务的发展，提高了客家族群的社会影响，同时在招商引资方面，推动了所在地的经济和社会文化的发展。

（一）国内外客家社团概况

从已有材料中可知，在 20 世纪 30 年代之前成立的客家社团比较少，自 20 世纪 80 年代第一届世界客属恳亲大会（1971 年 9 月 28 日）召开后，国内外客家社团纷纷成立，迎来一个井喷时期。随着世界客属恳亲大会活动的频繁，越来越多的世界客家社团纷纷涌现。

目前，国内客家社团主要分布在广东、福建、江西、四川、北京、上海、天津、广西、海南、河南、陕西、山东、黑龙江、宁夏、辽宁、云南及香港澳门和台湾地区。比较著名的客家社团有全球客家·崇正会联合总会、亚细安（东盟）客属总会、香港崇正总会、世界客属总会等。

国内客家社团有官方办的，如广东梅州客家联谊会；也有民办的，如"四川客家海外联谊会"；还有宗亲办的，如"林氏宗亲联谊会"。客家社团既有联谊性质的客家联谊会，也有客家企业家的"客商会"。

客家社团中也有学术性组织，如四川省社会科学院客家研究中心，也称"四川客家研究中心"，就是这样一支兢兢业业、踏踏实实研究客家文化的组织，自成立以来，通过文献资料、实地考察等，不仅对四川客家，而且对整个客家移民文化都做了大量有价值的研究，并出版了大量涉及客家文化的系列丛书，对于促进客家文化的传承，宣传客家文化，弘扬客家精神，取得了积极的作用和丰硕的成果。

海外客家社团情况同样可圈可点。客家人向来有守望相助和爱国爱乡的传统，他们漂泊异乡，每到一地都有组织社团以联络乡谊和抵御外侮的习惯，所以海外凡有客家人的地方，都有不少地缘、族缘、业缘和血缘等性质的客家社团。

海外客家社团主要分布在加拿大、美国、澳洲、印度尼西亚、新加坡、马来西亚、泰国、日本、巴西、巴拉圭、荷兰、英国、法国、匈牙利、意大利、南非、新西兰、汶莱、柬埔寨、越南、缅甸、毛里求斯等国家和地区。其中，以马来西亚、印度尼西亚和泰国居多。比较著名的海外客家社团有马来西亚客家公会联合会（简称大马客联会）、印度尼西亚梅州会馆、泰国客属总会、美国海外客家文化交流协会、新加坡南洋客属总会等。

海外客家社团多为民间社团，在当地颇具影响力。主要由当地政治经济人物、著名人士担任社团负责人，如印度尼西亚的"印度尼西亚客属联谊总会"以及"印度尼西亚客属总公会"，都是由杨德利、吴能彬这样的权威人士担任主席或者会长。这些客家社团有自己的客家大厦、客属小学、中学以及政治经济实力。

海外客家社团的活动主要是团结当地客家人，以求生存、求发展、求和平等；加强同全世界客家人，特别是与祖国的经济文化交流；通过办小学、中学，传承文化血脉，培育优秀人才；通过中华传统文化节日，凝聚同祖同宗共识，同甘共苦，共同抵御外部力量的侵害；积极参与当地的经济文化生活，发展经济实力和扩大政治话语权等。

（二）"世客会"活动特点

"世客会"是世界客属恳亲大会的简称，它是国际上最具影响力的客家华人盛会，是海内外客属乡亲联络乡谊和进行跨国跨地区交往的重要载体，也是各国各地区客家人开展经济合作和文化交流的重要舞台。它缘起于1971年的第一届世界客属恳亲大会，基本上每隔两年在世界各地大中城市举行，迄今已历时 52 年，共举办了 31 届。开办至今，得到了世界各地客家社团的积极响应与其他汉族民系的关注和效仿，参加的组织和代表数量一届比一届多，其规模也越来越大。

21 世纪以来，中国内地开始积极参与到世界客属恳亲大会之中。2022 年 5 月 5 日，国务院侨办办公室批复同意了赣州市龙南市承办第 32 届"世客会"，并定于 2023 年 11 月举办。龙南市素有"世界围屋之都"的美誉，举办这样的盛会，是向世界展示赣州市龙南市形象的大好机遇，对提升龙南市在世界客家文化圈的地位和影响力具有十分重要的意义。

"世客会"的活动形式多样，内容丰富。每届"世客会"基本上都要进行以下内容：主席团会议，其主要内容是确定本届大会的议程，研究各地的客家社团提案，确定下一届世界客属恳亲大会的主办社团与地点；开幕式及客家民俗、民间文艺表演；乡情报告会，由各地客家社团报告乡情；国际客家学研讨会；经贸洽谈会；客家文化艺术展；品尝客家风味小吃；旅游观光；闭幕式、交接仪式及文艺晚会。每届的主办城市在每项活动内容上可谓是煞费苦心、精心准备。例如，即将承办第 32 届"世客会"的赣州市龙南市，将在会议期间安排欢迎晚宴、开幕式典礼暨文旅招商推介会、客家主题文艺晚会、主席团会议、世界客家文化论坛、世界客家青年人才峰会、客家风情游览体验、惜别晚宴、会旗交接暨闭幕大会等活动，以突显赣州特色，展现龙南市风采。

第四节 客家华侨与祖籍地的关系

客家华侨与祖籍地有着不可分割的渊源关系，身上依旧保留着中华民族的忠、孝、亲、善等许多传统美德，并对祖籍地家族、亲人怀有强烈的感情和责任感，他们都把关心祖籍地的建设和发展当成自己终生应尽的义务。几百年来，海外客家华侨对祖籍地的回报，也是对祖国建设做出的重大贡献。

一、客家华侨与祖籍地关系密切

客家华侨与祖籍地的关系一直都很密切，这是由亲情、经济、文化、身份以及社会贡献等多重因素构成的。

第一，多数客家华侨都与祖籍地的亲人保持着密切的联系，并定期回乡探亲或接亲人出国，这种亲情纽带是客家华侨与祖籍地关系的重要基础。

第二，客家华侨通过自由流动获得了更多物质收益，祖籍地也通过与客家华侨的紧密联系得到了更多的发展机会。大多数情况下，客家华侨与祖籍地之间存在着双向互惠的关系，客家华侨通过满足祖籍地对资金、技术的需求，可以成为祖籍地发展建设的重要参与者、贡献者；同时，祖籍地经济发展产生的巨大发展红利也能为客家华侨共享。

第三，虽然客家华侨居住在海外，但多数人仍然认同客家文化，推崇客家话、客家饮食以及其他客家传统文化，这使得祖籍地的客家文化也得到了客家华侨的持续支持与发展。

第四，客家华侨虽然成为异国的侨民，但内心仍然视祖籍地为自己的故乡，原生家庭和客家身份也是他们的重要认同之一。这种身份认知，也促进了客家华侨与祖籍地关系的维系。

第五，许多客家华侨在海外取得一定成功后，会定期回乡捐资修路、建学校、建医院等，这些社会贡献不但增进了客家华侨的乡土情感，也进一步巩固了他们与祖籍地的密切关系。

总之，客家华侨与祖籍地的这种跨国界的密切关系，推动了客家文化在本地与全球范围内的不断发展，这是研究客家文化对外传播的重要视角。

正是因为有了这些关系，客家华侨成了促进客家文化在海内外传播的重要力量。

二、客家华侨对祖籍地的贡献

海外客家华侨经过艰苦奋斗，大多已经在侨居地建立了一定的经济基础。他们很重视对祖籍地的经济建设，对祖籍地经济的发展和繁荣也做出了不可磨灭的贡献。

张振勋祖籍广东省梅州市大埔县，曾投入巨资修建广州至三水和广东至武汉的铁路。又在山东烟台创办了"张裕酿酒公司"，该公司酿造的白兰地在1914年美国三藩市的万国博览会上荣获金牌奖章，现在中国出口的金奖白兰地就是张裕公司的杰作。此外，他还在广州、雷州、惠州、佛山创办种植业，并捐资广州中山大学修建庞大的校舍和广州岭南大学的一座纪念堂。

梅州客家华侨张榕轩和张耀轩兄弟祖籍为广东省梅州市梅县松口镇，曾投身张振勋门下谋生，发迹致富后，与松口华侨谢梦池投入巨资修建潮汕铁路，全长40公里。梅州客家华侨还在祖籍地捐资兴建梅松、梅宫、梅西等多条公路，以及梅江、锦江、梅东三座大桥，大幅改善了当时梅州的交通状况。华侨心系故土，造福桑梓。梅州能有今天欣欣向荣的局面，是与祖籍梅州客家华侨的巨大贡献分不开的。

陈可坚祖籍河南，担任河南客家联谊会副会长。他曾在接受采访时表示，身处海内外的客家人对推动河南经济建设有着义不容辞的责任和义务，客家人都应心系故土，促进"中原祖根地"经济新发展。包括陈可坚在内的许多河南客家联谊会成员都是"义工"。河南是客家人的祖根地，客家人是河南的骄傲，客家精神更是河南财富。近年来，河南籍客家华侨广泛联谊客家乡亲，为中原祖籍地的经济、文化发展牵线搭桥。

重视教育是客家人的传统观念。因为客家人的居住环境往往山多田少，读书便成了客家人谋生的一条出路，因此，不少客家地区发展成了人才辈出的人文秀区。在海外的客家人一方面受祖籍地重视文化教育传统的影响；另一方面也深感掌握一定的文化知识对谋生和事业发展的重要性。因此，他们每到一地，只要有所发迹，首先想到的就是兴办教育，培育后代，同时也非常关心祖籍地教育事业的发展。

胡文虎祖籍福建永定，旅居新加坡，他热心公益事业，特别是文化教育事业，20 世纪上半叶先后在海外创办和捐助的学校达 40 多所。在国内，由他捐助过的大学有岭南大学、中山大学、暨南大学、厦门大学、福建学院等，捐助过的中学有汕头回澜中学、汕头女子中学、正始中学、海南琼海中学、福建厦门双十中学等；20 世纪 30 年代，为了普及教育，他向当时的国民政府提出捐资 350 万元，在全国兴办 1000 所小学。

20 世纪 80 年代，在改革开放政策的感召下，客家华侨华人、港澳同胞报效桑梓的心愿付诸实现，关心祖籍地文教事业发展，捐资办学形式多样。以梅州为例展开说明。

第一，重点支持教育的硬件建设，其主要是捐建和扩建学校或改善办学办公条件。目前，梅州市的各类学校中，有许多是华侨独资兴建的，如曾宪梓中学、田家炳一中、丰顺中学、永光中学等。田家炳先后资助嘉应大学、江西师范大学、福建师范大学、华中师范大学等 30 所大学兴建师范教学楼。

第二，设立教育基金和奖教奖学金。如香港嘉应商会与 32 位乡贤共同发起募集嘉应大学办学基金 1200 万港元，用于建造嘉应大桥，将所收机动车过桥费用作为补充嘉应大学的办学经费。曾宪梓捐 1 亿元在中国设立教育基金，每年用基金利息奖励优秀教师。

第三，推动教育软环境建设。如田家炳于 1997 年请国家教委领导及全国

17所师范院校校长考察梅州教育。同年12月，曾宪梓邀请由80多名教授、专家组成的"曾宪梓教育基金会梅州考察团"到梅州考察，加深了各界对梅州教育环境的了解，加强了国内教育界的交流与合作。

第四，关心教师、培养和稳定教师队伍。侨胞充分认识到师资质量和教师队伍的稳定对于教育的重要性，田家炳先后委托广东教育学院、嘉应大学等院校代培师资；萧畹香捐资80万元给山区教师在县城建房，并制定一系列特殊政策，奖励长期扎根于山区的教师及子女。现在的梅州，"文化之乡、华侨之乡"已是名声在外。

第五章　客家文化的海外传播

随着客家人的海外迁徙，客家文化也随之传至海外，并基本保持了其文化的本来面貌。客家文化具有强烈的认同感等文化特质，在一定历史时期促进了其在海外的良性传播。全球化时代下，海外的各个客家社团和机构乃至每一个客家人，应通过多种有效形式充分发挥客家文化元素的功能，积极传播客家特色文化。为此，本章给出了有关加强客家文化海外传播的具体方法，具有一定的实操性。

第一节　客家话语的海外传播与建构

客家话语的特殊作用就在于它是客家民系的认同标志，其最独特的一点是联结了全球各华人地区客家人的民系认同。通过语言的代代相传，以及对本族群语言的爱护与尊敬，客家这一民系才得以持续至今。[①] 但客家话语也有自己的局限性，因此必须开展教学与推广、利用新媒体进行传播、开展学术

研究与互动等多种手段，才能真正建构起海外的客家话语，从而实现客家文化的海外良性传播。同时，构建海外客家话语需要政府、社会团体、商业机构和学术机构的共同努力，并需运用传统媒介与新兴媒介相结合的方式进行。这需要一个渐进的过程，但前景广阔，具有深远的文化意义。

一、客家话语海外传播与建构的影响因素分析

客家话语海外传播的影响因素是多方面的，主要包括客家移民的规模和分布、客家社团的活动、客家媒体的作用、家庭环境的影响、本土与祖籍联系、政府及机构的支持。这六个方面因素的交互作用，共同决定和推动了客家话在海外的传播和影响力。其中，人口基础、社会环境和政策支持三个因素的作用尤为关键。

大规模的客家移民在东南亚国家形成较大的客家人聚居社区，这为客家话的使用和传播提供了人口基础和语言环境。如马来西亚和新加坡的客家人较多，客家话影响力也较大。

海外客家社团通过组织各种文化活动，如客家话比赛、戏剧表演等，可以推广客家语言文化，扩大客家话的影响力。这些活动能够增强海外客家人的语言和文化认同。

客家媒体如客家电视台、电台的节目，客家报刊等，通过这些媒介的客家话节目，可以带动和鼓励海外客家人使用母语，将客家话推广到更大范围。

家庭环境影响因素也不能忽视，如果海外客家人家庭中继续使用客家话，并将其传授给子女，这是客家话得以代际传承和长期存在的重要因素。家庭环境是语言得以存续的最基本单位。同时，海外客家人定期回访中国乡亲，或两地密切往来，可以加强海外客家人对客家话和文化的认同感，促进语言文化的传承。

当地政府和相关机构如果支持和帮助海外客家人开展语言文化活动，提供必要条件和资源，是助推客家话语海外传播的一个重要的利好因素。

二、客家话语海外传播与建构的实施路径与方法

客家话语海外传播与建构的实施路径主要有教学与推广、客家话语教材、学习交流活动、广播电台、文化产品、客家话语使用环境、学术研究与互动等。

（一）加强客家话语的课堂教学与推广

加强客家话语的课堂教学与推广，对于传承和弘扬中华民族优秀传统文化，增强客家人的凝聚力和文化自信具有重要意义。具体做法可以从制定课程体系、编写教材、选择合适的教学方法等多方面展开。

1. 制定合适的课程体系

可以开设入门级、初级和中级客家话语课程，满足不同水平学习者的需要。课程设置应遵循从易到难的原则，内容应涵盖听、说、读、写各个方面。

2. 编写有针对性的教材

教材应根据海外客家人的特点编写，同时注意可共用文化背景和使用习惯。教材应注重口语表达，选择生动活泼的课文内容。教材也可以利用配套的线上教学视频、手机应用等多媒体资源。

3. 选择合适的教学方法

可以开发客家话语学习应用程序与在线课程，方便学生的自主学习。也可以采用视频会议系统开设在线客语课程，为更多海外客家人提供学习机会。比如，采用沉浸式虚拟现实（VR）的教学方法，利用 VR 技术交互性、空间性的特点，为学习者打造互动、有趣的学习情境，让学习者投入到三维虚拟

环境中，使用视觉、听觉和行为交互去感知环境，以寓教于乐的方式加速对知识的理解，增强学习者的学习兴趣和想象力。在 VR 教学中，教师应注重交互性，鼓励学习者在课堂内外使用客家话语交流，培养学习者的语言实践能力。

4. 选聘母语教师

母语教师不但可以确保语言的纯正性，还可以帮助学习者了解客家文化，提高学习兴趣。如果条件允许，还可以通过网络联合中外教师团队进行远程授课也是一种好的选择。

5. 鼓励家庭互动

鼓励家长配合教学，在家庭中与子女使用客家话交流，这可以加深子女对客家语言和文化的印象，提高学习效果。

总之，开设高质量的客家话语课程，需要精心地规划和设计。要根据海外客家人的特点遴选内容和教学方法，并利用现代化手段进行教学，这将有助于客家话语的海外传播，维系客家文化在海外的传承。

（二）打造高质量的客家语言教材

教材的内容要以实用化为主，要体现生活化的语言内容。教材应选择与日常生活密切相关的语言内容，如问候、介绍、购物、就餐等场景的客家话语表达。这可以帮助学习者快速掌握实用的口语能力。

教材应融入客家传统节日、风土人情、民间故事等文化内容，让学习者在学习语言的同时了解客家文化，增强文化认同感。教材应包含不同客家方言的内容，如东江话、赣江话等，让学习者了解客家语言的方言差异与特色。但教材应以通用客家话为主，不同的方言内容可适当融入教材还应有充实有趣的练习项目，如交际游戏、角色扮演、故事构思等，提高学习者的学习兴趣，锻炼他们的语言运用能力。同时，提供客家话语音标注与发音练习，指导学习者掌握标准的客家话发音和声调。这是学习客家话的基础，教材应重视此模块。

教材应利用配套视频、手机应用或在线资源，提供听力训练、发音练习、互动课程等多媒体内容。这可以增进学习者的学习体验，贴近数字化的学习需求。在每个单元或每节课结束时提供扩展阅读资料，供学习者自主学习与参考。这也有利于学习者从更广的角度来理解语言点和文化知识。

根据学习者水平分级编写，如编写入门级、初级和中级版本教材，以满足不同水平学习者的需求。教材的难度应循序渐进，不断激发学习者的学习动力。

总之，打造高质量的客家话语教材，应体现生活化、富有文化内涵，并根据数字化与分级化要求进行编写。这需要编写者具备客家语言与第二语言教学的专业知识，以及对海外客家人学习需求的深刻理解。精心设计的教材将大幅提高客家话语的学习效果与学习体验。

（三）举办客家话语学习交流活动

举办丰富多彩的客家话语学习交流活动，可以加强学习者之间的交流，提高他们对客家语言和文化的熟悉度，这也是海外客家团体和机构弘扬民族文化的重要途径与手段。

1. 组织客家话语学习班或工作坊

可以邀请专业的客家话语教师开设客家话入门班、会话班等，让社团成员有系统地学习客家话语。也可以开设客家话研讨会或工作坊，聚焦客家话语某个方面的学习与交流。

2. 举办听说能力竞赛

可以举办客家话语听力、说客家话及朗读比赛，提供练习机会，检验学习成效，也可以激发学习兴趣，弘扬客家文化。

3. 组织主题文化讲座

可以邀请学者专家举办与客家话语、客家方言、客家民俗等相关的文化讲座，拓宽会员的知识面，提高文化认知度。

4. 举办文化体验活动

可以组织学习者一起学习客家文化、烹饪客家美食、欣赏客家戏曲、游览客家博物馆等活动，通过文化体验来增加交流，增进了解。也可以与其他客家团体或华人社团合作，一起举办大型的文化交流活动，如客家文化节、客语论坛等，拓展活动影响力，实现资源共享。这将有助于培养学习者的语言实践与组织能力。

5. 开展读书会和影片欣赏

可以围绕一本客家话语读物或一部客家题材影视作品举办读书会和影片欣赏会，这是轻松而有效的学习交流形式。

6. 定期举办线上交流活动

如果参与学习的人分布比较广泛，可以使用视频会议系统定期举办客家话语学习和文化交流的线上活动，这可以解决地理距离带来的困扰，实现定期交流。

（四）开设客家话语广播电台

开设高质量的客家话语广播电台需要精心规划和设计，选取富有影响力和号召力的播出内容与形式，并运用新媒体与互动手段来吸引和培养听众，不断提高社会对客家话语的了解和认知度。

开设客家话语广播电台，在内容方面首先要选定播出语言，可以全部使用客家话语播出，也可以普通话、客家话或英语并用。使用语言应根据电台或频道的定位和针对对象来确定。应在广播过程中注重标准的客家话语发音和用词。其次要确定播出内容和形式，内容可以包括客家话语节目、客家新闻、客家民间故事、客家历史文化专题等。形式可以是客家话语广播剧、访谈节目、脱口秀等。内容和形式应符合听众的需求与兴趣。

选定好播出语言与内容后，要确定节目的主播与嘉宾，主播和嘉宾作为节目播出的载体，应精通客家话语，并对客家文化有深入理解。嘉宾可以邀请客家语言学者、民俗专家、文化名人等来担任，丰富节目内容。

电台应积极组织听众来电，在节目中与主播、嘉宾进行互动。也可以开设在线留言和交流平台，收集听众的意见和需求，不断优化节目与服务。

另外，开设客家话语广播电台和频道需要投入大量人力和财力资源，团体应积极争取各级政府的政策支持与资金投入，以及企事业单位的广告赞助等。

（五）丰富客家话语的文化产品

客家话语的文化产品，可以根据海外客家人的需求，开发客家话语书籍、音视频产品等文化产品。比如，音乐、电影、动画等文化产品，可以使用客家话语配音或字幕，让更多人在娱乐的同时能够学习客家话语。

1.出版客家话语读物

既可以出版客家话语入门书籍、会话教材、儿童图书等，推广客家话语学习；也可以出版客家民间故事，客家历史及文化等丛书，增进读者对客家文化的了解。

2.出版客家话语报刊

可以出版针对海外读者的客家话语报刊，内容涵盖新闻时事、文化态度、语言学习等，提供语言输入与文化学习的机会，也满足读者获取客家新闻信息的需求。

3.开发客家话语音乐与电影产品

可以与音乐人、影视工作者合作，开发客家话语流行音乐，拍摄客家话语电影。音乐与电影作为大众文化产品，可以在娱乐中推广客家话语。

4.开发实体文化产品

可以开发客家文化产品，如书法作品、手工艺品、美食器皿等商品，以及开发客家文化体验项目如民俗体验等，满足读者多层次的文化需求。

（六）构建客家话语使用环境

构建客家话语使用环境需要团体与社会各方面开展广泛合作，在家庭、社区、学校、企业、媒介等各个层面吸引关注并推广客家话语，使之能真正融入生活。这需要政府机构在政策上给予密切支持，并投入资源共同推进，方可取得实效。环境构建是一个渐进的长期过程，需要团体以耐心与执着推动，步步为营。

1.推动客家话语家庭内部使用

应鼓励海外客家家庭定期使用客家话语，如设定每周客家话语日，鼓励与家人使用客家话语交流。家庭是客家话语环境的基础，推动家庭内部使用是关键。

2.在团体活动中广泛使用客家话语

客家团体应在各种会议、活动中使用客家话语，并要求会员尽可能使用，为会员创造使用环境和机会。团体的带头作用至关重要。

3. 开展与本地华人社区的合作

可以与当地社区团体合作，在社区活动中加入客家元素，如安排客家话语节目、提供客家美食等，以加强客家文化在社区内的宣传与影响力。

4. 在当地客家企业推广客家话语

团体应联系当地客家企业，鼓励其在企业内部宣传与推广客家话语，如企业内部提供员工客家话语学习机会等。企业是构建学习环境的重要方面。

5. 争取当地华裔学校开设客家话语课程

团体应与当地华裔学校合作，开发客家话语课程，加入客家话语教学内容，让在校客家学生学习并运用客家话语。这可以吸引家长与学生的关注，拓展客家话语的学习范围。

6. 与旅游机构合作推广客家文化

可以与国内旅游机构合作，在旅游线路中加入客家文化体验项目，让海外客家游客近距离接触客家建筑、民俗、美食与语言，使客家话语在旅游环境中获得运用。

（七）加强客家学术研究与互动

在文化界与学术界定期举办客家话语相关的研讨会和论坛，邀请语言学者、文化学者进行学术交流，提高客家话语研究的理论深度与广度。并实地开展客家方言的调查与研究，收集和整理各地客家方言资料，出版方言研究专著，丰富客家语言学研究成果，也有助于客家方言的保护与传承。翻译海内外的客家话语与客家文化研究专著，推出与之相关的学术丛书，传播客家话语研究的理论与成果，也满足研究人员和学习者的参考需求。

同时，设立客家话语研究基金，资助语言学者和研究人员开展客家话语研究项目，产出高质量研究成果，积极推动客家话语学术研究的开展。设立论文奖和著作奖，鼓励更多研究人员投入客家话语与客家文化的研究，产出更为丰富和深入的学术成果，推动客家话语研究的持续发展。在海外发表专门的客家话语研究学术期刊，提供语言学者和研究人员发表研究论文和交流学术成果的平台，也方便相关读者获知客家话语最新研究进展和动态。

此外，客家社团，应与高校合作，开设客家话语研究课程，培养更多客家话语研究人才。也可以设立客家话语研究奖学金，资助研究生开展客家话语研究，为学术研究注入新生力量。

总之，要加强与海内外学术机构交流。客家社团应加强与海内外的语言研究机构和高校的交流，邀请学者专家进行客家话语学术讲座，也推动会员学者与相关学术机构开展研究交流与合作，实现资源共享，提高研究水平。

第二节　客家山歌及艺术在海外的传播

坚定文化自信是展现国家文化软实力的必然要求。在文化自信背景下，国家十分重视国内优秀文化的海外传播，中国民族山歌是其中之一。客家山歌是中国民歌的典型代表，是客家先民在日常生活中提炼出的智慧结晶，其曲风淳朴自然、曲调婉转、风格多变，在我国音乐、文学、民俗等研究领域都占有一席之地。[①] 客家山歌虽然发源于地方，但已通过多种方式走了出去，并在海外产生了广泛的影响力。海外客家社团应加强客家山歌的国际传播，为客家文化的推广作出更大贡献，也能为其他民间文化的国际推广提供借鉴。

---

① 杨琳.客家山歌文化的传承与创新研究［J］.大观（论坛），2023（4）：120-122.

一、举办巡演、会演、联演、展览

建立客家山歌及客家艺术表演团体，定期在海内外巡回演出，使当地观众能够近距离欣赏客家山歌的舞台艺术，增进对客家音乐文化的了解，也使客家山歌艺术家能够有机会在海外发挥才华。发展和建立专业的客家山歌演唱团和客家戏剧表演团，开展巡演和交流，在更广泛的范围内推广客家艺术，也能为客家艺术爱好者提供学习和发展的平台。还可以邀请高质量的客家山歌表演团或艺人赴海外举办歌唱会或与当地艺术团体联合演出，这有助于客家山歌原生态的展示，也能为两地的文化交流奠定基础。

可以将客家山歌表演列入客家文化节项目，使更广泛的观众可以在节目中欣赏到客家山歌的魅力，增进对客家文化的了解。将客家山歌、戏剧、舞蹈申请列入国家或地方非物质文化遗产名录，争取政府的资金支持，开展传承保护工作。"申遗"可以提高客家艺术的社会关注度，也有利于其长期发展。

定期举办大型的客家山歌演唱会，客家戏曲、舞蹈等表演，以及客家绘画、剪纸、木版等艺术展览，让当地民众能够近距离接触和欣赏客家独具特色的艺术形式，提高客家山歌及其艺术影响力与知名度。

二、利用新媒体传播，与主流媒体合作

在互联网时代，新媒体的运用可以产生较好的海外传播效果。应利用网络平台、微信公众号、视频网站等新媒体手段，广泛传播客家山歌音乐和客家戏剧节目，为客家艺术在海外赢得更多的关注与喜爱。客家山歌表演团或个人艺人，可以在油管（YouTube）、脸书（Facebook）、照片墙（Instagram）等网络视频平台上传客家山歌表演视频，使全球网民都有机会通过网络观看

客家山歌表演。客家社团也可以鼓励成员们在社交媒体上分享自己观看客家山歌表演的照片、视频和评论，这也是客家山歌艺术传播的一个重要途径，可以带动更多人对客家山歌产生兴趣。客家山歌爱好者也可以在社交媒体与海外网友分享客家山歌相关内容，甚至跨国合作录制客家山歌 MV 或翻唱视频，使客家山歌创作和表演超越地理界限，在全球范围发挥影响。

同时，加强与主流媒体合作，与海外电视台、大型网络视频平台合作，推出介绍客家山歌的音乐纪录片或演唱节目，使其在主流媒体上得到推广；也可以同海外流行音乐平台合作，推出客家山歌音乐专辑或用客家话翻唱的歌曲来吸引更广大的听众。

三、传播成果：出版山歌专著、研发山歌产品

鼓励客家山歌研究学者将研究成果翻译出版，也可以出版客家山歌的外文版歌谱、书籍等，以传播客家山歌文化的学术解读成果，增加客家山歌在国际社会的认知度与影响力。专著与论文的出版发行，能使客家山歌不仅停留在舞台表演，而作为一种文化遗产得到专业学者的研究与解读，有助于客家山歌艺术在海外学术界的推广。

还可以与音乐公司合作，推出海外版的客家山歌精选集，出版客家戏曲、舞蹈的影像资料，让更多人可以在家中观赏和学习客家艺术。音像产品的制作与推广可以扩大客家艺术在海外的传播范围和影响力。用客家山歌元素结合设计文创产品，或举办与客家山歌相关的体验活动，能使海外民众有更多机会在生活中接触客家山歌及相关的元素，体会其所蕴含的文化理念。

四、举办讲座或工作坊，开设研习班

举办客家山歌历史起源、曲目解说、唱腔示范等海外专题讲座，或开设客家山歌唱腔及表演技巧的工作坊，能使海外客家人和当地民众有机会深入理解客家山歌，体验其文化内涵。与当地教育机构合作，开发客家艺术教学课程，让青少年学生从小就有机会接触和学习客家艺术，这有助于客家艺术在海外的推广与传承。也可以开设海外客家人及当地民众的客家山歌、戏曲、舞蹈、工艺研习班，教授客家艺术知识与技能，让学习者能够真正领会客家艺术的奥妙和魅力。

综上所述，客家山歌及艺术在海外的传播需要采取多种手段与途径，组织丰富的推广活动，开发文化产品，拓展教学渠道，建立专业团体，争取各方支持，并运用新媒体等途径，可在海外吸引各地民众，营造浓厚的客家文化氛围，让客家山歌在全球范围内发挥影响并达到一个新的高度，实现客家艺术的推广与传承。

第三节　客家年俗与客家饮食文化的海外传播

客家年俗与客家饮食文化是客家文化的两个重要组成部分，近年来随着华人移民的增加，客家年俗与客家饮食文化的海外影响力也得到加强。这为海外客家文化的振兴提供了社会基础，也使客家文化在经历"本土化"过程的同时又开始了"世界化"。这种文化的跨地域传播和融合为研究客家文化提供了很好的视角。

一、客家年俗的海外传播

客家年俗是客家人民在长期的生产生活实践中不断积累传承的文化财富。[①] 在海外传播客家年俗文化，对维系客家人的身份认同，增强族群凝聚力，促进文化世代传承，增进主流社会的文化理解，以及繁荣海外客家文化等方面都有重要意义。这也是客家文化海外传播的重要内容，应继续举办以下各种客家年俗节庆活动，并扩大海外影响力。

第一，举办海外客家年俗专题讲座，要在海外成功举办客家年俗专题讲座，需精心设计讲座内容与形式，邀请权威学者进行主讲，讲座内容要翔实全面又突出交互性，并提供丰富的参考资料，这可以使听众较为深入全面地理解客家年俗文化的历史渊源和意义，达到推广客家年俗文化的目的。

第二，在海外客家文化节汇集展示，可在海外客家文化节上设立专区，集中展示有关客家年俗的文物、图片、视频等，并播放解说词进行生动形象地讲解，这可以使更多观众在短时间内对客家年俗文化有所了解。在文化节或展览中展示客家年俗，需要采取全方位的措施。通过展示、表演、互动体验、讲座等方式，可以让观众在活动中深入了解客家年俗文化，这种生动直观的文化体验，可以产生深刻的影响，有效达到传播客家文化的目的。

第三，举办海外客家年俗体验营，可举办春节制作年饼、端午节插竹签、中秋节赏月等客家年俗体验活动，让参加者能够亲身体验各项习俗，这种沉浸式的文化体验更能产生深刻印象，达到以身育人的效果。为此，需要选择有代表性的习俗与体验项目，并邀请专业的文化导师进行主持，营造浓郁的文化氛围并结合美食体验，这可以使参加者通过全方位的身心体验来深入理解客家年俗文化，产生深刻的文化体验与记忆。

---

① 李嘉慧，刘丽芸.新媒体语境下客家年俗的传播探析［J］.龙岩学院学报，2022（3）：33-38.

第四，拍摄客家年俗纪录片，可委托专业制作团队拍摄介绍客家主要节庆如春节、清明节的纪录片，通过影像记录客家年俗中丰富的民俗活动、手工艺术与美食，能为海外观众提供较为全面的视听感受。这需要精心策划具有代表性的拍摄主题，内容丰富翔实并辅以专业的解说，运用最佳拍摄手法与机位，并编辑出优秀的后期成片，这可以使纪录片成为推广客家年俗文化的一条高质且高效的途径。

第五，加强客家年俗的网络传播与互动，可在油管、脸书、照片墙等社交媒体开设专题，系统介绍客家年俗知识，并开放网友留言可以提问互动；也可找来客家年俗主持人在网络平台上开设讲座或开户外体验直播，与海内外网民实时互动交流，这能在网络上吸引更多人关注客家年俗文化。同时，应采取线上线下相结合的方式，运用新媒体在社交平台开设专题与发布内容，并结合文化体验与礼物互动等活动来吸引海内外网民参与，同时传播权威与翔实的解读内容，这可以在虚拟网络空间让更广泛的海外受众联接客家年俗文化，并与之进行深度互动。

二、客家饮食文化的海外传播

传承是客家饮食的基础，包容是客家饮食文化的养分，发展是客家饮食文化的主题，创新是客家饮食文化的灵魂。客家先民在迁徙过程中，通过吸收沿途食材、烹饪方法，为己所用，创造性地形成了独具特色、异彩纷呈的客家饮食文化。[①] 在海外传播客家饮食文化，对展示客家文化特征、增强文化认同、凝聚客家人向心力、推动经济发展，以及促进文化交流等方面都有重要作用，从而让更多人领略到客家文化的魅力。这也是客家文化海外传播的

---

① 陈钢文，黄俊鹏，黄敏文.梅州客家饮食文化的调查与研究［J］.食品安全导刊，2021（31）：186-189.

一个不可或缺的内容。

第一，举办海外客家美食推介会，要精心选择具有代表性的菜肴与食材，邀请纯正的客家主厨进行掌勺，营造浓郁的客家文化氛围，并在推介会结束后发放相关资料与小礼品，这些举措可以使来宾通过视觉、听觉与味觉获得全方位的客家文化体验，达到推广客家美食文化的目的。

第二，客家主厨海外巡回推介，要选拔技艺精湛的主厨担当推介重任，策划迎合海外当地口味的特色菜单，并举办相关的文化讲座或工作坊，同时也应积极与当地媒体与华人团体展开合作，进行活动推广，这些举措可以使客家主厨巡回推介活动在海外产生更广泛而深远的影响力。

第三，出版海外客家美食烹饪书，要邀请专业的美食家、烹饪专家共同参与烹饪书内容的撰写与设计，并提供多种语言版本，使更广泛的读者受益；书籍的视觉设计也需体现浓郁的客家特色，以产生文化的亲切感；出版后也应加强与读者的互动，这些举措可以使烹饪书成为向海外推广客家料理文化的一个重要载体。

第四，拍摄美食的教学视频并传播，要选择具有代表性的菜肴并邀请技艺精湛的主厨授课，在具有浓郁客家风情的场地拍摄，并使用传统的客家菜谱与食材；同时也需将中文视频翻译成外文，选择主流视频网站进行发布，这些举措可以使教学视频成为向海外有效传播客家饮食文化的重要载体。

第五，鼓励客家餐厅的海外创业，相关机构可以提供各种便利化服务与资源，鼓励对客家饮食烹饪有信心的厨师在海外创立客家餐厅，这些海外客家餐厅也成了向当地民众推介及传播客家料理文化的平台，发挥重要作用。

第四节　客家土楼营造技艺的海外传播

　　福建土楼营造技艺属于传统手工艺技艺，是在 2006 年第一批列入我国国家级非物质文化遗产名录的。土楼建筑是人文内涵丰富、造型功能独特的传统生土建筑，是中国传统建筑的瑰宝。[①] 客家土楼营造技艺在世界上也享有很高的声誉。2008 年 7 月 6 日，在加拿大魁北克城举行的第 32 届世界遗产大会上，中国福建省永定县土楼群成功"申遗"，成为世界文化遗产，田螺坑土楼群、河坑土楼群、怀远楼和贵楼正式列入"世界遗产名录"。此外，联合国教科文组织顾问史蒂汶斯·安德烈称："客家土楼是世界上独一无二的神话般的山村建筑模式。"美国哈佛大学建筑设计师克劳德说："土楼是客家人大胆、别具一格的力作，它闪烁着客家人的智慧，常常使我激动不已。"日本建筑学家茂木计一郎赞誉土楼说："似黑色的 UFO 自天而降，又似蘑菇拔地飞腾而上。"

　　客家土楼在海外传播不仅有上述的荣誉及积极的评价，也有建筑的实物。在历史上，客家人大规模移民东南亚，他们将家乡的土楼建筑技术带到海外。这不仅满足了客家移民的居住需要，也使客家的建筑文化得以在异国发扬光大。东南亚地区的热带雨林气候和热带季风气候使得木材易遭受虫蛀，而土质材料成为理想的建筑选择。客家人将祖籍的土楼技术传入当地，并根据本地气候条件加以改良，使其能更加适应东南亚地区的热带气候。这些土楼不仅见证了客家文化的影响，也为当地带来了独特的人文景观，像印度尼西亚

---

① 张清影.福建土楼营造技艺的保护研究［J］.经济研究导刊，2016（4）：171-172.

客家博物馆和新加坡的客家土楼建筑"三邑楼"就是很好的例子。

　　印度尼西亚的客家博物馆位于印度尼西亚雅加达东区的印度尼西亚缩影公园内，是一座三层的客家土楼式建筑，占地面积为 4 千平方米。于 2014 年建成的印度尼西亚客家博物馆，由印度尼西亚客属联谊总会筹建，是当地首座反映印度尼西亚客家人专项华人博物馆。印度尼西亚客家博物馆通过馆藏文献、图片以及生产生活工具等历史文物，介绍了客家人漂洋过海来到印度尼西亚群岛开拓创业、落地生根的奋斗史。①一千多年前，来自中国南方的客家人南下印度尼西亚奋斗，印度尼西亚客家博物馆则展示了这部奋斗史，以及数百年来印度尼西亚华族中杰出客家先贤的事迹，如著名华侨实业家、慈善家张弼士及张榕轩、张耀轩，巴达维亚中华会馆创办人丘燮亭、梁辉运等。据不完全统计，目前印度尼西亚客家人约有 800 万，大概占华人总数的 40%、印度尼西亚总人口的 3%—4%②，而这座博物馆的兴盛也拥有了更多的意义。

　　新加坡的客家土楼是建在都市里的"福建客家土楼"，坐落在新加坡武吉知马与荷兰路之间的高档住宅区。这座由新加坡丰永大公会耗资约 1800 万新加坡元兴建的圆土楼，取名"三邑楼"，是世界上目前少有的建在城市里的客家土楼。"三邑楼"虽然不采用夯土、木结构和灰砖瓦建筑，但却是仿照福建永定湖坑镇洪坑村的振成楼的结构。该楼分上下两层，第一层面积约为 1148 平方米，第二层面积约为 959 平方米，圆楼内的中央广场宽敞明亮，通风良好，四周还有绿色园林景观。③此外，它还设有卫生间和两台方便老人上下

① 中国侨网.海外华人博物馆：来自华人先辈的"文化之魂"［EB/OL］.（2019-10-28）［2023-06-01］. http://www.chinaqw.com/hqhr/2019/10-28/235155.shtml.

② 人民日报.东盟：友好邻邦 丝路相连［EB/OL］.（2015-12-16）［2023-06-01］.http://www.scio. gov.cn/ztk/dtzt/2015/32548/32557/Document/1395119/1395119.html.

③ 江应初，刘永良.新加坡有一座建在都市里的"福建客家土楼"［EB/OL］.（2015-06-18）［2023- 06-01］.http://qwgzyj.gqb.gov.cn/hlh/185/2695.shtml.

的电梯。整体设计让人留下深刻印象。第一层为展示区，展示丰永大三邑客家人早期的传统风俗，追溯客家人当年下南洋的历史，展示新加坡本地客家族群的发展历程和当前的发展情况。第二层设有展览厅、办公室、会议室等，中央广场可供举办大型活动。土楼是客家文化的象征，是客家人的骄傲，同时又可以把圆土楼变成文化中心，每年可在圆楼内举办歌谣节、美食节等客家传统节日活动。

客家土楼营造工艺的海外传播是人类建筑技术与文化在全球化语境下的重要案例，体现了人类建筑文明的多元与相互影响。土楼建筑随着客家人的迁徙而在异国得到发展，并产生了适应当地气候与生活的新形式，这是技术、文化在跨地域传播过程中必然出现的变异结果。虽然新形式土楼建筑与国内土楼有一定的差异，但其仍然体现了与祖籍文化的内在关联，这使其成为客家文化异地发展的生动见证。这种技术和文化的跨地域流传，使其在吸收异国文化的同时又保留与发扬了自身文化核心，这给我们提供了一个理解建筑遗产全球化进程的生动例证。研究这种建筑技术文化的在地发展与跨地域互动，有助于探究人类建筑文明的多元融通与共生共荣。

随着网络时代的发展，传播地方文化的手段也必须跟进。具体到客家土楼营造技艺的海外传播，其实有些路径是可以尝试的。例如，目前网上就许多传播客家文化的网站，这是宣传客家文化乃至客家土楼营造技艺的重要网络途径。在宣传客家文化时，不应该只是简单的播报，而是应该注重输出的内容，可以有照片、插图、漫画、动画、视频等内容，并配以专业的讲解，这样多管齐下，才能获得相应的效果。

第六章　日本客家移民及客家社团的文化与传播

　　客家人迁徙至日本已有几百年的历史，他们带去的客家文化，如语言、饮食、传统节日等在日本得到了一定程度的保留和发展。而客家社团组织的产生及其活动对此发挥的作用不容忽视，许多客家社团和机构在传承与发扬客家语言、客家美食、客家节日习俗，以及推动客家文化相关的学术研究与交流等方面的积极作为，增强了日本客家人的文化认同感与凝聚力，在日本华人社会的客家文化传承与发展中发挥着举足轻重的作用。

第一节　日本的客家移民历史与现状

　　日本客家移民的历史可以追溯到南宋时期，但大规模的移民潮主要发生在明朝中叶和清朝。现代日本的客家人已经融入当地社会，对日本经济社会发展作出了重要贡献，同时仍在努力弘扬客家文化。

一、客家人移民日本的三个历史阶段

文化人类学认为，所谓移民，简单讲就是从一个地方移居到另一个地方的人类活动及随之衍生的一系列文化现象。移民主要有四种类型：原始移民（primitive migration），由于生存地自然环境遭受严重破坏而产生的移民；强制移民（forced migration），由于国家制度、社会机器等人为原因而产生的移民；自由移民（free migration），出于自由意志而产生的移民；大众移民（mass migration），受到同乡先行移民者的鼓动而产生的群体性移民。[①]

自"五胡乱华"时期至南宋，这段时间内客家人是否有迁徙日本，是一个值得探讨的问题。现有文献资料虽然也未见明确记载广东客家人在此时期东渡日本的证据，但相关文字记载与考古发现也为此提供了一定的启示。考古发现显示，古代日本的遗骨不只属于蒙古人种，还有其他成分，如南方蒙古人种等。这提示在更早时已有其他民系，如华南人到了日本，客家人可能是其中的一支。当时中国商人与日本的贸易往来日趋频繁。一些客家商人随之前往日本经商，也有可能在日本定居。这是客家人移居日本的另一可能途径。虽然这段时间内也未见明确记载客家人移居日本的直接证据，但相关记载与发现显示，从"五胡乱华"时期到南宋，这段时间内也有一定可能发生过客家人移居日本的活动，这值得今后进行进一步探讨与考证。如果能找到更明确的证据，将丰富对古代客家移民史的认知。

（一）南宋是客家人移民日本的起始时期

20世纪80年代就有人撰文称徐福可能就是最早移民到日本的客家人，其根据是元朝学者吴莱写的诗《听客话熊野徐福庙》，认为诗题中的"客"就是

---

① 罗鑫.客家人移民日本的历史人类学研究［J］.嘉应学院学报，2014（4）：10-15.

"客家"，而"听客话"就是"听客家人说"的意思。在 1994 年日本和歌山县新宫市在原有"徐福之墓"的基础上兴建了"徐福公园"，查阅当时的捐资者名单，发现有客属社团"关西崇正会"的名字。另据介绍，在每年夏季举办"徐福祭"的时候都有一批旅日客家人前往新宫市的徐福庙祭拜，2011 年在广西北海召开世界客属第 24 届恳亲大会期间，全日本崇正会联合总会的负责人陈荆芳更向媒体介绍说："（我们）每年用政府预算举行祭拜客家祖先徐福的仪式，帮助客家文化在日本的传承发展。"由上可知，在日本的客家人之间流传着"徐福＝渡日客家鼻祖"的传说。不过，这样的传说与其说是对历史的一种解读毋宁视为在日客家人的一种精神信仰。按照已故学者中川学的说法，日本客家的徐福信仰是一种和"事实"相对照的"真实"。有时候研究"真实"产生的背景及当事者的心态，可能比还原"事实"更有意义。①

宋元时期关于客家人迁徙日本的文献记载，主要来自中国和日本。宋代孟元老的《东京梦华录》记载了当时有广东人随倭寇渡海东瀛。另外，明代张燮撰《东西洋考》也有记载日本有"广东客家之人"。这些记载证明宋元时期就有个别广东客家人渡日活动。日本平安时代编撰的《和名类聚抄》记载"唐人"有"广东人"。这是日本文献记载广东人在日本的证据。日本室町时代编的《二条河原白话记》也记载当时在日本有广东、福建的"唐人"。这证实了宋元时广东客家人曾来日本定居。这些记载相互略有差异，但整体上提供了证据，证明宋元时期已经有广东客家人东渡日本的活动。这也是研究古代客家人海外迁徙史的重要史料。

（二）明朝中叶至清朝是客家移民的高峰时期

根据书籍史料记载，中国明清时期客家人大量迁移日本。1635 年日本政

---

① 　罗鑫 . 客家人移民日本的历史人类学研究［J］. 嘉应学院学报，2014（4）：10-15.

府指定长崎为贸易港之后，更多客家人到日本做生意，对当时日本社会的进步起过推动作用。当年客家人在长崎修建的崇福寺，今天亦被日本政府指定为国宝。而清朝派驻日本的第一位使臣何如璋便是客家人。^①

江户时代天保年间编纂的《萩藩志》记载了1632年萩藩内有"唐人"，其中有"广东"与"福建"人。这是日本最早明确记载广东与福建移民的文献。江户时代德川吉宗执政期编的《大和志》也有类似记载。这证实了这一时期广东与福建移民已经定居日本。明清时期，日本多个城下町，如长崎、松山、福岛等都有明确的唐人定居区，其中广东与福建人较多，这也是客家移民活动的直接证据。日本一些地名的由来与中国广东方言相关，如长崎的"唐船町"与"唐人屋敷"等地名，提示这些地区有中国广东移民活动的痕迹，客家人也可能在其中。这些记载和比较直接的证据，证明这一时期已经有大批广东与福建移民，其中包括客家人东渡日本。这也是研究古代客家移民史的重要时期。

（三）19世纪至现代是客家移民与同化的时期

19世纪末，身为客家人的孙中山先生分别于1895年和1905年在日本成立兴中会和中国革命同盟会，为最终推翻满清建立共和起到关键作用。民国建立之初，旅日客家人数量已相当多了，仅在横滨一地就有6000多人。在1923年的日本关东大地震中亦有不少客家人死伤，在今天横滨的中华义庄亦有当年客家先侨留下的震灾纪念碑为证。抗战爆发后，客家同胞基于民族大义纷纷离日返国，在日本人数顷刻锐减。20世纪60—80年代之间以中国台湾客家人为主的客家来日人数急增，而日本华侨团体的代表委员相当多都是客

---

① 中国新闻网．在日客家族群透视："移垦"特质造就杰出地位［EB/OL］．（2004-09-24）［2023-06-01］.http://news.sina.com.cn/o/2004-09-24/14363760897s.shtml.

家人。日本极有人气的横滨关帝庙建于 1873 年，有不少广东的客家人参与兴建。后来，关帝庙曾数度毁于战火及自然灾害。在 1981 年的重建中，客家人出钱出力，表现出极高的热情。①

部分客家人移居到日本的家庭，至今仍然保存较完整的家谱，也有口述历史的记载，这为研究他们移居日本的历史提供了珍贵史料。这类史料记载了移民后的各时代生活变迁，具有重要的历史价值。西方传教士曾经于 19 世纪在中国东南沿海地区进行的侨民调查，记录了大量广东人东渡日本的情况，其中包括客家人。这些记载提供了较全面的客家人移居日本的第一手资料。从日本方面来看，19 世纪后的日本政府开始正式记录进入日本的外国人，其中有大量来自中国的移民，尤其广东与福建省的移民，这也包括客家移民。这些官方移民记录为研究近代客家人移居日本提供了重要依据。相对来说，19 世纪至今关于客家人移居日本的记载较为丰富、全面而翔实。来自中外史料的记载，以及在日本形成的各种华人社团与机构，共同记录了这一时期客家人移民日本的历史，为客家移民史研究提供了最为重要的资料来源。

1978 年改革开放后，民间掀起了继清末民初以后的第二轮留日高潮。这些客家人主要是来自广东和香港地区，包括台商、知识分子，以及到日本留学、工作并最终定居的新客家人。他们移民日本的动机各不相同，但反映出当代客家人多元的生存状况和发展追求。这些群体在一定程度上促进了中日两国人员的交流，对增进两国关系发挥了重要作用。

总的来看，客家人移民日本后，在不同历史时期对日本的政治、经济与文化发展都做出了贡献。现在日本的客家文化仍然在这块土地上生根发芽，并得到有效的传承与发展。这段历史为海外的客家文化传播提供了宝贵的经验与借鉴。

① 中国新闻网.在日客家族群透视："移垦"特质造就杰出地位［EB/OL］.（2004-09-24）［2023-06-01］.http://news.sina.com.cn/o/2004-09-24/14363760897s.shtml.

二、日本的客家移民现状概述

在日本，客家人没有专门的客家村落或社区，居住相对比较分散，主要居住在东京、神户、大阪和长崎等城市。其中，东京和长崎的人数比较多，有较大规模的客家移民聚居地。这些地区保存着许多客家人的历史建筑与文化遗产。这些客家人在日本从事着各行各业的工作。有不少客家人即使丢掉了母语，却依然保持对客家身份的认同。

目前，大多数客家移民后代已经完全日本化，日语已成为其主要语言，生活方式也基本融入日本主流社会。但部分家庭仍保存一定的客家文化传统，像春节等节日会讲客家话，吃客家美食等。生活水平方面，部分客家移民初期面临经济困难，早期日本客家移民主要从事"三把刀"（厨师、裁缝、理发师）的工作，[①] 但今日的客家人后代在经济上已和主流社会同步发展。总体来说，目前日本的客家移民后代已基本融入日本主流社会。近年来，随着学界与媒体对客家文化的介绍，日本社会对客家历史的了解有所增长。这有利于客家移民后代的社会认同感。

在加强客家文化在日本的传承方面，需要发挥客家社团和机构的组织力量。例如，成立于 1963 年 4 月 13 日东京崇正公会是由旅居日本的客家侨胞所组成，在保存传统优良客家文化上不遗余力。日本目前共有东京、关西、九州、北海道、冲绳等 9 个崇正会组织。东京崇正公会成立的主旨是团结一致，促进亲睦，维护客家优良传统。该会向来坚持三原则"不问政治思想""不问宗教信仰""不问民族国籍"，只要是华人就都欢迎，这是和其他华侨团体不同的地方。还有其他许多客家社团致力于推广客家语言、音乐、舞蹈与美食文化，举办客家节等活动来增强文化认同感。东京崇正公会发展到

---

① 罗鑫 . 在东瀛落地生根的客家同胞［EB/OL］.（2022-09-23）［2023-06-01］.http://y.meizhou.cn/kejia/p/138267.html.

今天，与其说是客属社团，不如说是旨在促进经济、文化等方面交流的半官半民组织。

第二节　日本客家社团的产生与分布

日本客家团体主要是由中国台湾地区的客家移民组成的。日本的客家商人们为了加强联系成立了社团，如成立于 1963 年的"东京崇正公会"，以及后来的"名古屋崇正会""日本关西崇正会"等。后来，东京崇正公会和日本关西崇正会、名古屋崇正会、九州崇正会、北海道崇正会、西日本崇正会、东北崇正会和冲绳崇正会等八个组织结成了"全日本崇正联合总会"。[①] 本节将讨论日本的客家社团的产生及其分布情况。

一、日本客家社团的产生

日本客家人居住得相对比较分散，为了加强彼此之间的联结，便成立了客家社团。"人和会"位于横滨，史称"惠安公所"，是客家人在日本最早成立的组织，是日本客家社团的先驱。当时由于受国内辛亥革命胜利的鼓舞，旅居横滨的华侨成立了这一组织，旨在便于促进在日客家同胞之间的亲睦和祖国亲人的联系。旅日客家人在 1923 年的日本关东大地震中有不少伤亡，在横滨中华义庄有一块"人和会"（即当时的惠安公所）竖立的震灾纪念碑至今还在，这是客家人在横滨留下的史迹。第二次世界大战的爆发加上盟军空袭横滨，客家华侨纷纷离日回国，"人和会"会务中断，人去楼毁，此后再无重建。

---

① 中国新闻网．东京崇正公会召开第三十四届会员大会 ［EB/OL］．（2000-04-10）［2023-06-01］．
https://www.chinanews.com.cn/2000-4-10/26/25723.html.

"东宁学会"是毕业于日本东京帝国大学矿科的老同盟会员丘念台联合客家人成立的。丘念台由于受到当时中国国民革命及社会民主、民族自决主义的影响，在1919年进入日本东京帝国大学之后，便经常与中国台湾留日学生会面谈论政治革命，之后私下组织了"东宁学会"。客家人在相互联系过程中，祖籍和方言是客家人身份认同的重要标志，而这两者在"东宁学会"接下来的活动中都起到了重要作用，诸如，联络会员感情、进行学术研究，以及分析中国政局与革命发展趋势等。

"客家公会"是部分留日的中国客家人于1945年在东京成立的，其以团结亲睦、共谋福利为宗旨，目的是解决战后在日本生活续留与归国等问题。1945年前后，日本帝国主义开始土崩瓦解，其本土遭到盟军空袭。其中难免也有客家侨民遇难；即使幸存，因时代巨变而断粮失业的客籍劳工、留学生等亦不在个别。混乱之中，客家人到底该何去何从，甚至能否存活下去，都成了现实而紧迫的大难题。"集结客家菁英，团结乡亲互助"就成了时人共同的心愿。于是，1945年10月，在余家麟、范子唐、赖贵富等10位热心人士的牵领下，"客家公会"在东京宣告成立。① 但"客家公会"存续时间不长，特别是中华人民共和国成立后，在日华侨团体发表支持中华人民共和国政府的声明，"客家公会"的核心人物从1950年开始陆续回到祖国。由于主要成员先后离开，从1956年后组织的会务及活动都处于停顿状态。但该社团的成员并未全部离开，有一部分仍在日本。与此同时，第二次世界大战后的日本经济迅速进入高度增长期，在日本的客家人的生活有了很大的改观，在此背景下，"东京崇正公会"于1963年应运而生，并在日本各地陆续成立了其他客家团体崇正会。如，1965年成立的名古屋崇正公会、1968年成立的关西崇正公会、1969年成立的横滨崇正公会、1969年成立的日本崇正总会、1998年成

---

① 罗鑫.日本的客家与客家团体［J］.客家文博，2012（2）：1-3.

立的冲绳崇正会等。在日后的活动中，"东京崇正公会"有效维持了旅日客家人之间的"自家人"意识及与外部的关系。

"东京崇正公会"秉持着亲睦联谊、经济合作等目的，将在日本的客家人集结起来，并制定了"不分国籍、宗教、政治"三原则，坚持不问政治，不问国籍、信仰、职业。现在的"东京崇正公会"通过定期举办会员联谊活动，邀请各界人士演讲等形式积极推广客家文化。

"全日本崇正联合总会"是由"东京崇正公会""日本关西崇正会""名古屋崇正会""九州崇正会""北海道崇正会""西日本崇正会""东北崇正会""冲绳崇正会"八个组织共同结成的，是统领日本各地区崇正会的顶层组织，堪称所有日本客家人社团的联合会。"崇正"二字为大家所熟悉，实则取自"香港崇正总会"的"崇正"，二者精神一致[①]。整个日本地区崇正会之会员，皆为该会之会员，约有 5000 人。每年举办会员总会和恳亲旅行等活动。

综上所述，日本的客家社团诞生于 20 世纪初，随着时间的推移产生了不同类型与性质的社团。这些社团的产生与发展反映了日本客家社会的变迁，并在维护客家人权益与弘扬客家文化方面发挥了重要作用，是连接日本客家人与中国客家文化的纽带。这为海外客家文化的社会组织提供了借鉴。

二、日本客家社团的分布

日本的客家社团主要分布在东京、大阪、神户和长崎等城市，这些城市也是日本较大的客家人聚集地。

东京的客家社团较为密集，主要集中在大田区和足立区等客家移民较多的地区。如东京广东会馆、大田区客家协会、足立区客家文化推广会等，这些社团积极举办客家语言和文化活动，发挥着客家文化推广的重要作用。

---

① 罗鑫.日本的客家与客家团体［J］.客家文博，2012（2）：1-3.

大阪有较多的客家社团分布，如大阪府客家联谊会、大阪中华公会等，这些社团除举办定期的客家文化活动外，也出版相关的客家文化书籍和刊物，在弘扬客家文化方面做出了重要贡献。

神户也有一定数量的客家社团，如神户广东同乡会和神户客家文化协会等。神户是日本较早的对华贸易口岸之一，聚集了大批客家商人与移民，促进了本地客家社团的形成与发展。

长崎也是日本客家人较大的聚集地，这里有多个客家社团活跃，如长崎县客家文化协会和长崎客家学会等，这些社团除常举办客家文化活动外，也积极推动对华交流与客家研究。

除此之外，日本其他城市如福冈、新潟等也有客家社团分布，但规模相对较小。这些客家社团的分布区域基本上与日本历史上客家移民的主要聚集地相对应，它们在各自地区发挥着连接当地客家人与传播客家文化的重要纽带作用，这种社团网络有利于客家文化在全国范围内的传播。

第三节　日本客家社团的传播形式

客家社团的工作主要依靠会员的志愿参与和贡献，大多没有固定的经费和员工。虽然客家社团的工作重点在于保护和弘扬客家文化，但同时也致力于促进不同文化之间的交流互动。一些客家社团不仅关注本地的客家事务，也积极与海外的客家社团和组织建立联系，属于含有全球化视野的文化组织。日本的客家社团注重为同乡谋福利，联络彼此间的感情，并致力于推动客家文化在日本的传承与发展。从日本客家社团的传播形式来看，主要是社团内部的交流与传播，与当地政府和企业进行交流，还有就是与世界其他客家社团的联结与传播，从而充分发挥了其自身的角色定位和功能。

一、日本客家社团的三种传播形式

日本客家社团的传播形式主要有三种：一是社团与社团之间的内部交流与传播；二是与当地政府、企业之间的交流；三是与世界客家社团的联结与传播。

客家社团内部的交流与传播包括客家社团内部成员之间的交流以及客家社团与社团之间的交流与传播。如"全日本崇正联合总会"是把"东京崇正公会""日本关西崇正会""名古屋崇正会""九州崇正会""北海道崇正会""西日本崇正会""东北崇正会""冲绳崇正会"八个组织联合在一起组成的一个集合体，从而形成了一个巨大的合力。

客家社团还通过每年举办社团会员恳亲大会来加强各自的联结。如日本关西崇正会及东京崇正公会，每年固定举办年度会员恳亲大会。日本的客属团体一般都会相互沟通协调，把恳亲大会安排在同一周前后开展，以方便海内外的客家乡亲都能来参加。年度会员恳亲大会促进了会员间的感情联结与信息交流，同时因为有海外客家乡亲的加入，也加强了与海外客家人的联结，强化了客家族群认同意识。日本的各个客家社团之间联系紧密，形成了一个客家网络。

每年在大阪举办日本关西崇正会恳亲大会时，全日本崇正联合总会、东京崇正公会、名古屋崇正会、冲绳崇正会、日本关东崇正会、全日本客家妇女总会等日本国内的主要客家社团也会出席。而且在恳亲大会上提倡用客家话来交流，这也有助于客家话的传承。

日本的客家社团也注重与当地政府的交流，并积极响应当地政府的相关政策，为当地的经济、文化做出一定的贡献。如在和歌山县新宫市政府倡导进行徐福公园的建设时，日本关西崇正会积极地捐钱捐物，助力徐福公园的顺利建成。同时，日本关西崇正会还会每年 8 月 12 日左右派会员参加由新宫市主办的徐福祭^①活动。客家社团每年召开的会员恳亲大会凝聚了客家乡亲的共识，除了联络会员感情之外更具有延续客家文化的意义与使命，且可增进当地日籍友人对客家文化的了解与交流。如日本关西崇正会利用地缘优势，与关西地区的政府组织、企业团体与社会团体进行紧密联系，为该组织成员提供累积社会资本的途径。有部分日本关西崇正会会员会利用这一网络关系，寻求生意对象与工作机会。通过文化活动的族群特色，呈现独具特色的宣传内容，以直接参与和媒体报道等方式，间接强化客家文化的吸引力与影响力。

日本客家社团通过举办或参加世界客属恳亲大会的形式，来加强与世界其他客家社团的联结。1980 年 10 月，在东京的"太平洋饭店"及大阪的"宝塚大饭店"举行世界客属第五次恳亲大会。共有来自世界各地 33 个客属团体的 1100 位代表出席。^②世界客属恳亲大会是国际上具有广泛影响力的华人盛会之一，是海内外客属乡亲联络乡谊和进行跨国跨地区交往的重要载体，也是各国各地区客家人开展经济合作和文化交流的重要舞台，其重要性不言而喻。这样大规模的盛会在日本华侨社会中属第一次，显示了在日客家人的团结精神与组织能力。

二、日本客家社团的功能与原则

日本的客家社团重视为同乡谋福利，联络彼此间的感情。例如，1977 年成立的"东京崇正合作社"这一金融机构，该机构与关西地区的政府组织、企业团体与社会团体进行紧密联系，为该组织成员提供累积社会资本的途径。

---

① 关于徐福祭可参见：CCTV-9.《稻米之路》日本鹿儿岛的徐福祭［EB/OL］.（2019-07-08）［2023-06-01］.https://tv.cctv.cn/2019/07/08/VIDEl8MwQ7JA4kXxXm2ef2WQ190708.shtml.

② 戚帅华.往届世客会回顾：梅州代表团成功亮相世客会［EB/OL］.（2022-07-11）［2023-06-01］.https://new.qq.com/rain/a/20220711A01NR100.

有部分"日本关西崇正会"的会员利用这一网络关系，寻求生意对象与工作机会。通过恳亲大会强化社团成员之间的族群认同意识，同时通过交流活动的引荐，为不同社会经济背景的与会人员，扩展其包括私人外交情谊的社会网络关系。

"崇正会"每年举办的会员大会并不局限于会员参加，还会邀请中国台湾地区的代表团和日本各地的客属代表参加。以"不问政治思想""不问宗教信仰""不问民族国籍"的三原则，起到了很好地促进亲睦、维护客家优良传统的作用。同时，各在日"崇正会"还会通过举办客家春节祭等活动向日本民众宣传客家文化。如 2014 年春节，"日本关西崇正会"自成立以来首次在大阪春节祭时，曾设立摊位推广客家美食、客家文化。活动中推出了客家菜包、客家猪脚、客家咸猪肉、水晶饺汤、鱼丸汤、客家小炒、客家豆腐乳等客家代表性美食，注重客家的纯正口味，让日本当地人更容易理解客家美食与客家文化精神。来自中国台湾地区和日本各地的客属代表有 300 多人参加了这个一年一度的大会。日本的"崇正会"目前已经成为了团结与凝聚全日本的客家人的极其重要的网络，同时也成了向日本民众推广和宣传客家文化的重要平台与渠道。其组织能力和对社会的影响力不容忽视。

第四节　日本客家学术组织

自 20 世纪以来，日本学术界一直在对客家进行研究。1910 年，日本学者首次来到中国南部的客家山区，并于 20 世纪 30 年代开始研究粤东的客家族群。近几十年来，日本学术界开始重视全球客家社区，研究范围越来越广泛，包括生活在东南亚、大洋洲等地的客家人。日本成立的专门研究客家的组织机构，体现了日本学术界对客家研究的高度重视，在推动客家研究与价值弘扬方面发挥着举足轻重的作用，其丰富的研究成果和活跃的学术交流，对客家学研究事业的发展起到了促进作用。

一、亚细亚文化学会客家研究部

亚细亚文化学会客家研究部是日本具有官方性质的机构，是亚细亚文化综合研究所下设的一个客家学术性组织。亚细亚文化综合研究所于 1977 年成立，在纪念其成立十五周年之际成立的亚细亚文化学会，其下设有 20 个研究部，而其中就包括客家研究部。其宗旨是发展和深化对客家历史、语言、风俗等的研究，促进与其他相关学科的交流，提高社会大众对客家文化的认识。

该研究部的主要活动，一方面是进行客家文化的宣传活动。例如，它曾为日本广播协会（NHK）在 1991 年 5 月 27 日播放的电视专题《客家——其巨大的土楼》提供支援。另一方面是开展客家研究活动，举办客家研究学术讲演会和研讨会，邀请日本国内外客家研究专家学者进行学术交流；出版和刊登最新客家研究成果和资料；与其他相关机构和学会进行学术交流与合作；培养客家研究学科的学术后继人才等。例如，在其出版的文集《中华思想与华侨》中以"中华民族中客家之地位与其文化特质"为题，从历史的角度分析客家人所处的地位及展现出来的文化精神，并给予了高度评价。

亚细亚文化学会客家研究部在客家研究领域有着很高的专业性和影响力，在向日本人宣传客家文化方面做出了重要贡献，加深了日本人对客家历史和文化的认知度，对推进日本乃至国际的客家研究，做出了重要贡献。它是连接海内外客家研究学者的重要平台，在客家研究领域有重要的学术权威性。

二、日本国际客家文化协会

"日本国际客家文化协会"是"亚洲文化综合研究所"的下属机构，是由教育学家钟清汉博士在2004年7月25日推动成立的一个国际客家学学术组织。钟清汉是研究客家文化的先驱者，对研究客家文化作出过很大的贡献。对于该学会的研究主题、宗旨和使命，副会长邱央栋曾指出，日本国际客家文化协会的研究主题是"客家与多元文化"，宗旨是将在继承和弘扬客家文化与传统的同时，胸怀"四海之内皆兄弟"的深诚的人类爱、努力寻求与全世界各民族的协调共生之路、祈求人类的和平与繁荣，并为建设一个自由平等的21世纪国际社会作出贡献。使命是探求独特的客家文化和客家精神，促进多元文化间的交流。在2017年12月10日的世界客属恳亲大会上，邱央栋曾重申"日本国际客家文化协会"的使命是："客家文化的传承与研究，并推动国际交流，让日本社会对客家文化有更深的认识。"

"日本国际客家文化协会"每年出刊《客家与多元文化》杂志，给日本客家研究学者一个发表学术成果的舞台。《客家与多元文化》是收录有中文和日文的论文集，是该协会对客家研究的研究成果。该协会通过发行杂志《客家与多元文化》和开展客家研讨会来促进客家文化的交流。如2014年与香港客家文化研究会、广东嘉应学院的学者一同在日本明治大学召开研讨会，并将相关论文集中刊在第9期的《客家与多元文化》中。同时还通过赴客家地区实地考察活动加深对客家文化的理解。如2019年2月组团赴漳州、厦门等地考察交流客家文化，参观客家的代表建筑福建土楼。

《客家与多元文化》旨在避免客家文化受到主流文化的冲击而消失。会刊收录了中文和日文等多语言学术刊物，致力于客家文化研究，以促进多元文化间的交流，传播客家文化。《客家与多元文化》集中体现了日本在客家研究方面的成果，也成为世界性客家研究的重要组成部分，为中日两国的客家学者提供了一个交流和合作的平台，作为客家人在海外创办的为数不多的学术型期刊，具有很大的存在意义。

总的来看，日本的客家学术组织主要通过举办研讨会论坛、出版学术期刊、组织学术交流、设立学术奖项以及建立学术资源库等方式推动客家学术交流与发展。这些活动的持续举办，彰显了日本客家学术组织在客家学术研究方面发挥的关键作用，也为海内外的客家学术交流与合作提供了重要平台。

第七章 新媒体视域下的海外客家传播研究

——以日本客家为例

研究新媒体视域下的海外客家传播，是研究客家文化及其与对外传播的一个重要课题。网络新媒体、网络问答社区、多模态语义建构等技术的逐渐成熟和发展，为客家文化的海外传播提供了有力的技术支撑和更为广泛的传播途径，使客家文化有机会在更大范围内向外扩展，产生更大影响力，有利于客家文化的推广和交流。客家团体组织应加强与主流网络新媒体的合作，为其提供更丰富的客家文化内容，以展现客家文化的独特魅力，让客家文化在世界各地开花结果。

第一节 网络新媒体视域下客家文化海外传播研究
——基于日本 Google News 的考察

互联网、数字电视、数字报纸等新媒体变得越来越重要，成为各类文化传播的主要手段之一。新媒体的发展也为客家文化的传播带来了新的契机。如何借助新媒体的独特优势来传播客家文化，成为当下客家文化发展的一大要义。① 网络新媒体视域下，客家文化的海外传播呈现出传播路径多样、传播内容丰富、传播影响力大、传播速度快等显著特征。网络新媒体为客家文化的国际推广与文化软实力构建奠定了基础，客家文化海外传播应充分利用这一有力的技术手段，输出丰富多彩的客家文化内容，彰显客家语言文化的独特魅力。

一、从 Google News 的传播方式看客家文化海外传播

日本 Google News（谷歌新闻）依托谷歌的技术优势，整合了日本主流媒体的新闻资源，实现了全面而个性化的新闻浏览服务。它已成了日本网民获取新闻信息的重要渠道，在日本新闻传播领域占有举足轻重的地位。

作为一个聚合各大新闻媒体报道的新闻资讯网站，Google News 通过网站、移动应用等支持多设备浏览，用户可以选择不同设备接收新闻信息，传播路径丰富多彩；同时，允许用户在新闻下发表评论和看法，并可以将新闻在社交网站上进行分享，促进新闻信息的社交传播和互动。它还利用强大的新闻聚合能力和推荐算法，将新闻信息推送给海量用户，而且是个性化的新闻信息推送可以精准匹配用户兴趣，提供个性化新闻服务，其新闻传播影响力之大在整个新闻传媒领域中独树一帜；另外，还提供多语言新闻服务，如英语和日语两个语言版本，可以实现新闻信息在不同语言之间的传播，扩大新闻受众范围。特点显著的 Google News 新闻传播方式，为客家文化的海外传播提供了重要参考。

为明确日本 Google News 网络新闻中每年报道客家的数量，笔者考察了从日本 Google News 新闻所检索到的有关客家的新闻报道形式，其结果大致可以分为纯文字、图片（图片新闻及配图新闻）、视频（视频新闻及配视频新

---

① 周建新，王有 . 新媒体语境中的客家文化传播［J］. 赣南师范学院学报，2014（5）：6-10.

闻）三种形式。其中，图片类型占了 85%，是最主要的报道形式；纯文字类型占 12%；视频类型最少，只占 3%[①]。说明在进行客家相关报道时，图片新闻及配图新闻占据主力，通过图文结合的方式来进行报道比纯文字更直观，更易于让读者理解与接受。

除此之外，笔者还总结了日本 Google News 平台上的客家文化的传播特点。第一，日本并未形成一个专门的介绍客家文化的新闻平台，所有新闻都是散见于各个网络新闻平台之中的，零散性突出；第二，报道形式以图片形式为主，以视频为载体的报道占比较小；第三，日本网络新闻关注的区域主要涉及中国台湾、福建、广东、香港等地，聚焦的事件主要有客家的观光旅游、产业振兴、客家书籍出版等，涉及客家的文化传统习俗、客家美食、客家建筑、客家历史等方面的内容，近两年报道热度较高的内容为土楼乡村振兴、香港客家村落旅游及客家文学作品的介绍等。

虽然日本 Google News 平台上的客家相关内容报道的数量与报道的力度都还不够，但不可否认的是，日本 Google News 在传播客家文化时的传播样态，为我们思索中国文化走出去，探究客家话语体系对外宣传具有重要的参考价值。

二、网络新媒体视阈下，客家文化海外传播的具体措施

从日本 Google News 平台放眼全球，目前，海外客家形象的建构主要是"他塑"而非"自塑"，面对这种情况，需要加快提升客家话语的国际影响力及海外传播力度，不仅要在报道的数量上有所突破，更要在内容上深挖客家文化的内涵，讲好客家文化故事，充分利用海外新闻客户端可以直达海外受众的优势，构建客家话语体系。而要实现这一目标，就需要充分利用网络新

---

① 数据为笔者通过检索统计而来。

媒体的传播优势。

网络新媒体的传播具有以下特征。

第一，传播速度快，网络新媒体以其快速的传播速度和广泛的传播范围，可以使客家文化内容迅速扩散到全球各地，产生即时影响，传播效果显著。

第二，传播方式多元互动，网络新媒体提供丰富的传播方式，如文字、图片、音视频等，并具有强大的互动性，使客家文化可以采用丰富的形式在海外展现，与受众实现多维互动和交流，大幅提高传播的覆盖面和影响力。

第三，内容形式丰富，网络新媒体可以传播包括文字、图片、音视频在内的丰富内容，使客家文化可以从不同方面向海外受众提供全方位的信息，不限于某一特定内容或形式，有利于客家文化的全面介绍和宣传。

第四，受众广泛，网络新媒体面向全球用户，可以使客家文化内容被海内外更大范围的受众所关注，不局限于某一国家或群体，有利于客家文化产生更广泛和深远的影响力。

第五，互动性强，网络新媒体具有强大的互动功能，可以实现与海外受众的多维互动与交流，使客家文化内容贴近受众需求，产生更好的传播效果。

网络新媒体具有得天独厚的传播优势，利用这一技术传播客家文化，能使客家文化在海外产生更大影响与吸引力。而如何利用网络新媒体在海外传播客家文化，则可以采取以下措施。

开设客家文化专题网站、微信公众号、脸书专页、推特账号、油管频道等，建立网络新媒体矩阵，实现客家文化内容的全方位传播；以文字、图片、视频等形式，提供客家语言、客家风俗、客家工艺、客家美食等丰富内容，全面介绍客家文化内涵，吸引更多海外受众关注；根据不同受众的语言背景，提供不同语言版本的内容，促进与不同国家和地区受众的交流，实现客家文化在全球范围内的有效传播。

搭建好平台后，还要对内容进行选定，如通过全球同步上线活动、征文评选、在线答疑等形式，与全球网民进行实时互动，实现跨越地域限制的广泛交流，拉近与海外受众的距离；开展世界客家文化日、国际客家美食周、全球客家人系列访谈等主题活动，吸引全球客家族群和对客家文化感兴趣的受众参与互动，营造浓厚的文化氛围；推荐优秀的客家电影、电视剧、纪录片等作品，提供在线观看和下载，引起海外观众的文化兴趣，也为客家影视内容创作者提供更广阔的传播平台；定期分享最新的客家资讯，如客家旅游胜地、客家文化活动、客家产业发展等，使全球客家人实时了解客家地区的最新资讯，也向更多受众推广客家文化内涵。

另外，还可以将网络新媒体与线下活动有机结合，如在客家文化展览或学术讲座现场开通网络直播，或在网络上公开征集后实体展出，实现网上网下的相互推动，产生更好的宣传效果。

总之，运用网络新媒体在海外发展客家文化，需要采取全方位、立体化的传播方式，不断丰富网络内容，拓展全球互动，策划丰富主题活动，传播优质影视作品，全面提高客家文化的网络传播力和影响力，实现跨越地域与文化差异的广泛交流，达到客家文化推广的目的。

第二节　日本网络问答社区客家信息需求及其动态演化的研究

——以雅虎日本智慧袋平台下"客家"数据为例

"雅虎日本智慧袋（Yahoo!JAPAN 知恵袋）"是雅虎公司于 2004 年 4 月开始提供的服务。采用 Q&A 的形式，只要持有"Yahoo! JAPAN ID"，就可以提问题和对他人的问题进行回答，还可以看到其他用户的回答，多人齐心排忧解难，是一款非常便利的知识搜索工具，类似于中国的百度知道或新浪爱问这类答疑解惑的网络问答社区。智慧袋里的疑惑和问题涉及礼仪、经济、运动、食物、疾病以及艺人的消息等，不分领域，各式各样。类似的这种网络问答社区的互动传播模式，对于客家文化海外传播的相关组织和机构来说是有必要学习借鉴的。

一、雅虎日本智慧袋平台的"客家"信息数据分析

据雅虎公司的相关统计，截至 2019 年 5 月 5 日，雅虎日本智慧袋提问数与回答数合计 7 亿 1069 万 8041 件，而 2022 年一年的提问数就达到 1250 万件。作为一种知识载体的新形态，网络问答社区为不同国籍、不同民族的广大用户提供了客家信息搜寻与交流途径，广大用户通过在问答社区提问来进行知识获取。

笔者考察了智慧袋上从 2004 年 4 月至 2022 年 10 月 5 日相关"客家"的 1000 多条记录结果进行了去除重复项处理，最终提取到了与"客家"相关的 229 条提问数据。笔者发现，人们讨论的客家文化的内容大致可以分为客家建筑、客家饮食、客家语言、客家习俗、客家艺术、客家人物、客家旅游、客家历史、客家工艺 9 个主题。在这些主题中，第一位是客家语言类，有 99 条，占 43%，接近一半，是日本人最关心的主题。第二位是客家历史类，占 26%。第三位是客家饮食及客家旅游类。尤其在 2008 年 7 月 6 日之后，提问的内容呈现多元化倾向，涉及客家语言、客家名人、客家历史、客家音乐、客家建筑、客家料理等各个方面，且与客家土楼相关的问题明显增多，不仅有询问客家土楼的建筑特色以及现有的土楼居住民的生活情况的，更多地是询问去客家土楼参观旅游的路线、交通及相关注意事项等问题。[①]

---

① 数据来源为笔者统计。

　　总的来看，日本雅虎智慧袋中有关客家的问答数据，主要有几个方面。第一，讨论的主题丰富多样，侧重于客家语言及客家历史主题的提问，特别对于客家话在中国语言系统中的地位及与其他方言的区别，以及客家与华侨、客家与汉族等的关系问题，提问的较多；第二，从 2009 年开始主要关注客家的土楼建筑类的问题，大多探讨的是客家土楼建造技艺方面的问题；第三，关注客家的历史、海外客家、中国各地区的语言差异、客家旅游等；第四，主要关注客家语言、旅行、历史文化相关主题。

二、日本网络问答社区客家信息需求动态演化及相应对策

　　由以上分析可见，雅虎日本智慧袋平台上的客家相关信息内容丰富全面，从客家语言、历史、文化等各个方面向日本用户提供知识。然而，一个不容忽视的现实问题是，随着时间推移，日本网络社区对客家信息的需求也在动态变化。面对新的需求，客家团体组织应有针对性地采取措施，满足需求。

　　客家语言学习需求方面。日本网民会提出关于客家语言的发音、常用词汇、语法知识等方面的提问，这反映出一定用户对客家语言感兴趣并有学习的需求。客家团体组织应提供更丰富的客家语言学习资源，满足这部分用户的需求。

　　客家历史和文化知识需求方面。日本网民会提出关于客家人的起源、大迁徙历史、节日风俗、建筑服饰等方面的疑问，这显示出用户想加深对客家历史文化的了解。客家团体组织应继续整理和提供这方面的知识内容，增进日本民众对客家文化的认知。

　　客家旅游信息需求方面。有日本网民会咨询知名的客家古村落、民俗村和景点的详细旅游信息，这反映出部分用户对客家风景名胜有旅游兴趣。客家团体组织应继续提供丰富的客家旅游资讯，推介客家旅游景点。

日本网民提出的问题从最初的基本知识逐渐转向较为专业和深入的内容，这显示出网民对客家知识有着不断深化的过程。客家团体组织需推出更专业和深入的知识内容，满足网民知识面不断拓展的需求。除文字提问外，近年来图片、视频提问也逐渐增加，这提示团体可以运用更丰富的方式来传播客家知识，使知识内容更生动实用。客家团体组织可以在社区中推出以图片、视频为主的专题内容，丰富互动形式。

第三节　客家相关日文书籍出版及传播现状分析

——以亚马逊网站图书为例

纵观全球客家历史文化的研究与弘扬，经历了一个由初始到相对成熟、由个别到一般、由单纯的实用到全方位的学术探讨的发展道路。客家的研究促进了客家学书籍的出版，客家学书籍的出版又反作用于客家学研究。[①]亚马逊网站对日文客家书籍的出版与传播情况，反映了客家研究与客家文化在日本的发展状况，对客家文化的社会推广与振兴发挥着关键作用。这为客家文化的国际传播奠定了基础，也为联结海外客家社会创造了条件。加强日文客家书籍与海外中文、英文客家书籍的翻译与交流，可以实现客家文化信息在全球范围内的有效传播，促进国际的客家文化交流与合作。这将有利于客家文化在世界范围内的推广和客家研究的国际化。

---

① 罗月花. 从客家学书籍的出版看客家文化研究的发展［J］. 嘉应学院学报，2009（4）：31-34.

一、亚马逊网站日文客家书籍出版与传播现状分析

亚马逊是全球最大的电商网站之一，其网站上的日文客家书籍出版与销售呈现产量增加、内容丰富、读者群拓宽、作者专业化、电子书籍销量上升及部分实现海外销售等新发展特点。这表明客家文化的影响力与在日本社会的知名度正在提高，客家研究的学术化水平也在稳步发展。

亚马逊网站出售的日文客家书籍数量近年来呈现稳定增长趋势，尤其在2015年以后出版量有较大提高，这表明社会对客家文化研究的兴趣正在增强。网站出售的客家书籍涉及客家历史、客家语言、客家文化、客家民俗、客家美食等领域，内容丰富多彩，这反映出对客家文化的全方位关注。购买客家书籍的读者不限于客家人，也有其他华人以及对客家文化感兴趣的日本民众，这表明客家文化在社会上的知名度和影响力正在扩大。出版客家书籍的作者不再仅限于个人，也涉及客家研究机构和客家学会的专业学者，这表明客家研究的学术化水准在稳步提高。除传统纸质书籍，电子书籍的销量也在增加，这使得客家书籍可以更快更广泛地传播。少数客家书籍还可以销往中国与其他国家，实现与海外客家社会的联结，这有利于促进客家文化的国际交流。

亚马逊网站在日文客家书籍的出版与传播方面发挥着重要作用，为客家书籍的出版与传播提供了更为广阔的空间，也为实现国内与海外客家社会的有效衔接与交流创造了条件。这将有利于全球客家文化信息的共享与海外客家社会的联结，推动客家文化的国际推广与影响力的提高。客家团体可与亚马逊网站进一步合作，提供更为丰富的书籍来源和种类，扩大书籍的影响范围，促进客家文化在全球范围内的推广。

二、建立专业网站，做好客家书籍日文出版与传播工作

通过充分发挥网站整合传统与新媒体的优势，通过书籍分类与推荐、多样化预览、社交分享、购买链接、读者交流等举措，可以更为广泛和便捷地传播客家书籍，实现与读者的有效互动，扩大书籍的影响力，增进公众对客家文化的了解与认知，为促进客家文化的社会推广发挥重要作用。

具体来说，可以建立专门的客家文化门户网站，专业收集和传播客家书籍信息，方便读者查阅相关书籍。网站内容还可以涵盖客家新闻、专题报道等，成为客家文化信息的专业传播平台。要全面收录不同主题的客家书籍，并进行详细分类，方便读者查找感兴趣的书籍。同时，利用大数据技术对读者进行精准推荐，实现个性化服务。要提供书籍图片、目录、前言、选摘等预览内容，满足读者了解书籍的需要。同时，提供电子版书籍免费试读，吸引更多读者；在网站上增加新书上市、好书推荐等信息的社交分享功能，鼓励读者在社交媒体上推荐和分享客家书籍，扩大书籍的传播影响力。要整合网上书店的购买链接，如亚马逊、博客来等，方便读者直接在网站上购买感兴趣的书籍，提高购买转换率；开设读者评论区，方便读者对书籍内容进行评论和交流，吸引更多读者参与，形成客家书籍的读者群体。客家网站可以与电子书商合作，出售部分客家书籍的电子版，拓宽书籍的传播渠道，方便更多海外读者阅读。

总之，建立专业客家网站，可以实现客家日文书籍与海外读者的有效连接，通过出售电子版书籍，吸引更多海外读者，实现客家日文书籍全球范围内的传播，这将有利于拓展客家文化的国际影响力。

第四节 日本有关客家土楼的纪录片的多模态话语意义建构研究

日本学术界和文化界不仅敬仰中国传统文化，并有着 100 多年对客家研究的经验。20 世纪 80 年代，日本建筑学家茂木计一郎就曾对福建土楼进行过非常详尽地实地考察，并出版了图文详尽的专著《中国民居研究》①，使土楼从此得到了更多的关注。今天，对于中国的历史和文化，日本民众依旧十分关注，并且拍摄了多部关于中国客家的纪录片。这些纪录片以独特的视角再现了中国客家民情风范，反映了客家文化的精髓。在这些纪录片中，仍在土楼中生活的客家人，其四世同堂一家人的日常和节庆活动，像一幅历久弥新的画卷，展现在世界的眼前。其多模态话语意义建构手段，非常具有研究价值。

一、《福建土楼》的多模态话语意义构建手段

多模态话语指运用听觉、视觉、触觉等多种感觉，通过语言、图像、声音、动作等多种手段和符号资源进行交际的现象，将语言和其他相关的意义表现形式结合起来，克服了话语分析的局限性。本书以日本 TBS 电视台（东京广播公司）于 2009 年 3 月 8 日拍摄的《世界遗产——福建土楼》（总时长 24 分 54 秒）为分析对象，解构其运用视觉图像、解说词、访谈内容、音乐寓意等元素对《福建土楼》的多模态话语意义的构建。

《福建土楼》虽然是早期拍摄的，但其在油管上还有相关视频的播放量。也曾数次在优酷视频、B 站（bilibili）、腾讯视频、西瓜视频，以及日本历史

---

① 茂木计一郎，稻次敏郎，片山和俊.中国民居研究［M］.汪平，井上聪，译.中国台北：南天书局，1996.

最悠久的民营无线广播公司 TBS 官网播放。其中，在西瓜视频播放最多的一次是 3484 次，在 B 站播放的《福建土楼》（日语中字），播放量高达 2 万次。受众之所以非常喜欢，是因为它的思想性和艺术性，由此可见该纪录片现在仍然具有认真分析的价值。

《福建土楼》的视觉图像基本都是采用近景画面拍摄的。这种近景拍摄手法有以下几个方面的好处。

第一，可以精细捕捉土楼的细部构造和建筑细节。土楼的木质结构和石墙工艺本身就是观赏的焦点，近景拍摄可以清晰呈现这些细节，让观众可以清晰领会土楼的建筑精髓。

第二，可以凸显土楼空间的厚重感和包容力。近景镜头在拍摄空间的时候，通过选取合适的焦段和角度，可以让观众感受那种空间感和包容力。这与土楼给人的稳定感和年代感相符。

第三，近距离捕捉人物细微表情和神态。《福建土楼》中有许多人物的特写镜头，通过近景可以记录他们的面部皱纹、眼神和细微的神态变化，让观众感同身受，理解人物的心理活动和情感体验。

第四，近景的"拉近"效果，可以突出主题和内容的亲切感。《福建土楼》是一部关于乡土社会记忆的影片，近景拍摄加强了这种亲切的体验，观众仿佛能进入其中，成为社区的一份子。总体来说，《福建土楼》近景的拍摄手法与其主题和内容非常匹配，起到很好的补充作用，这在定制纪录片的美学意义上是值得学习的一个很好例子。

《福建土楼》除了视觉图像的精致处理外，其解说词的文学与诗意色彩同样浓郁。诸如，"在遥远的过去，他们的祖先离开了作为汉族故乡的黄河流域""这种造型独特的土楼，是源自抵御外敌的需要""土楼所孕育的客家人之间牢固的羁绊是不会消失的"……不仅有功能上的解说，还有建筑特色上的解说、土楼装饰上的解说，以及客家人人生理念上的解说等。这些解说词丰富了土楼的文化寓意，让土楼之于观众，不仅是视觉上的奇观，也是想象力的摇篮。

《福建土楼》的访谈对象和内容起到了很好的情感共鸣作用。本片选择典型的老年乡民作为访谈对象，这些老年人生活的深度和广度，让他们在讲述土楼生活时带有浓浓的乡愁和记忆感伤，这种真挚的情感容易触动观众，产生共鸣。采用特写镜头和大特写镜头，捕捉被访谈对象的神态和语言细节。无论是闪烁的眼神，还是微笑时皱纹的变化，或者重要话语的重复与强调，都让观众有一种亲临现场的"旁观"体验，这也加强了情感共鸣的作用。比如对衍香楼居民苏谷香的访谈，苏谷香正在贴春节对联，他解释这副对联说："右边这句话的意思是希望衍香楼能兴盛繁衍，左边这句话的意思是希望衍香楼能流香万里。"这是一种基于日常生活的情感联系。总之，本次访谈让普通老百姓亲情浅述与土楼的渊源渊薮，激发观众对这个生活符号的情感共鸣，体会土楼对居民精神意义上的庇护。

《福建土楼》的背景音乐选用得非常精巧，其象征寓意对主题起到很好的补充作用。纪录片选用的中国古典乐与新世纪音乐，通过旋律的呼应，隐喻中西文化的交融。像古筝、钢琴等中国民族乐器的演奏音乐，很好地烘托了纪录片的中国乡土气息，与画面内容相得益彰。这种中西混合的中国风格乐曲，容易让观众产生共鸣与向往。选用的背景音乐整体旋律优美动听，有很好的美学和情绪感染力，容易激发观众的记忆联想和情感体验，加强了观影的体验度。乐器的变奏也隐喻土楼风格的多元与包容。背景音乐的运用有很好的节奏感和秩序，在不同画面与场景中能恰到好处地融入，起到了很好的渲染作用，但又不会与画面内容产生冲突与不协调。这显示出制作团队在艺术处理上的精细与美感。同时，部分乐曲的旋律与力度的变化体现了土楼建筑所代表的稳固空间感，久远历史感与生命循环等主题。这加强了视听内容的整体性与连贯性，也使观众通过音乐产生对视频主题的感悟与理解。总之，《福建土楼》背景音乐的选择与运用显得精巧细腻而富于美感，起到了很好的渲染作用，这为定制纪录片的配乐提供了一个很成功的创作示范。优美动听的音乐，恰如其分地融入画面，并在主题表达上起到有益补充，这是值得借鉴的创作理念。

总之，《福建土楼》依托丰富的多模态资源，构建了丰富的意义，打造了一部包罗万象的土楼话语意义表达文本。运用视觉意象、语言修辞、日常情感、音乐象征等因素交织出土楼复杂的历史记忆与现代寓意，让观众在多重意识形态的激荡下，能够感悟到客家建造技艺的广度与厚度。

二、对外传播客家文化的纪录片的讲述方式

通过解构《福建土楼》的多模态话语意义的构建手段，我们可以看到，跨文化传播包括客家文化的对外传播，需要遴选受众认可度更高的传播元素，利用非语言元素巧妙处理语境，淡化纪录片内容中晦涩难懂的语言和语境，专注于视频画面、背景音乐等叙事方法上，从而减少"文化折扣"问题。

那么，在对外传播客家文化的纪录片中如何讲述客家文化？要在海外成功传播一部客家题材纪录片，需要选择富有代表性的客家文化题材并采访权威专家解说，将影片翻译或配有外文字幕并在主流网站上传，也可与当地华人社团或电视台进行合作与放映，同时还应积极报名参加相关电影节与影展。这些举措可以使纪录片在海外触达更广泛的受众，推广客家文化并产生深远影响。具体来说，可以采取以下措施。

一是选择具有代表性的客家文化题材。可以记录客家古村落的生活变迁。比如，选取具有代表性的客家古村，通过记录不同年代村民的生活场景与采

访，展现时代变迁下村落生活的跌宕起伏，这能使观众深入了解客家农村社会的历史面貌。可以挖掘客家非物质文化遗产的来龙去脉。如对山歌、剪纸或竹编等手工艺进行深入挖掘，通过记录其起源历史、传承人物与现状，使这些文化遗产在影像纪录中获得永久保存，这是展现客家文化底蕴的重要内容。可以讲述客家人物的奋斗故事。如记录享誉海内外的客家企业家或学者的奋斗历程，通过历史照片与人物专访娓娓道来，这可以通过个人的奋斗故事来展现客家人刚毅勤奋和执着精神的群体特征。可以展现客家移民历程中的人文景象，如踏访海外客家人的足迹，记录他们在异国他乡建立客家村落与公益机构的奋斗历程，这能够通过人文故事展现海外侨胞对家乡文化的眷恋与传承精神。

二是采访权威的客家文化学者。采访的客家学者应与纪录片的具体主题相关，如研究客家古村落的学者可为介绍古村落，研究客家移民史的学者则可为讲述移民故事，这可以使专访内容与影片主题达到最佳匹配。采访的学者应是长期专注于客家文化研究的资深学者，而非初涉客家研究领域的学者，资深学者能提供更加翔实全面而又平实易懂的专业解说，这有助于海外观众理解客家文化并产生认同感。与学者专访前，应根据纪录片主题和内容细致设计采访提纲与问题，而不应临场随意提问，这可以使学者在较短的时间内提供准确而又聚焦的解说，也方便后续的剪辑与制作。

三是将纪录片翻译成外文并选择主流视频网站。要使纪录片在海外产生广泛影响，需要将中文对白翻译成外文或提供外语字幕。为此，纪录片的翻译应聘请专业的电影翻译服务团队，而非个人翻译，团队的专业性可以保证翻译的高质量和连贯性，避免出现明显的翻译错误或用词不当而影响海外观众的观感。翻译不仅要保证语言的流畅和通顺，更要准确而完整地翻译文中蕴含的客家文化内涵，这需要翻译人员对客家文化有一定的了解，才能在翻译中恰如其分地体现。可以同时提供字幕与替换中文对白的外文配音，这两种形式各有优点，外语字幕适合阅读速度快的观众，外语配音更适合听力强的观众，两者并存可以满足更广范围的受众。应选择像油管、脸书、照片墙这样的主流视频网站发布翻译后的纪录片，这些平台的视频覆盖面广，用户多且活跃，可以使纪录片触达海量的海外受众，产生更为广泛的影响。在视频发布到网站后，制作团队应加大宣传力度，进行视频网站内的推广活动，如首页展示、视频推荐等，还应运用社交媒体进行视频分享与互动，这可以提高视频的点击率与曝光度，使更多观众得以浏览到。

四是与华人组织或海外电视台合作。应选择与推广客家文化相关的当地华人社团或公益机构进行合作，如客家社团或侨联等，这些机构对客家文化有着天然的兴趣与认同感，也具有在当地华人中的影响力，合作可以达到事半功倍之效。还要提供给电视台播出的不同时长版本，如 60 分钟、45 分钟与 30 分钟等不同版本，电视台可根据节目安排选用不同版本，这可以最大限度地满足电视台的需求，也方便其在不同时段播出。同时，应为合作方提供详尽的宣传推广方案，如海报设计、微电影拍摄、社交媒体互动等，这可以共同来宣传纪录片，也为影片在当地的传播与互动营造氛围。在影片播映会或首映礼上，应安排影片的导演或制作人进行现场交流互动，作者的现身可以使活动显得更为隆重与精彩，现场的交流互动也可以帮助观众进一步理解影片与客家文化。另外，在与电视台或社团合作的互动活动中，应提供会员优惠以及丰富奖品吸引会员与观众参与，这可以通过人气的凝聚在合作方的平台产生广泛影响，让更多人士通过活动了解到影片与客家文化。

五是积极参加国际电影节与影展。应选择像美国纪录片影展、IDFA 国际纪录片影展等专业度高和影响力大的国际电影节与影展。这些影展不仅审核团队专业，入围与获奖也具有重要的行业指标意义，能提高影片的专业认可度与影响力。报名时应提供高质量的观看档、海报与前期宣传片，这些材料的质量直接关系到评审团对影片的第一印象，也是评委初期评估影片的重要参考，这需要精心设计与制作。如果影片入围或获奖，影展方很可能会安排影片的导演或制作人进行现场交流，这需要作者准备精彩的现场交流内容，不仅向专业观众介绍影片，也向影展组委与评委表达谢意，这可以加深影片在业内的影响力。电影节与影展还会举办许多卫星活动，如行业论坛、观众互动等，这需要关注并积极参与，利用这些平台继续推广影片来吸引更多行业人士与观众注意。这也是影片进一步拓展影响的重要环节。

参考文献

一、期刊类

[1] 万海燕，李国敏，邓明．论赣南客家话与汉语方言及普通话的相互关系 [J]．江西广播电视大学学报，2003（4）：4.

[2] 李国敏，万海燕，邓明．普通话对赣南客家话的影响 [J]．江西教育学院 学报（社会科学），2004，25（1）：65-67.

[3] 黄雪贞．客家方言的词汇和语法特点 [J]．方言，1994（4）：9.

[4] 温昌衍．石城客家话两字组连读变调——兼谈变调中的"语音词"和 "心理词" [J]．语言研究集刊，2017（2）：16.

[5] 曾毅平．石城（龙岗）客话常见名词后缀 [J]．方言，2003（2）：10.

[6] 曾毅平．石城（龙岗）方言的指代形式 [J]．方言，2001（3）：6.

[7] 钟舟海．浅议客家方言俗语的研究与保护 [J]．现代语文：下旬．语言研 究，2011（2）：2.

[8] 何爱晶．恩施方言歇后语研究——心智哲学视域下 [J]．外国语文（四川 外语学院学报），2012，28（1）：5.

[9] 温珍琴，刘善权．赣南客家歇后语的地域特色 [J]．牡丹江大学学报， 2009（9）：3.

[10] 郭起华．客家人价值观的民间视野——客家谚语解读 [J]．牡丹江大学

学报，2008（9）：3.

［11］杨胜先，刘傅靖.宗族文化的复兴与变迁——以刘傅氏为例［J］.四川省社会主义学院学报，2018（4）：4.

［12］周菲菲.20世纪初叶旅日客家人与中国革命［J］.党史文苑，2005，000（004）：15-17.

［13］伊藤干彦.日本客家研究［J］.台北城市科技大学通识学报，2017（6）：295-322.

［14］边秀梅."一带一路"背景下客家山歌的海外传播研究［J］.赣南师范大学学报，2017，38（5）：24-28.

［15］陈李冬.闽西客家土楼建筑与文化［J］.温州大学学报，2005（6）：48-52.

［16］陈晓强.论赣南的客家民俗旅游［J］.赣南师范学院学报，2004（5）：44-46.

［17］陈银菲，邓燕.客家文化微信公众号传播策略研究［J］.传媒论坛，2020，3（13）：20-21+23.

［18］程昌文，向正君，王小凡.古村落的开发与保护浅析——以郴州阳山村为例［J］.建筑与设备，2010（5）：22-28.

［19］邓晓宇，张涵清.译者主体性研究——以客家民俗文化词外宣翻译为例［J］.江西理工大学学报，2019，40（2）：84-88.

［20］郭小刚.客家山歌传播场域的社会学阐释［J］.星海音乐学院学报，2020（1）：133-145.

［21］黄大鹏，吴修玲.探寻赣州名胜旅游文化对外传播［J］.东方企业文化，2015（2）：15-16.

［22］李虹霏.大众传播时代的客家文化传播策略［J］.今传媒，2014，22（7）：

155-159.

［23］林晓平.客家祠堂与客家文化［J］.赣南师范学院学报，1997（4）：
　　　53-58.

［24］林晓平.客家文化特质探析［J］.西南民族大学学报（人文社科版），
　　　2005（12）：72-75.

［25］刘加洪.客家人"耕读传家、崇文重教"的优良传统［J］.教育评论，
　　　2009（1）：134-137.

［26］卢武，郝文琪，梁晓静.客家文化在微博的内容呈现与传播现状分析
　　　［J］.新闻前哨，2021（4）：115-116.

［27］罗鑫.日本的客家与客家团体［J］.客家文博，2012（2）：1-3.

［28］罗月花.从客家学书籍的出版看客家文化研究的发展［J］.嘉应学院学
　　　报，2009（4）：31-34.

［29］宋德剑.从地域空间、族群接触看围龙屋与土楼、围屋的生成［J］.中
　　　南民族大学学报（人文社会科学版），2014，34（5）：72-76.

［30］万幼楠.赣南客家围屋之发生、发展与消失［J］.南方文物，2001（4）：
　　　29-40.

［31］魏琳，陆梅.浅析客家山歌的海外传播现状及发展［J］.江西理工大学
　　　学报，2017，38（6）：94-96.

［32］温建营.从经济角度看电视媒体的文化传播——兼谈梅州广电的客家文
　　　化传播实践［J］.南方电视学刊，2015（5）：102-104.

［33］吴永章.客家传统文化概说［M］.南宁：广西教育出版社，2000：195.

［34］吴玉华.赣南客家节庆民俗体育及其文化特征［J］.赣南师范学院学报，
　　　2011，32（6）：84-88.

［35］肖承光，金晓润.客家传统民居的主要类型及其文化渊源［J］.赣南师

范学院学报，2004（4）：50-53.

[36] 谢明香.新媒体视阈下客家文化的传播与建构[J].四川戏剧，2019(11)：163-166.

[37] 许五军.赣州客家传统村落保护与发展策略[J].规划师，2017,33（4）：65-69.

[38] 杨国栋.福建歌舞海外传播的特色[J].对外传播，2015（8）：69-70.

[39] 俞万源，冯亚芬，梁锦梅.基于游客满意度的客家文化旅游开发研究[J].地理科学，2013，33（7）：824-830.

[40] 张清影.福建土楼营造技艺的保护研究[J].经济研究导刊，2016（4）：171-172.

[41] 张勇，卢燕来，张秀珩.浅析福建客家土楼建筑特点[J].山西建筑，2006（4）：33-34.

[42] 周建新，王有.新媒体语境中的客家文化传播[J].赣南师范学院学报，2014（5）：6-10.

[43] 周建新，肖玉琴."微传播"中的客家文化呈现：基于微博的样本[J].现代传播（中国传媒大学学报），2017，39（4）：159-160.

[44] 周建新.客家民俗的象征意义分析[J].嘉应大学学报，2000（1）：114-117.

[45] 周云水.记忆与重构：客家学研究的影像表达——对客家民俗文化独立纪录片的人类学分析[J].嘉应学院学报，2013，31（10）：14-22.

二、专著类

[1] 温昌衍，王秋珺.客家方言[M].广州：暨南大学出版社，2015.

[2] 李荣.梅县方言词典[M].南京：江苏教育出版社，1995.

［3］李如龙，等．粤西客家方言调查报告［M］．广州：暨南大学出版社，
　　1999.

［4］谢栋元．客家方言研究［M］．广州：暨南大学出版社，2002.

［5］罗美珍，林立芳，等．客家话通用词典［M］．广州：中山大学出版社，
　　2004.

［6］陈修．《客方言》点校［M］．广州：华南理工大学出版社，2009.

［7］项梦冰．连城客家话语法研究［M］．北京：语文出版社，1997.

［8］李如龙，张双庆．客赣方言调查报告［M］．厦门：厦门大学出版社，
　　1992.

［9］志村良治．中国中世语法史研究［M］．江蓝生，白维国，译．北京：中
　　华书局，1995.

［10］陈昌仪．赣方言概要［M］．南昌：江西教育出版社，1991.

［11］李如龙，等．粤西客家方言调查报告［M］．广州：暨南大学出版社，
　　1999.

［12］杨伯峻，何乐士．古汉语语法及其发展［M］．北京：语文出版社，
　　1992.

［13］王力．汉语语法史［M］．北京：商务印书馆，1989.

［14］刘焕辉．修辞学纲要［M］．南昌：百花洲文艺出版社，1991.

［15］温美姬．梅县方言古语词研究［M］．广州：华南理工大学出版社，
　　2009.

［16］段玉裁．说文解字注［M］．上海：上海古籍出版社，1981.

［17］罗香林．客家源流考［M］．北京：中国华侨出版公司，1989.

［18］罗香林．客家研究导论［M］．广州：广东人民出版社，2018.

［19］冯秀珍．客家文化大观［M］．北京：经济日报出版社，2003.

［20］巫秋玉，黄静．客家史话［M］．北京：中国华侨出版社，1997.

［21］肖文评．客家村落［M］．广州：暨南大学出版社，2015.

［22］王鹤鸣．中国家谱总目［M］．上海：上海古籍出版社，2008.

［23］余源鹏．一江潮客情：潮汕与客家历史文明访思录［M］．广州：华南理
工大学出版社，2022.

［24］饭岛典子．近代客家社会的形成［M］．罗鑫，译．广州：暨南大学出版
社，2015.

后　记

本书从多学科的视角探讨客家文化与对外传播这一重要而复杂的问题。通过历史学、社会学、人类学、传播学等不同学科的理论和方法，对客家文化的内涵、对外传播的现状及影响因素进行系统和深入地剖析。

回顾整本书的内容和论证过程，笔者感触颇深，客家文化作为中华民族文化的重要组成部分，有其深厚的历史积淀和独特的文化特征，是中国乃至世界文化宝库中的瑰宝。但是，客家文化的内涵和魅力还没有得到广泛而深入的理解和认知，客家文化的对外传播还面临着诸多阻碍。笔者尝试从历史、社会环境、传播载体与渠道、语言文字等多个层面分析客家文化对外传播存在的问题，并在每一章提出相应的对策建议。这些建议大多从结构性和宏观角度出发，希望为客家文化的振兴和对外传播提供长远的指导意见。实现这些建议无疑需要社会各界的共同努力与行动。

人类文明的发展与交流从来都是一门旷日持久的课题。我们有理由相信，随着社会的进步、科技的发展，以及人们意识的增强，客家文化必将得到更加广泛深入的认知与理解，其对外传播的效果也必将日益彰显。这是笔者撰写此书并付诸出版的最终期许。我们希望本书能成为推动客家文化振兴与交流的一份满意答卷，也欢迎更多学者和工作者倾心关注此课题，共同探讨与实践。